Terug naar Cliffrock Castle

Josephine Rombouts

Terug naar Cliffrock Castle

Belevenissen op een Schots kasteel

Amsterdam · Antwerpen
Em. Querido's Uitgeverij BV
2019

Deze uitgave kwam tot stand door bemiddeling van Sebes & Bisseling Literary Agency te Amsterdam.

Elke gelijkenis met bestaande personen, gebeurtenissen en plaatsen berust op louter toeval.

Copyright © 2019 Josephine Rombouts
Voor overname kunt u zich wenden tot Em. Querido's Uitgeverij BV, Weteringschans 259, 1017 XJ Amsterdam.

Omslag Brigitte Slangen
Omslagbeeld Getty Images
Foto auteur Katja Poelwijk
Binnenwerk Perfect Service

ISBN 978 90 214 1805 6 / NUR 320
www.querido.nl

I knew when I had looked for a long time that I had hardly begun to see.

— *Nan Shepherd*

Inhoud

Proloog
Olympische Hooglanden 9

Deel 1
Personal what? 17

Deel 2
Assisting personally 61

Deel 3
Personal projects 133

Deel 4
Here come the Clearances again 191

Deel 5
Personal manager 247

Deel 6
Managing goodbyes 309

PROLOOG

Olympische Hooglanden

Er veranderde niets aan de toon waarop de kasteelvrouw praatte, maar toch voelde ik dat er opeens iets verschoof, alsof de temperatuur in de kamer een paar graden daalde. Ik voelde het in mijn rug toen we de Round Room in liepen. Terwijl ik probeerde te volgen wat ze me vertelde over de restauratie van de schouw en de kleuren waarin ze de muren wilde hebben, ging ik koortsachtig de laatste paar minuten na: had ik iets gezegd? Iets gedaan? Ik dacht terug, we waren van de White Room naar de hal gelopen en toen de Round Room in... Ja, dat was het: ik was vóór haar de kamer in gelopen.

In Nederland is het ook wel een dingetje, iemand voor laten gaan bij de deur, maar in de setting waarin ik nu werkte was het een Ding. Ik baalde dat het me weer was gebeurd, ik had mezelf nog zo proberen te trainen. Niet alleen uit beleefdheid en om een goede indruk te maken, maar ook omdat het een sportieve ambitie in mij kietelde. Er zijn mensen bij wie het gaat kriebelen zodra ze een stoet mensen een marathon zien lopen, bij anderen gaan de vingers jeuken als ze het geluid horen van tennisballen op gravel, maar ik krijg dus een drang om me te gaan inspannen als ik een hoffelijke omgangsvorm gebezigd zie. Moeilijk doen op de millimeter; ik krijg er meteen zin in.

In het kasteel kreeg ik ruimschoots de gelegenheid om deze hobby uit te leven. Het vereiste niet alleen oefening om iemand voor te laten gaan maar ook om te worden voorgegaan door een ander. Soms, als ik met een nederige stapel handdoeken de hal overstak en er een mannelijke gast ook net dezelfde deur door wilde, dan hield ik weleens de pas in. De gast bepaalde het vervolg en het verraste me vaak wie wel en wie niet goed in training was. De man kon verstrooid naar me kijken en doorlopen, me beleefd toeknikkend bij het passeren. Maar opeens was er dan een ander, jong of oud, daar was geen peil op te trekken, die onmiddellijk en soepeltjes de pas inhield en zijn hand uitstak in het 'na u'-gebaar. Een andere keer was het de dakdekker die *'There you go!'* riep. En het vereiste dan weer alertheid van mijn kant om net zo soepel voor te gaan, want na een leuk gebaar is niets zo jammer als een hortende reactie.

Het klinkt simpel, dat voor laten gaan, en dat is het ook, maar als je het de hele dag doet, blijken er toch best wat complicerende factoren te zijn: de partij die voor moet laten gaan kan al dichter bij de deur zijn, of in een groepje lopen, of het is een hiërarchisch hoger geplaatste vrouw, die ik dan weer voor moet laten gaan, of je dwaalt samen van kamer naar kamer en bij de vijfde deur vergeet je het omdat je zo druk aan het luisteren bent. Net als het fijne geluid van een goed geraakte bal bij een potje tennis, kreeg ik bij een goed gemikt 'na u' een tevreden 'plop, raak'-gevoel.

Dat ik deze sport op olympisch niveau zou gaan spelen, had ik echter nooit gedacht. Een ochtend lang kreeg ik de gelegenheid om te sparren met de top van het Britse team en we bereikten hoogtes waarvan ik niet had gedroomd ze ooit te zullen bereiken.

De kasteelvrouw, de kasteelheer, de terriër en de factor gingen een bijgebouw bekijken en ik mocht mee omdat ik nu de *personal assistant* was. Het was een stallencomplex met appartementen erin waarin vroeger de staljongens en paardenverzorgers verbleven. Het geheel was totaal vervallen: grote gaten in het pleisterwerk toonden het riet dat gebruikt was in de plafonds, de verf bladderde van de muren en stukken vloer waren weggerot zodat je de paarden in de stal beneden kon zien. Er was al weleens geprobeerd wat gaten te dichten; er stonden zakken met puin en er lagen losse balken in de kamers terwijl pakken gipsplaten over de vloeren lagen verspreid. Vandaag zou worden besloten of er een grondiger renovatie zou kunnen plaatsvinden.

We parkeerden voor de poort en liepen over de ronde keitjes de binnenplaats op. Zodra ik de eerste hindernis zag, begon het te kriebelen: de toegang was een smalle deuropening met een even smalle gang erachter. Maar hij was niet moeilijk, al werd hij wel een beetje onorthodox genomen: de kasteelvrouw ging eerst, dat sprak voor zich, maar terwijl ze liep, praatte ze tegen haar man. Die moest haar dus volgen, terwijl hij eigenlijk mij voor had willen laten gaan. Ik zag zijn dilemma en draalde een beetje zodat ik hem niet in verlegenheid bracht. De factor liet mij natuurlijk voorgaan en zo kwamen we binnen.

Meteen gaf het parcours ons een nieuwe uitdaging: er was een grote zitkamer met daarop uitkomend een kleine zijkamer. De intocht was makkelijk: mevrouw ging in de zijkamer staan en vroeg iets aan mij, ik volgde haar, toen kwam de kasteelheer, daarna de factor. Daar stonden we op vier vierkante meter, en nu moesten we er weer uit. Er zat niets anders op: de factor stond het dichtst bij de uitgang en moest dus als eerste uit het vertrekje stappen, toen ik en daarna de kasteelheer. Door in de grote kamer meteen stil te staan, ons om te draaien en ruim baan te maken voor de kasteelvrouw, probeerden we deze gebrekkige zet goed te maken. Maar toch, half puntje eraf.

De trap naar boven was een makkie, alhoewel je eigenlijk als man natuurlijk niet achter een vrouw de trap op mag lopen. De kasteelvrouw gaf niemand de tijd om daarover na te denken, want ze was al boven voor we het wisten.

De samenstelling van het team bleef steeds om interessante afwegingen vragen:

De kasteelvrouw gaat altijd voor, want zij is zowel de hoogste in rang als een vrouw; de kasteelheer is even belangrijk maar geen vrouw; de factor heeft weliswaar een langere staat van dienst dan ik en is belangrijker in deze bespreking, maar ik ben een vrouw. De hindernissen op de eerste verdieping waren divers en origineel: nauwe deuropeningen en smalle gangen werden aangevuld met schuine daken, gaten in de vloer en zakken met bouwmaterialen.

De eerste kamer werd weer genomen met een klassieke zet: vrouw, vrouw, man, man, maar direct bij de tweede kamer kwam er een variatie: mevrouw praatte met de factor terwijl ze naar binnen liep. Haar vragen beantwoorden liet de factor prevaleren boven het voor laten gaan van zijn superieur, de kasteelheer (een gewaagde maar strategische keuze) en de andere aanwezige vrouw (jammer maar onvermijdelijk). De beweging werd nog boeiender doordat er een plat pakket gipsplaten van ongeveer een meter hoogte in de deuropening geschoven stond waar iedereen overheen moest stappen, tegelijkertijd ervoor zorgend niet zijn hoofd te stoten tegen het schuine dak. Ik dacht dat ik de kasteelheer voor moest laten gaan, anders zou hij de allerlaatste zijn, maar hij gaf mij met een hoofdknikje te kennen dat dat echt niet ging. Ik probeerde me zo zakelijk mogelijk over het pakket heen te werken en de kasteelheer volgde. De uittocht uit deze kamer was iets rommeliger dan voorzien, omdat de terriër van de kasteelvrouw klem kwam te zitten tussen het pakket en de deur. Toen ging de kasteelheer vóór mij langs de kamer uit om het beest eruit te halen, maar de beenzwaai over het pakket bleek veeleisender dan hij had gedacht. Een klein oponthoud dat iedereen beleefd negeerde. Gelukkig geen blessures.

Toen we weer in volmaakte formatie via een half ingestorte muur en een tros elektriciteitskabels onze intocht in de badkamer hadden gedaan, had ik ondertussen zo veel adrenaline dat ik bijna in het gat viel waar de plankenvloer was opengebroken.

Maar het mooiste kwam nog, en totaal onverwacht. De inspectie was afgelopen en we gingen allemaal naar onze auto. Vier auto's in de schaduw van de poort. De kasteelheer stond haaks achter ons geparkeerd, dus die reed als eerste weg. Door het portierraam zag ik dat de kasteelvrouw nog uitgebreid bezig was de hond te installeren in haar Range Rover, maar toch aarzelde ik met vertrekken, want misschien was zij nog niet klaar met de wedstrijd. Ik wist niet of voor laten gaan ook gold voor auto's, daarvoor leken veiligheid en verkeersregels belangrijker. Voor de zekerheid wachtte ik in de personeels-BMW. Het duurde een tijd, maar ik bleef wachten. Gelukkig maar, want zonder om te kijken reed ze ineens in volle vaart naar achteren, voor mij langs en tot op een paar centimeter van de neus van de auto van de factor. Ze knikte me vrolijk toe in het voorbijgaan en verliet het terrein.

Ik benijdde haar om die stalen zenuwen van de professional die zich van de trapeze stort in het volle vertrouwen dat ze zal worden opgevangen door de andere teamleden. De enige die er nog stond was de factor, die als eerste in zijn auto was gaan zitten en al die tijd op de kasteelvrouw had zitten wachten. Of gold nog steeds de regel 'dames gaan voor'? Even aarzelde ik. Toen haalde ik diep adem, schakelde en gaf flink gas, ging rakelings langs hem heen en reed achter de kasteelvrouw aan. Mijn handen ontspanden rond mijn stuur toen ik ongeschonden op de weg zat, en in mijn spiegel zag ik dat de factor op gepaste afstand volgde. In deze moderne karavaan reden we de laan af, terug naar het kasteel, en ik twijfelde er niet aan of we zouden daar aangekomen nog een paar potjes 'na u' doen.

DEEL 1

Personal what?

Land Rovers wassen

'*No.*'

'O. Kun je me vertellen wie ik het dan kan vragen, Shaun?'
'*You can ask whoever you want,*' zei Shaun afgemeten, en hij draaide zich om en liep weg.

Mij bij de Land Rover achterlatend.

Ik was er nog niet helemaal achter wat het inhield, de persoonlijke assistent zijn van de kasteelvrouw. De aanwijzingen waren zoals gewoonlijk tamelijk schetsmatig geweest.

'Mijn moeders PA,' zei mevrouw reminiscerend, 'die kwam iedere dag. Van tien tot vier zat ze in de studeerkamer en ze regelde álles voor mijn moeder. Ik ben meer een *hands on girl*, ik regel mijn zaken liever zelf.' Ze moest hebben gevoeld dat dit een ontmoedigend statement was voor haar verse PA, want ze keek me vrolijk aan: 'Ik weet zeker dat we goed samen zullen werken.' Ze dacht even na. 'Jij kunt ervoor zorgen dat alle auto's klaarstaan voor gebruik als ik kom.' En daarmee was de kous af en vertrok ze.

De factor kwam het dichtst bij zeggen dat hij iets gewoon niet ging doen: 'Je moet het me niet kwalijk nemen dat ik het contract nog niet af heb. Ik ben bang dat je er wel even op zult moeten wachten, want contracten opstellen is niet mijn sterkste punt.' Ik had geen Cambridge-certificaat nodig om dit te vertalen als: vergeet het maar. Aangezien hij de financiële kant heel secuur en voor mij voordelig had geregeld, en hij de betaling ook meteen in gang had gezet, morde ik niet. Hij wist waarschijnlijk nog minder dan ik wat mijn functieomschrijving was. De kasteelvrouw had nog nooit een PA aangesteld voor haar zaken in het Schotse kasteel. Ik had weleens een mail ontvangen van de PA die haar andere zaken regelde maar had alleen een vaag idee van wat die allemaal deed. Ik wist sinds kort tenminste dat ik moest zorgen dat bij haar aankomst de voertuigen schoon en gebruiksklaar gereedstonden.

De inzet was ondertussen verhoogd. Twee jaar geleden was ik alleen maar uit geweest op een baan, nu wilde ik uit alle macht déze baan behouden. Onze zoons waren ingeburgerd op hun school, de jongste op de dorpsschool, de oudste had met succes de overstap naar de middelbare school in het stadje gemaakt. Ze waren tweetalig en hadden vriendjes. Voor het eerst van hun leven waren ze deel van een groep en werden ze geaccepteerd zoals ze waren. Dat wilden we koste wat het kost zo houden.

We voelden ons thuis op het schiereiland, we woonden in een cottage aan de mooiste kust ter wereld, we gaven muziek- en toneelles op een paar basisscholen. We hadden hechte vriendschappen opgebouwd op het schiereiland en daarbuiten. Gek genoeg versterkte het ver weg wonen onze band met familie en vrienden in Nederland, want iedereen die ons opzocht, bleef minstens een week omdat het anders de moeite niet was.

Tjibbe kreeg gestaag meer leerlingen en concerten en zijn aanstelling bij het conservatorium werd vast. Het bleef echter te weinig om van te leven. Ik had her en der geprobeerd te solliciteren, maar het werk dat ik vond was of te ver weg, of werd erg slecht betaald, en als het dat allemaal niet was, werd ik niet aangenomen omdat native speakers de voorkeur kregen.

Het bleef zo dat mijn functioneren in het mijnenveld van

het kasteel bepaalde of we in ons huis konden blijven wonen, onze kinderen naar hun scholen konden laten gaan, deel konden blijven van de gemeenschap op het schiereiland en boodschappen konden doen. Ik had altijd braaf ingevuld bij sollicitaties dat ik stressbestendig was en nu werd daar écht een beroep op gedaan.

Op een donkere wintermorgen sprak ik Shaun aan om mijn PA-klus te klaren. Naast zijn herdersstaf zwaaide hij ook de scepter over de garage van het landgoed. Ik nam aan dat hij de aangewezen persoon was om me te helpen de Land Rovers schoon en onder dak te krijgen voor de winter. Fout, zag ik aan de manier waarop hij zijn kin naar voren stak.

Later probeerde ik mijn licht op te steken bij de factor. 'Dat moet je aan de tuinman vragen,' zei hij behulpzaam. Ik besloot het via Abigail te spelen, de onderhuishoudster en de vrouw van de tuinman.

Abigail leek voorbereid op mijn vraag. De snelheid waarmee ze 'nee' zei verraadde dat. Verder zei ze niets.

'Abigail,' probeerde ik, 'het is best lastig voor mij met de nieuwe klussen die ik krijg als PA om te weten wie ik aan moet spreken om wat te doen. Heb je misschien een tip voor me?'

En of ze die had.

'Probeer niet een tweede Helen te zijn,' begon ze haar vermaning. Helen was de vrouw die had moeten vertrekken van het landgoed omdat ze zo was opgegaan in haar taak dat ze zich eerst bij de andere werknemers en later bij de kasteelvrouw onmogelijk had gemaakt. 'Je hebt Shaun al tegen je in het harnas gejaagd. Ze houden er niet van om gekoeioneerd te worden door... nou, door niemand. De enige van wie ze bevelen aannemen, is de factor. En de kasteelvrouw, natuurlijk.'

'Dus ik moet zelf alle Land Rovers gaan wassen?'

Ik probeerde het als een neutrale vraag te laten klinken.

Abigail hief haar kin zodat ze streng langs haar neus op me neer kon kijken. Een hele toer, want ik was een behoorlijk stuk langer. Het begon me te dagen dat mijn lengte waarschijnlijk een van de dingen was die meer impact had dan ik vermoedde. Heel irritant als een vrouw letterlijk boven je uittorent en je ook nog eens vraagt haar klusjes op te knappen. Als die vrouw een miljonair is én je baas, valt het nog te slikken, maar als het een omhooggevallen huishoudster is uit een onbenullig klein landje aan de overkant van het water, die met een raar accent Engels praat, dan is het een stuk minder verteerbaar.

'Iedereen is hier verantwoordelijk voor zijn eigen voertuig,' zei Abigail ferm. 'Jij maakt hem vies, jij maakt hem schoon. Dat is de regel.'

'Alleen gaat het niet om mijn eigen voertuigen en maak ik ze niet vies, het zijn de voertuigen van de kasteelvrouw.'

Abigail liet zich niet vangen door mijn misplaatste gevoel voor logica: 'Je neemt ze allemaal tegen je in als je zo doorgaat. Je bent te bot, daar houden ze niet van.'

Dat het incident onderwerp van gesprek was geworden buiten de boerderij, kwam ik de volgende dag te weten.

'Hi, Clyde.'

'Hallo Josephine, goedemorgen.' Mijn buurman stopte op het pad dat naar zee voerde en zijn hond kwam me kwispelend begroeten. De vinnige wind joeg de golven op totdat ze wit schuimden en de meeuwen lieten zich meeglijden op de wind.

'Hoe gaat het met je nieuwe functie?'

Blijkbaar had hij met Tjibbe gepraat en wist hij dat mijn functie op het kasteel was uitgebreid, dacht ik. Hopeloos naïef om te denken dat alleen Tjibbe nieuws kon verspreiden. Clyde keek neutraal belangstellend, gewoon, als iemand die een praatje maakt, dus ik zei dat het goed ging, dat ik nog een beetje aan het zoeken was naar wat mijn taken-

pakket was en hoe ik alles moest organiseren.
'Een boel nieuwe taken zeker?' Weer die toon van tamelijk kleurloze belangstelling.
'Nou, nog niet zo heel veel, ik denk dat het meeste zich langzaamaan zal aandienen.'
'En krijg je een beetje hulp?'
Eindelijk ging er heel zachtjes een belletje rinkelen.
'Hoe bedoel je, Clyde?'
Zijn gezicht brak open in een wolvige grijns. Zijn staalblauwe ogen fonkelden en zijn brede schouders schudden van ingehouden plezier.
'Ik heb tegen de factor gezegd dat als niemand jouw auto's wil wassen, ík het voor je zal komen doen.'
'Maar... hoe weet jij dat? En waarom weet de factor ervan?'
'O, ik sprak Gilbert.'
'Van wie had Gilbert het?'
'Ach, die had het gehoord van Garth. Shaun had bij hem staan klagen.'
'En de factor?'
'Ian had het van mij. Ik zei dat als die kerels jou het leven zuur gingen maken, ik langs zou komen om alle auto's te wassen die je gedaan wilt hebben.'
Geraakt door deze hulpvaardigheid en behoorlijk ontdaan dat dit kleine incident al stof tot zoveel gesprekken had gegeven, bedankte ik Clyde en liep verder.

'Je bent gewoon te direct,' zei Abigail de volgende dag nog eens. 'Dat is omdat je Nederlands bent, daar kun je niets aan doen. Ik ben er nu aan gewend, maar het komt nogal cru over.'
Tsja, maar dat kon ik er niet uit halen; ik deed mijn best, maar ik bleef anders. Die middag ging ik op zoek naar Shaun. Ik reed naar de Home Farm, een complex van schuren, stallen en werkplaatsen. Ik kwam er nooit, ik had er

niets te zoeken en het lag voorbij het kasteel, de andere kant op van mijn huis, de school en het postkantoor. Na een tijdje ronddwalen door de schemerige stenen gebouwen vond ik de *head farmer* in de garage onder een auto die op de brug stond.

'Hi, Shaun, ik kom mijn excuus aanbieden.' Er was vast een subtielere openingszet mogelijk geweest, maar ik kon er even niet op komen. De koude wind woei door de onverwarmde stenen ruimte, waarvan de grote houten deuren opengeschoven stonden.

Shaun liet zijn armen zakken en keek me met wijd opengesperde ogen aan. Zijn wollen pet hing achter op zijn hoofd.

'Voor wat er gebeurde een paar dagen geleden,' verduidelijkte ik, omdat hij niets zei. 'Ik vroeg je om de Land Rover van mevrouw te wassen.'

'Ja ja, dat is oké,' zei Shaun snel.

'Nee, dat was niet oké,' vervolgde ik, 'ik begrijp nu dat dat helemaal niet jouw taak is. Maar dit is allemaal nogal nieuw voor me en ik probeer uit te vinden bij wie ik moet zijn voor klussen die mij gevraagd zijn om te regelen.'

Shaun maakte een afwerend gebaar en schoof met twee handen zijn wollen pet terug op zijn hoofd, zodat hij me niet meer hoefde aan te kijken. Ik voelde dat het heel onsportief van me was om aan te houden, maar ik wist geen andere manier. Ik kon helemaal niet tegen onderhuidse spanningen. En dat een oudere man als Shaun zou denken dat ik hem op mijn boodschappen uit wilde sturen omdat ik promotie had gehad, zat me zo dwars dat het opwoog tegen dit ongemakkelijke gesprek.

'Het spijt me echt. Ik hoop dat je mijn excuses wilt accepteren?'

'Ja, het is goed.' Hij keek me even vluchtig aan en dook weer onder de auto. Hij sleutelde boven zijn hoofd met een ijzeren tang zo lang als zijn arm.

'Dank je.' Ik liep de garage uit en liet mijn adem gaan.

Shaun in zijn werkplaats opzoeken voelde als in het hol van de leeuw gaan rondhangen en dan om aandacht vragen. Een leeuw die daar al meer dan veertig jaar nestelt. Zijn trofeeën hingen aan de muren en lagen op de werkbank opgestapeld: brede tractorbanden, carburatoren, motorzagen en heel, heel veel gereedschap, groot en zwart. Dingen waarmee je een armdikke kabel doormidden kan knippen, dat soort gereedschap. Ik wist niet of ik iets had bereikt met mijn *sledgehammer tactics*, maar het was het enige wat ik had kunnen verzinnen.

Teruggekomen op het kasteel spendeerde ik de rest van de dag aan het wassen van de drie Land Rovers, de Range Rover van mevrouw en de BMW voor het personeel. Ik sleepte emmers water uit de linnenkamer en sponste de auto's af, zo goed en zo kwaad als het ging. Laat in de middag liep ik naar huis.

De volgende ochtend stond Garth op de stoep.

'Als je het me had gevraagd, had ik de auto's gewassen,' zei hij. Ik kon zijn blik niet goed lezen, hij leek verwijtend. 'Je had het me niet gevraagd,' herhaalde hij. Ik bedankte hem en zei dat ik het de volgende keer meteen zou vragen.

Die middag sloot ik de deur van het kasteel achter me en stond even om me heen te kijken. Het gazon strekte zich rimpelloos uit tot aan de kliffen, waarachter de zee onder een grijze middaghemel lag. De meeuwen scheerden over het water en streken neer op de rotsen. Er was geen mens te zien. Op het ruisen van de golven na was er ook niets te horen. Als je hier in de eenzame stilte een middagje emmers stond te slepen, bleef dat blijkbaar toch niet zo onopgemerkt als je zou denken. Iemand zag het, briefde het over aan de factor, die vervolgens in de telefoon klom om de tuinman te berispen, die dan weer aan kwam lopen om bij mij verhaal te halen. Zoiets was het waarschijnlijk geweest, maar ik was niet van plan me te verdiepen in de precieze toedracht. Ik snoof de zilte zeelucht op en keerde huiswaarts.

Hoe wist ik niet precies, maar ik had weer een episode in de Hooglanden overleefd.

Schuur opruimen

De mannen hadden allebei de doos vast en keken elkaar over de rand furieus aan.
'Deze stortbak is nog helemaal nieuw!'
'Het is een plastic prutding en we proberen deze godvergeten afvalhoop op te ruimen!'
'Het is een schande om goede, nieuwe dingen weg te gooien!'
'Het is een schande wat voor ontzettende bende het hier is!'

Ze konden er niet verschillender uitzien: de boer en de jager. Shaun, met zijn zware, vierkante gezicht, de lage vooruitstekende wenkbrauwen en zijn ronde schouders die getuigden van een leven van uithouden en volhouden. Zijn voeten wijd uit elkaar geplant en zijn brede eeltige handen om de doos. Met zijn wenkbrauwen gefronst over zijn brede neus en zijn lippen koppig vooruitgestoken, leek het of het heel lang zou gaan duren voor hij toe zou geven.

Roy, de jachtopziener van het landgoed, was in alles tegenovergesteld. Hij was pezig en compact en stond alert op zijn voorvoeten, klaar om in actie te komen. Zijn magere gezicht met de felle blauwe ogen en scherpe neus had een blos van woede waartegen zijn korte rossige haar licht afstak. Zijn mond was vertrokken tot een snerende lach en zijn ogen spotten.

'Dit doet echt pijn, hè, Shaun, je stal opruimen?'

Ik kreeg het gevoel dat hier iemand tussenbeide zou moeten komen. Tot nu toe was het me niet helemaal duidelijk geweest waarom de kasteelvrouw én de factor zo enthousiast waren geweest over het idee dat ik het opruimen van de Home Farm zou leiden. Het boerderijgebouw met schuren en stallen voor het vee en de landbouwmachines dat een paar mijl van het kasteel af ligt, was in de loop der jaren dichtgeslibd met afgedankte spullen. Nu het bijna niet meer begaanbaar was, moest er iets aan gedaan worden. Ik had me afgevraagd waarom een werkje dat blijkbaar belangrijk was en waar mijn baas en mijn manager beiden zulke uitgesproken ideeën over hadden, zoveel jaren was blijven liggen. En waarom ík de aangewezen persoon was om dat te begeleiden? Ook al was ik de persoonlijke assistent van de kasteelvrouw en het hulpje van de factor, de kasteelboerderij leek me ver van mijn normale werkterrein te liggen.

Nu ik Shaun en Roy zag kijken die als twee honden met een been tussen hen in elkaar stonden aan te grauwen, begon het me te dagen. Ook waarom de kasteelvrouw en de factor zo ver mogelijk weg waren gebleven. Ik denk dat ze hoopten dat mijn ongelooflijke naïviteit, gepaard gaande met een totale afwezigheid van enige kennis van de territoriale oorlog die al een decennium lang de Home Farm tot een mijnenveld maakte, mij zouden redden.

Ik kon me voorstellen hoe de factor naast de telefoon zat in zijn kantoor, wachtend op nieuws. Hij had me tijdens de lange voorbespreking, die gevoerd werd op een luchtige toon die vreemd afstak bij de grondige aandacht die aan ieder detail van de onderneming werd besteed, een paar keer verzekerd dat als er iets was, wat dan ook, waar ik op de dag zelf tegen aan zou lopen, ik niet moest schromen hem te bellen. Hij was de héle ochtend bereikbaar. De gedachte was door me heen gegaan dat als hij toch niets anders te doen had die dag dan naast de telefoon zitten, hij ook wel zelf langs had kunnen komen. Ik had er verder niet meer over nagedacht, tot ik Shaun en Roy elkaar zag aanvliegen.

De twee mannen die elkaar hier confronteerden waren

dan wel totaal verschillend van aard maar van hetzelfde kaliber. De boer had het beheer over en was vertrouwd met het dirigeren van een paar duizend schapen, een kudde hooglanderfokrunderen, een roedel varkens en een berg pluimvee. Het besturen van groot materieel was hem toevertrouwd, van bulldozers tot graafmachines. Hij tikte zo een schuurtje in met zijn graver en ik had hem een keer met zijn zoon de hele kudde hooglanders van het gazon voor het kasteel zien wegjagen. De beesten galoppeerden wild langs hem heen en de stier probeerde in het voorbijgaan of hij met zijn hoorns een stukje uit hem kon scheppen. Alsof hij een lastige vlieg was, zo wuifde Shaun hem weg.

De jachtopziener op zijn beurt was een scherpschutter met een verzameling dodelijke wapens waar ze in Afghanistan nog van onder de indruk zouden zijn. Hij was de hele dag in weer en wind in de heuvels. En dan serieuze Schotse ijskoude weer en wind, onophoudelijke regen en sneeuwstormen. Hij legde zonder met zijn ogen te knipperen op een afstand van honderd meter een volwassen mannetjeshert om met één schot en droeg de 120 kilo op zijn schouders de heuvel af.

Maar wat mij het meest intrigeerde was hun archetypisch verschillende instelling die ik die middag leerde kennen. Shaun stond naast een ijzeren machine en liet zijn handen over de gietijzeren hendel gaan.

'Dit werd vroeger gebruikt om voederbieten te snijden.'

'Ja,' zei Roy verbeten en met een blik vol afkeer op het grote, roestige geval, 'maar nu niet meer.'

'Met deze tangen werden de oormerken vroeger ingebracht,' zei Shaun bij een brede houten kast die vol lag met dingetjes: potjes, flesjes, kleine doosjes, schoenveters, propjes papier, tijdschriften, gele plastic oormerken, en nog veel, veel meer. Zo'n kast waarbij je, als je hem na een ochtend schuren uitruimt openmaakt, je maag zich voelt omkeren.

Waar je het liefst alles van de planken wilt afvegen om het ongezien in een vuilnisbak te laten verdwijnen. Maar Shaun kwam naast me staan en pakte ieder dingetje op, van alles wist hij de functie, alles had een verhaal en alles, álles kon nog eens van pas komen, kon nog groeien. Hij was een boer, hij had geduld en hij wist dat een zaadje jarenlang verborgen kon liggen maar dat het, als het op een dag werd geplant in de juiste grond, met goede zorg kon uitgroeien tot vruchtbaar gewas.

De aderen op Roys slapen waren gevaarlijk gezwollen. Hij was een jager. Hij verkende het terrein waar hij een jachtpartij ging houden en maakte dan een plan. Hij moest zich strikt, heel strikt aan dat plan houden. Eén afwijking, één ondoordachte beweging en hij bracht de levens van de andere jagers in gevaar. Alles ging erom geen moment het doel uit het oog verliezen. Geen afleiding, geen obstakels. Hij ziet, hij schiet. Niks groeien en afwachten, maar plannen en doen. Zijn schouders waren niet rond en gekromd zoals die van Shaun, zijn schouders stonden strak en recht, en als hij zijn arm bewoog, was het met dodelijk afdoende precisie.

Omdat zijn gezichtskleur alarmerend werd, liep ik met Roy naar de hoek waar allerlei oude sanitaire voorwerpen stonden. Douchebakken, wc-potten, afvoerpijpen en oude geisers. 'Dit moeten we ook nog uitzoeken.' Hij viste uit de hoop een doos waarin een plastic stortbak zat en wilde hem met een zwaai in de kruiwagen gooien, op weg naar de afvalhoop. Op dat moment greep Shaun, met een snelheid die ik niet van hem had verwacht, de doos.

'Deze stortbak is nog helemaal nieuw!' zei hij met zijn diepe bas.

'Het is een plastic prutding en we proberen deze godvergeten afvalhoop op te ruimen!' snerpte Roy met zijn doordringende tenor.

'Het is een schande om goede, nieuwe dingen weg te gooien!' gromde Shaun.

'It's a shame what a fucking bloody mess it is here!' blafte Roy.

Nou, de kasteelvrouw en de factor hadden gelijk gehad dat ze thuis waren gebleven. De irritatie die zich tussen deze mannen had opgebouwd, beukte door de stuwdam van de beleefdheid heen en begon onbeheerst naar buiten te golven. Ik moest toegeven dat ik tot nu toe op het landgoed een respectvolle afstand tot beide mannen had bewaard. Ik vermoedde dat als je de wrok van Shaun opwekte het, net als bij een stier, niet zo heel veel meer uitmaakte wat je daarna deed. Het verhaal met de Land Rovers was mijn eerste confrontatie met hem geweest en ik wilde geen herhaling. Met Roy was ik me er altijd van bewust dat ik met een man stond te praten die getraind was in het snel en professioneel afmaken van zijn opponent. Niet alleen getraind, maar ook van alle middelen voorzien. Ik was niet bang dat hij zoiets zou doen, maar het gaf een ander perspectief aan een gesprek.

Mijn positie was niet sterk. Ik was een buitenlander, een stadse én een vrouw. Ik was tot nu toe de housekeeper geweest die een beetje met een stofdoek zwaaide in het centraal verwarmde kasteel en nu opeens de belachelijke titel Persoonlijke Assistent droeg. De blik waarmee ze mij vanmorgen hadden verwelkomd, sprak geen boekdelen maar één simpel woord: meewarigheid. Ze hadden alle aanwijzingen die ik vandaag gaf met meewarige toegeeflijkheid opgevolgd. Nu moest ik dus ingrijpen in hun conflict.

Ik stond naar ze te kijken en zag de zweetdruppeltjes onder Shauns wollen muts en de blos op Roys scherpe jukbeenderen. De drift waarmee ze aan de stortbak trokken en de intensiteit waarmee ze elkaars manier van doen haatten, waren volledig en oprecht.

Opgemonterd door deze observatie besloot ik het simpel te houden. Ik stopte met koortsachtig zoeken naar een oplossing die ik niet had, net zomin als een strategisch inzicht of diplomatieke tekst.

Ik legde dus één totaal ontoereikende vinger op de rand van de doos en zei: 'Ik denk dat Abigail de thee zo langzamerhand wel klaar heeft.'

Het was stil. Hun van woede vertrokken gezichten wendden zich tot mij. Toen liet Roy abrupt de doos los, waarop Shaun hem in beide armen nam en ermee wegliep.

Op weg naar mijn auto moest ik door Shauns werkplaats. Shaun was al weggereden naar het kasteel, Roy en zijn assistent-jager Scott liepen voor me. Roy zag de doos met de stortbak staan die Shaun naast zijn overvolle werkbank had gezet. Roys voet schoot uit en met een welgemikte trap schopte hij het plastic ding met doos en al in tweeën. Ondanks mezelf was ik onder de indruk van zijn trefzekerheid.

'O, wat jammer, hij is kapot,' zei hij met een hoog, onschuldig stemmetje tegen niemand in het bijzonder maar mij achter zich wetend. Scott lachte luid, mij eveneens achter zich wetend. Met een zwaai gooide Roy de resten in de trailer. Ik wist niet precies of hij nu hoopte dat ik iets ging zeggen. Ik besloot dat er niets te zeggen viel: het ding was nu kapot en ik had geen gezag over de jachtopziener, dat wisten we allebei. Het enige wat ik moest doen, was aan de factor rapporteren hoe het opruimen van de schuur was gegaan. En dat wisten we ook allebei.

We zaten in de warme keuken van het kasteel en Abigail schonk de mannen donkerbruine thee in en goot er rijkelijk melk bij. De zelfgebakken in chocolade gedoopte *flapjacks* gingen er goed in. Ik was blij dat ik ze had gemaakt, ook al leek het me gisteren toen ik aan het bakken was een beetje overdreven om zoveel werk te maken van het koekje bij de thee. Maar mijn zoons hadden ervan genoten en vandaag ging het verse, kruimelige gebak er bij de mannen ook goed in. De Staff Kitchen was lekker warm vergeleken met de tochtige schuren en de mannen hielden hun bekers in beide handen. Roy zat op het aanrecht en vertelde een sterk verhaal over een jachtpartij en zijn mannen lachten met smaak. Shaun zat aan de tafel en keek zwijgend toe vanonder zijn zware wenkbrauwen. De jongere man keek even op hem neer vanaf zijn hoge zitplaats. Toen zei hij: 'Jij moet dat stuk kennen, Shaun, daar was vroeger toch een brug?'

Shaun wist van de brug, hij wist van de klif, hij kende dit landgoed als zijn broekzak. Alle stenen, kreken, kliffen, gebouwen en de geschiedenis ervan. De jagers en knechten die aan tafel zaten, luisterden aandachtig toe toen Shaun Roy antwoordde en details vertelde van dit stukje land waar al deze mannen hun dagen doorbrachten.

'Was er niet ook een schapenkooi naast de rivierbocht in de Holling?' vroeg Scott. De mannen gebruikten vaak namen voor plekken die ik niet kende, maar Shaun zei meteen: '*Aye, that was an old broch, once.*' Scott vroeg verder en het gesprek ging toen tussen alle mannen over wat ze tegenkwamen en wat er zoal voorviel in hun domein.

Na een halfuur pauze gaf ik Abigail een knikje en we begonnen de kopjes op te ruimen, de mannen keken op.

'*Aye, we must be getting back to work, thank you for the tea,*' zei Roy en zijn mannen sloten zich mompelend bij hem aan. Shaun zette zijn wollen muts recht, bedankte ons ook, stond op en vertrok, met zijn zoon en de tuinmannen in zijn kielzog.

Toen we even later weer in de schuur stonden, zag ik Roy een tas ophouden voor Shaun, die een stapel agrarische tijdschriften uit de grote kast haalde. Shaun liet ze spijtig in de tas zakken.

'Die zouden eigenlijk naar Andy moeten, dat zou hij leuk vinden, oude Andy, er staan foto's in van de dieren waar hij prijzen mee heeft gewonnen, wel dertig jaar geleden.'

'Hij woont toch aan de voet van de heuvel bij het loch?'

vroeg Roy afgemeten. Toen Shaun dat bevestigde, zei hij kort: 'Ik zal ze meenemen, volgende keer als ik er langsrijd', en zwiepte de tas in zijn Land Rover.

Sucking up

'*The order for the castle? Of course, I will get the owner, please bear with me a moment.*'
En weg was hij. Ik stond nog na te denken over de gewoonte om *bear with me* te zeggen. In het Nederlands luidt dit: 'Heeft u een momentje?' Je vraagt daarmee of de ander tijd heeft. In het Engels gaan ze niet voor een mager vraagje naar hoe de klant zijn dag wil indelen maar doen ze een beroep op zijn lankmoedigheid: *Bear with me*, hou het even met me uit, verdraag me tot ik u kan helpen, wees zo goed mijn aanwezigheid te verdragen tot ik u van dienst heb kunnen zijn. Ik had een prettige dagdroom van een verkoper in de HEMA die tegen me zou zeggen: 'Alstublieft, verdraag me tot ik uw foto's heb gevonden.'

Een halve minuut later, die ik had verdragen door over Britse service in de HEMA te dagdromen, was de verkoper terug met de eigenaar, die ik weleens had gezien maar die nu deed of het een allerhartelijkst weerzien van speciale vrienden was. Hoe het nu met me ging? En of ik het nog naar mijn zin had op het kasteel? Was er nog iets anders dat ik gewenst had?

Nee, zes kratten was genoeg, dank u wel. Ja, als u dat wilt, mag u ze best naar mijn auto dragen, ik sta alleen wel om de hoek. O, nog even wachten op uw andere werknemers die de rest van de kratten zullen dragen, dat is goed, wel zo handig, heb ik mijn handen vrij om de kofferbak open te doen. Er waren dus ook leuke momenten in mijn nieuwe PA-bestaan.

Ik had weleens eerder een brood gekocht bij deze zaak, of wat pakken meel, maar dan had ik pas bij de kassa gevraagd of ze het op rekening konden zetten van het kasteel. Dit keer was ik van het begin af aan helemaal 'de PA' gegaan. Het was nogal veel en ik moest zeker weten dat ze begrepen dat ik van alles het beste moest hebben.

De vorige keer dat ik naar deze delicatessenwinkel was geweest, was ik teruggekomen met mozzarella. Op het lijstje stond mozzarella, ik vroeg mozzarella en ik kreeg mozzarella. Hoe simpel is het leven als het hoogtepunt van de kerstdiners in je ouderlijk huis een pasteitje uit een pakje met ragout uit een blikje was?

De kasteelvrouw had alle mozzarella die ik in de koelkast had gezet, laten staan, dus vroeg ik schuchter of er iets mis mee was. Ze zei me dat ik in de *deli* waar ik de kaas had gekocht, de volgende keer duidelijk moest maken dat als het een bestelling voor het kasteel was, ze daar alleen het beste van het beste wilden hebben. Dus geen Gewone Mozzarella maar Uitstekende Mozzarella.

Blijkbaar had de eigenaar die boodschap ook betrokken op de manier waarop hij mij behandelde. De ouwe-jongenskrentenbroodknipoog die ik kreeg, verwarde me een beetje. Had ik iets gemist? Net als bij de mozzarella? Maar toen hij alle deuren voor me openhield en me luidkeels vroeg de groeten aan de kasteelvrouw te doen, was het zelfs voor mij niet meer moeilijk te vatten.

He was sucking up. De scène in *Pretty Woman* waarin Richard Gere de winkeleigenaar opdraagt om hetzelfde te doen voor Julia Roberts, kwam me levendig voor de geest terwijl de rij winkelbedienden mijn aftandse Peugeot volaadde.

Is het leuk? vroeg ik me af toen ik wegreed. (In het echt dan, niet in een film.) Als mensen ontzettend hun best doen om het je naar de zin te maken omdat je veel geld gaat uitgeven? Andermans geld ook nog in dit geval.

Het was in ieder geval nieuw. Ik kreeg er nog een staaltje van te zien toen er nieuwe tapijten moesten worden gelegd in het kasteel. De plafonds met houtworm die in de komende weken naar beneden gehaald moesten worden, hadden het startschot gegeven voor een kleine renovatie. Zoals gewoonlijk had de kasteelvrouw van de nood een deugd weten te maken en besloten dat er naast het noodzakelijke werk dan ook meteen iets zou worden toegevoegd: nieuwe tapijten.

De laatste keer dat ik in een tapijtwinkel was geweest, was in Nederland en toen was ik dolblij met een couponnetje zeil dat ik op de kop kon tikken voor in mijn keuken. De eigenaar moest lachen om mijn uitgelaten enthousiasme maar liet me verder mijn gang gaan met de onhandelbare rol die ik op mijn fiets probeerde te hijsen terwijl hij zich tot een paar veelbelovende klanten wendde. Of meerbelovende. Zijn lachen en daaropvolgende desinteresse waren oprecht geweest en mijn vrolijkheid ook.

'O, hebben jullie parket gelegd?' vroeg de Wassenaarse moeder van een vriendin van me die ook duidelijk een ander referentiekader had. Ik legde uit dat dit nou zeil was met houtopdruk.

'Ah, parket aan de meter,' giechelde ze.

Er was tot nu toe geen sprake van stroopsmeren geweest in mijn leven.

De man die kwam opmeten en zich voorstelde met 'Brian, *nice to meet you*' was de achterkleinzoon van de oprichter van het bedrijf en tevens de huidige eigenaar.

'Vijfentwintig jaar geleden kwam ik hier voor het eerst.' We liepen door de personeelsvertrekken en Brian keek naar de vloeren die allemaal tapijt hadden, door zijn firma gelegd. 'Ik herinner me het nog precies, ik was zeventien en net begonnen in de zaak. We legden de lopers op de wenteltrappen en dat was een hele klus met al die hoeken en onregelmatige treden! Liggen die er nog?' Ik nam hem mee naar de toren om hem er een blik op te gunnen. Ja, dat lag nog mooi, stelde hij tevreden vast, ze waren ook van de beste kwaliteit, deze rode wollen traplopers. Zeventien was hij toen geweest, en net begonnen in de zaak. Nu leidde hij het bedrijf, zijn vader was het wat rustiger aan gaan doen. Nee, opmeten deed hij eigenlijk nooit meer, maar natuurlijk wel voor het kasteel.

Brian stond zo lang te kletsen dat ik vermoedde dat hij het meer als een nostalgische tour zag dan als echt werk. Dat dat niet het geval was, merkte ik toen hij eenmaal aan de gang ging. Iedere kamer was scheef, met ongelijke vloeren, erkers en haarden en hij had een scherp oog en overzag de mogelijkheden om al die problemen het hoofd te bieden. Hij was niet voor niets onderaan begonnen, hij had alle vakkennis opgedaan voor hij achter een bureau ging zitten managen. Vakkundig mat hij de kamers op en dacht mee hoe we het best rond de hemelbedden konden werken. Als ik zorgde dat er een paar mannen waren om ze op het juiste moment op te tillen, hoefden ze niet verplaatst te worden. Hij zag ook meteen dat als we de Miss Elsa Room meenamen, we een boel geld zouden besparen, omdat we dan wat we in de breedte moesten afsnijden in de Falcon Room in de lengte konden gebruiken in de Miss Elsa Room.

Een paar weken later ging ik naar de tapijtwinkel om stalen te gaan bekijken. Ik nam voor de eerste keer de BMW. Toen ik de factor vertelde van dit uitstapje diep de bewoonde wereld in, had hij gezegd dat ik daarvoor de auto kon gebruiken die, na een tijdlang een van de kinderen des huizes bediend te hebben, nu klaarstond voor personeel dat een auto nodig had. Na een reis van een paar uur parkeerde ik voor een niet overdreven grote winkel aan de rand van het centrum van een echte stad. Opgelucht dat de zwartglimmende auto nog heel was, stapte ik uit en nam het gebouw in me op. Dat vond ik altijd weer leuk aan de kasteelvrouw, ze koos met zorg de winkels waar ze klant werd, en waar mogelijk koos ze voor individuele bedrijven, geen grote ketens.

Er was een balie en ik zei dat ik tapijt kwam uitzoeken. Iets speciaals? Nou, ze waren al komen opmeten. Waar? Cliffrock Castle. '*Bear with me a second*,' zei de man en liep de zaak in. Even later werd ik voorgesteld aan Fenella, '*who always deals with the orders for the castle*', en zij leidde me naar haar bureau. Het Britse standaardjargon in winkels is al een paar tandjes hoger dan in Nederland, maar ik begreep dat ik vandaag de *full treatment* kreeg. *So good to see you, glad to be of service, would you like some tea?* Op haar computer riep ze het complete archief van Cliffrock tevoorschijn. Alles wat daar ooit voor was besteld en gelegd, door wie, wanneer en voor welke kamer. Het was net zo zorgvuldig als een medisch dossier en Fenella ging er net zo delicaat mee om: 'Ik begrijp dat deze tapijten in de gastenkamers worden gelegd. De vorige keer dat *her ladyship* hier was, bestelde ze van dit merk.' Ze haalde wat boeken met stalen op die ze voor me openspreidde op tafel. 'En binnen dit merk zijn er verschillende kwaliteiten waarvoor gekozen kan worden. Misschien heeft her ladyship een andere voorkeur dan de laatste keer.'

Dit onschuldige zinnetje kreeg langzaam meer betekenis toen ze me voorrekende wat het prijsverschil was tussen hetzelfde tapijt in de kwaliteit *West End*, *Premium* of *Indulgence*. Allemaal klonk het geweldig, maar West End bleek de hoofdprijs. West End is het goede deel van Londen, en dat is meer dan een lichte Premium of een beetje Indulgence. Wat Indulgence in een leven is fijn, Premium is vooraan staan, maar al deze algemeenheden vallen in het niet bij het echte werk: in het Londense West End wonen spant de kroon. Het verschil tussen deze variaties bedroeg, voor de hoeveelheid die wij moesten hebben, een paar nullen.

Ik besloot tot een middenweg: niet de dikste, niet de dunste variant. Het ging niet alleen om de gastenkamers, sommige van de vertrekken in kwestie waren voor de kinderen. Ik nam aan dat het storend zou zijn als het tapijt daar duidelijk verschilde van dat van de gastenkamers ernaast, maar het was ook weer niet de Master Bedroom, de belangrijkste kamer van het huis waar mevrouw zelf sliep en die vanzelfsprekend West End had. Ik hoopte dat mijn Britse klassengevoel genoeg ontwikkeld was om te kunnen verdedigen dat Premium hier gepast zou zijn. Daarna moest ik een kleur uitzoeken die volgens mij de goedkeuring van mevrouw zou wegdragen. Het 'volgens mij' maakte dat ik een prikkerig gevoel kreeg op mijn hoofdhuid.

Fenella leidde me langs het stalenbord met driehonderd kleuren wit. Ik had er niet bij stilgestaan dat een crèmewit tapijt uitzoeken mij naar de diepste diepten van de kleurenleer van Goethe zou voeren. Het leek allemaal wit maar er hadden mensen gewerkt aan een wit met een bruinige vleug, een gele nasmaak of een rood timbre. Na een licht duizelige eerste paar minuten merkte ik tot mijn verwondering dat ik een duidelijke voorkeur had, die ik ook nog kon onderbouwen. Het deel van het spectrum dat ik mooi vond, neigde naar het geel en dat was omdat de gebroken witten die mevrouw voor het verfwerk had uitgezocht ook in die hoek zaten. En dan had je citroengeel, romig geel, okergeel en Indisch geel. Ieder in tien gradaties. Ik nam aan dat ik niet met twintig stalen van bijna dezelfde kleur naar de kasteelvrouw moest gaan, dan had ze zelf kunnen komen, dus ik concentreerde me om een coherente voorselectie te maken. Ik haalde de kleurenkaart van de verfwinkel erbij en ging ervoor zitten.

Na een tijdje kwam Fenella weer terug en ik zei zo bedaard als ik kon dat ik graag van deze drie kleuren een staaltje mee zou nemen, graag in kwaliteit zus en dat we zouden overwegen of we de suggestie van haar baas zouden volgen en inderdaad ook de Miss Elsa Room wilden laten doen. Het zag er allemaal heel echt uit, met mijn kopje thee voor mijn neus, de BMW voor de deur en mijn Moleskine-opschrijfboekje dat ik af en toe raadpleegde.

Ik grijnsde wat breder en liet er wat minder bedaard op volgen: 'Ik hoop maar dat mevrouw er geen spijt van krijgt dat ze mij eropuit heeft gestuurd om dit te bestellen. Ik doe dit voor de eerste keer weet je, en het maakt me een beetje zenuwachtig.'

Fenella liet iets van haar professionele gladheid gaan, haar glimlach werd wat minder strak en haar ogen begonnen te twinkelen. Ze had her ladyship al een paar keer in de winkel gehad en verzorgde al jaren haar orders, dus ze wist hoe precies alles erop aankwam. Ze keek met haar hoofd schuin naar haar scherm en zei dat ze dacht dat het wel goed zou zijn, het was in de lijn van eerdere bestellingen. Ze stelde me toen gerust door te zeggen dat ze het hele verhaal eerst nog met de factor ging bespreken voor er knopen zouden worden doorgehakt. Ze gaf me de drie staaltjes, we namen hartelijk afscheid en ik stapte weer in mijn bedrijfsauto.

'It is very well done, really good work, but it is not what I meant,' zei de kasteelvrouw. We stonden bij de gordijnen die de naaister had afgeleverd. Het tapijt had gelukkig mevrouw haar goedkeuring gekregen. *'Lovely,'* had ze gezegd toen ik haar de stalen had laten zien en ze was het eens met het gebroken wit dat ik naar voren schoof. 'Denk je dat deze haard weer in gebruik genomen zou kunnen worden? Als de schilders hier toch bezig zijn, kunnen ze misschien ook die nieuwe bijzettafeltjes een kleurtje geven. Iets in de trant van de muren maar een beetje anders. En het is wellicht een mooi moment voor de elektricien om de lichtschakelaars aan te passen, die zijn zo hopeloos verwarrend in deze kamer, de meeste gasten vinden volgens mij hun weg op de tast. En laten we nu naar de Fisherman's Cottage gaan om naar de gordijnen te kijken.' Ik probeerde haar bij te houden in mijn aantekenboekje en er tegelijkertijd goed op te letten dat ik haar voor liet gaan bij alle deuren op onze tocht naar beneden, bij het instappen in de Land Rover en bij de entree in de Fisherman's Cottage.

Daar aangekomen wierp ze een lange blik op de gordijnen en zei toen dat ze het heel goed gedaan vond, maar dat het niet was wat ze bedoelde. Het was de eerste keer dat deze naaister iets voor het kasteel deed, ze was aangeraden door een vriendin van mevrouw. Een paar weken geleden had mevrouw me gezegd: 'Probeer haar goed uit te leggen wat ik wil, mijn vriendin Sue zegt dat ze een uitstekende naaister is en een heel leuke vrouw, maar de communicatie is niet altijd betrouwbaar, ze komt uit Oost-Europa.'

Ik kreeg een e-mailadres en bestelde de gordijnen. De naaister had ze afgeleverd en opgehangen toen ik met vakantie was en later was ik ze met her ladyship gaan bekijken. Ze waren dus niet precies zoals de kasteelvrouw wilde. Nu moest ik proberen in een mail uit te leggen aan deze Oost-Europese met onbekende Engelse taalvaardigheid wat er mis was en of ze het kon veranderen. Ik besloot dat ik daar niet toe in staat was en maakte een afspraak met haar dat ze langs zou komen.

Een klein groen autootje stopte bij de personeelsingang en een vrouw in jeans en een donkere fleece stapte uit. Ze had een Slavisch gezicht, zwart haar en amandelvormige groene ogen en stelde zich voor als Nora. Ze luisterde aandachtig toen we bij de gordijnen stonden en ik uitlegde dat mevrouw ze te stijf vond en wilde dat ze in bredere, lossere plooien zouden vallen. Ze vroeg of ik bedoelde dat mevrouw *pencil pleat* wilde, of had ze liever *goblet pleat, french pleat* of *pinch pleat*? Met een tussenruimte van zes inch of vier inch? Met band of zonder band? Ze begon in een voor mij compleet onbekend jargon te praten. Vouwen, plooien, haken, ogen, allemaal onbekende Engelse woorden voor mij. Ze had een Oost-Europees accent maar ze was goed verstaanbaar en had een zeer ruim vocabulaire op het gebied van gordijnen. Te ruim. Ik staarde haar aan. Ze keek gespannen terug. Toen ik niets zei, begon ze haastig te praten: 'Ik neem de gordijnen terug. Ik verander ze. Natuurlijk.

Ik werk eraan totdat mevrouw tevreden is en ik vraag daar geen extra geld voor. Het is aan mij om ze zo te maken dat zij helemaal tevreden is. Maar ik moet wel weten wat ze precies wil.'

Ze was een kleine vrouw en ze droeg de enorme ladder die ze in haar autootje had weten te proppen de Fisherman's Cottage in en begon de gordijnen van de rails af te halen. Zich verontschuldigend dat ze mijn tijd in beslag nam en me verzekerend dat we de aangepaste gordijnen binnen een paar dagen terug zouden hebben. Ik had nu echt meer dan genoeg stroopsmeren gezien. Ik werd er ontzettend ongemakkelijk van. Ik stelde Nora voor dat we thee zouden gaan drinken. We reden naar het kasteel en gingen in de Staff Kitchen zitten. Ik raakte gewend aan haar accent en zij aan de ondoorgrondelijke diepten van mijn onwetendheid wat gordijnen en plooien betreft. We tekenden gordijnen tot we elkaar begrepen. We kregen de slappe lach van mijn poging om de smeedijzeren ramskoppen te tekenen die aan het uiteinde van de gordijnrail zaten. We namen met continentale zoenen afscheid en binnen een paar dagen hingen de gordijnen weer. Mevrouw zei me dat we voor toekomstige opdrachten in en om het kasteel aan Nora konden denken.

Wat het *sucking up* betreft, leek het me uiteindelijk beter om dat door te verwijzen naar de persoon die er echt aanspraak op kon maken, de baas zelf. Het zag er misschien leuk uit in een film, maar ik vond het leuker om de mensen achter de gedienstigheid te leren kennen.

Immaculate

'*The cooks have left the kitchens clean, but not immaculate.*'
  De kasteelvrouw had dit keer het gevoel gehad dat ze me

een opdracht moest geven voor tijdens haar afwezigheid van een paar maanden.
Immaculate, ik kende het woord wel, maar zocht het voor de zekerheid nog even op:

immaculate [imækjoelət] **0.1 *vlekkeloos*** =>*onbevlekt, zuiver* **0.2 onberispelijk** *1.1 (r.k.) Immaculate Conception *Onbevlekte Ontvangenis.*

Ik vond het een mooi woord. Vooral in de uitspraak van de kasteelvrouw klonk het als een stijfgestreken helderwit tafellaken.

Dus stond ik de volgende ochtend in de keuken en zocht naar iets wat ik onberispelijk kon maken. Een keuken schoonmaken is natuurlijk ellendig saai, maar een keuken *immaculate* laten worden, vond ik nu wel een uitdaging. Vooral omdat alles in de ruimte mooi was. De donkerblauwe AGA was een fier stuk geëmailleerd gietijzer met grote ronde deksels over de kookplaten. De hoge houten schouw was gemaakt van brede balken die door de houtvesters uit het bos rondom het kasteel waren gehaald. De rode tegels op de vloer vertoonden de sporen van eeuwenlang gedienstige voeten.

Ik poetste vijf dagen achter elkaar met hulp van Abigail en Stanley Agers boek *The Butler's Guide,* waarin ik allerlei dingen nakeek, zoals hoe je toastrekjes moet ontkruimelen en zoutvaatjes moet schoonmaken. En op vrijdagmorgen keek ik om me heen. Het was intrigerend bevredigend om in een ruimte te staan waar je alles hebt aangeraakt, van het kleinste richeltje van de AGA tot de zilveren pepermolen met hertenkop. En de deurtjes van het kastje voor de goudgerande eierdopjes.

Mijn vrienden en familie namen aan dat nu ik was opgestegen tot de hoogte van personal assistant, ik niet meer zou hoeven huishouden. Ik liet hen in die waan. Ik liet hen denken dat ik nu niet meer mijn handen zou hoeven te gebruiken. Waarom? Dat bleek eigenlijk een interessantere vraag dan het zo op het eerste gezicht leek. Waarom vond ik het beschamend om fysiek werk te moeten doen, en niet om achter een bureau te zitten?

De dag dat ik de bibliotheek in liep om de haard schoon te maken terwijl de oudste zoon op de bank lag, voelde ik me ongemakkelijk. De aanloop was de gewoonlijke verwarring geweest.

'Ah, Josephine,' begon de kasteelheer, 'we hadden gisteren het haardvuur aan in de bibliotheek.'

'Het was inderdaad een beetje fris,' zei ik beleefd.

'Dat was het inderdaad,' zei de kasteelheer, een heel gewoon antwoord dat echter gepaard ging met een voor mij onbegrijpelijke blik. Alsof hij niet had verwacht dat ik dat zou zeggen. Ik begreep ook niet precies waarom hij tegen mij had gezegd dat ze de haard aan hadden gehad. Het leek een tamelijk willekeurige mededeling. Maar ik vond dat ik er best een goed antwoord op had gehad: neutraal, beleefd, niet te lang. Ik kon er niets in vinden wat verbazing zou opwekken.

'Nou, we zullen misschien de haard deze week weer eens gebruiken,' zei hij.

'Ja, het weer schijnt er niet beter op te worden,' antwoordde ik zonder merkbare pauze, want ik begon hier goed in te worden.

Hij keek me nu bijna verwijtend aan. Ik was wild in mijn hoofd aan het zoeken naar wat ik verkeerd gezegd kon hebben.

'*Perhaps you can clean the hearth*,' zei hij met iets minder dan zijn gewone goedgeluimde stembuiging.

'*Clean the...? Yes, yes, of course!*'

Eén keer moet de eerste keer zijn voor alles en vooral in dit kasteel had ik een boel premières. De haard schoonmaken, ja, natuurlijk. Ik wist niet waar het hout werd bewaard maar na even zoeken vond ik een deur in de voorhof en daarachter bleek een ruimte te zijn die tot de nok toe was gevuld met hout. Er was geen licht en toen ik naar binnen stommelde, stootte ik mijn schenen tegen een hakblok. In het halfduister ontwaarde ik ook een bijl. Ik schoof een krat voor de deur zodat die open bleef staan, pakte een blok van de berg hout en hakte het tot handzame stukjes aanmaakhout. Naast het brede schot waarachter het hout lag, zag ik nu ook een ijzeren emmer met een schep.

Opgewekt liep ik even later naar de bibliotheek met een krat vol aanmaakhout, blokken haardhout en een asemmer: ik had weer een deur waarvan ik wist wat erachter zat en een nieuwe verzameling ambachtelijke voorwerpen. In de schemerige bibliotheek vond ik de zoon des huizes, liggend in een leunstoel. Hij keek niet op van zijn tijdschrift en beantwoordde mijn groet mompelend.

'*I hope I do not disturb you?*' Het was eruit voor ik het kon tegenhouden, dat kwam door die huiselijke setting, ik had meer het idee bij mijn oudere broer binnen te lopen dan bij de zoon van mijn werkgever. Ik beet op mijn lip van spijt, waar sloeg dat nu op, hier was ik voor aangenomen. Gelukkig verwachtte de stamhouder geen sarcasme en zei dus vriendelijk: '*Not at all.*'

Het was wel een *Downton Abbey*-moment, moest ik toegeven, terwijl ik de as in de emmer schepte en een vuur opbouwde voor de avond. Met de gewoonlijke moderne draai dan, want de haarden in Downton werden natuurlijk om vijf uur 's ochtends door de *parlour maid* gedaan als de familie nog in bed lag. Maar nu was het de *head housekeeper/* PA die door de knieën ging, en dan midden overdag terwijl iemand probeerde te lezen. En ook alleen nog nadat de kasteelheer het voor haar had uitgespeld.

Toen ik thuiskwam die middag zocht ik in mijn boekenkast naar *Behind the Scenes: Domestic Arrangements in Historic Houses*. Ik had het ooit gekocht om de zin op de achterflap over de auteur: '*She believes in intensive research in whatever happens to come to her attention...*' Intensief onderzoek naar alles wat toevallig onder haar aandacht komt. Ik vond het een mooi motto. Ik had het boek opgepakt om de voorkant, waarop je een rijtje koperen bellen ziet met daaronder de gekalligrafeerde namen van kamers. Niet wetend dat ik ooit een elektrische versie van zo'n bellenbord aan gruizels zou gooien. Ik kocht het om het motto van de schrijfster.

In iedere beetje kostuumfilm wordt ergens de groene deur getoond die Upstairs van Downstairs scheidt. Op Cliffrock hadden we die ook, twee zelfs, beneden een die de utiliteitsruimtes van het hoofdgebouw scheidde en boven een die de personeelsslaapkamers van de gastenvleugel afsloot. Maar dat was niet altijd zo geweest.

Ook dit kasteel was begonnen als een stenen vesting waar alles was gericht op overleven met een grote groep mensen. Dat zag je nog steeds aan de indeling: rond de voorhof liggen de keukens, voorraadkamers, wapenkamers en de grote hal waarin iedereen zich verzamelde. Er waren toen geen aparte eet- en slaapkamers voor gasten en getrouwen. Gegeten werd er in de grote hal met de vrouwen en heer aan de hoofdtafel te midden van de andere mensen die daar woonden en werkten, en geslapen werd er in brede hemelbedden en in nissen, alkoven en veldbedden, overal waar het warm was.

Ik had weinig fantasie nodig om me voor te stellen hoe ik 's middags met de kasteelvrouw en Abigail kippen zou plukken en jam inmaken terwijl de kasteelheer op jacht ging met zijn mannen en met een hert thuiskwam dat ze op de binnenplaats zouden uitbenen waarna wij er bouten en worsten van zouden maken. 's Avonds zou ik dan naar de Main

Bedroom lopen en mijn bedje uitschuiven, de kasteelvrouw en -heer goedenavond wensen en me lekker uitstrekken.

De eerste gedachte bij al dat wild door elkaar slapen, is natuurlijk hoe mensen dat deden als ze getrouwd waren. De heren en dames, maar ook het personeel. Of was al het personeel toen al vrijgezel, net als in de negentiende eeuw? En naast de meer opwindende kant van getrouwd zijn heb je dan allerlei kinderen. Moest ik mijn baby meenemen in mijn uitschuifbedje in de Main Bedroom? Of lagen alle vrouwen met baby's in een apart deel van het gebouw? Of was het juist handig en kon ik meteen ook de baby van de kasteelvrouw onder mijn hoede nemen?

Het was een chaotisch, kleurrijk beeld van die vroege tijden en het verbaasde me niet dat ze de mensen die daar van generatie op generatie woonden en werkten, aanduidden als 'familie' en niet als 'personeel'. In Schotland werden alle mensen die samen in een afgelegen gebied overleefden 'clan' genoemd. Het was ook vaak familie in de moderne zin van het woord. En het clanhoofd was de aanvoerder en koos uit zijn familie de mensen die de functie van rentmeester, hofmeester, wapenmeester of hofdame konden vervullen. Een baantje dat dan weer van vader op zoon en van moeder op dochter werd doorgegeven.

Terwijl ik de lijst van mensen in een groot huishouden in 1613 doorlas, vond ik dat er echt leuke baantjes bij zaten: schrijver, valkenier, stalknecht van het grote paard, stalknecht van het paard van de vrouwe, vogelvanger, bakker, brouwer, onderbrouwer. Dat zou ik ook doen als ik kasteelvrouw was, mijn zus inhuren als opperhofdame en mijn achternicht aan een baantje helpen als melkmeisje. Als kasteelheer zou ik het liefst potige familieleden als bodyguards aannemen en mijn broer de wapenkamer laten beheren.

Op Harry Potters kostschool wordt het eten op tafel getoverd. Uit het niets verschijnen de lekkerste hapjes. Dat is precies zoals ze het in de negentiende eeuw graag zagen: 'Het werk in het huis wordt als door toverij gedaan. Maar het is de toverij van een systeem... Het geheel werkt als een goed geoliede machine,' schrijft Washington Irving als hij een Engels landhuis bezoekt in 1822. *Immaculate Conception.* Het idee wordt geboren in de negentiende eeuw. Geen ossen die in de schouw worden gebraden terwijl de uitgebreide familie eromheen zit. Er komt een groene deur tussen Upstairs en Downstairs, de Familie en het Personeel. En er wordt alles aan gedaan om de schijn van toverij hoog te houden, met tunnels en verborgen liftjes, weggewerkte deuren en onzichtbare Staff Quarters. De boerderij verdwijnt van de voorhof en de keukens komen in het souterrain terecht. De mensen die het werk doen, zijn onzichtbaar en onpersoonlijk. Geen familie maar personeel.

Jammer genoeg voor de huidige kasteelheren en -vrouwen moeten ze het doen met iets minder goed geoliede machines dan die van het ideale landhuis. Ronduit roestig was mijn reactie op de hint dat de haard gedaan moest worden. Het negentiende-eeuwse systeem is te goed gelukt. Het productieproces van voedsel, kleding en werktuigen is uit het publieke oog verdwenen en ook uit het bewustzijn.

Na een leven in de stad van in witte ruimtes achter computers zitten en naar de supermarkt gaan, vond ik het heerlijk om te ruiken, te voelen en te maken. Ik hield ervan om de zachte emaillen baden te wassen. Het bruinige turfwater over het witte glanzende oppervlak te zien gaan en het dan met een zachte spons in te zepen en met veel gespetter af te spoelen. Er zat geen douche bij de baden, zo onhandig en prettig dat dingen mooi waren en niet handig, en nu moest het schoonmaken gebeuren met een brede spons en veel gespetter.

Ik hield ervan om de zeventiende-eeuwse eikenhouten balustrades met boenwas in te wrijven. De houtnerf te zien opglanzen in de houten panelen langs de trap. Met mijn handen door de eindeloze rij tweedjassen te gaan en de ruwe stof te voelen en de vreemde geur te ruiken. De oudste jasjes ruiken naar het korstmos waarmee vroeger de wol werd gekleurd.

Ik vond het avontuurlijk om plotseling gevraagd te worden te helpen bij een diner als er geen koks waren, en met de koperen pannen op de AGA te rommelen. Het gevoel van het koude koper in mijn handen dat langzaam warm werd. Stukken wild en halve varkens op brede houten planken in plakjes te snijden met een mes zo lang als mijn arm. Bessen te plukken in de moestuin en perfecte jam te moeten maken. Met de zoete geur van warm fruit in mijn neus.

Ik had zelfs plezier in bedden opmaken. De enorme witte, stijve lakens in mijn vingers te voelen en over de ruime bedden te leggen. Abigail had me geleerd hoe ik een *hospital fold* deed. Als we met z'n tweeën een bed opmaakten, hadden we een choreografie van lakens opgooien, neerhalen, omvouwen en toedekken en dan de donzige dekbedden er luchtig overheen spreiden en de dubbele kussens erop ploffen.

Het leven van voor de industriële revolutie, van voor de tijd dat alles economisch en rationeel moest zijn. En van onzichtbare oorsprong. Melk zonder stukjes. Varkenslapjes zonder haren. Eieren zonder kippenpoep. Arbeid zonder zweet. Pakjes van Amazon zonder makers. De Immaculate Conception, alles onbevlekt ontvangen. Het was een eeuw geworden waarin achter een bureau zitten veel beter staat aangeschreven dan met je handen werken. En waarin het bijna beschamend is als je met je handen moet werken. En ronduit vreemd als je dat nog leuk vindt ook.

Na het schoonmaken van de haard en het op orde brengen van de keuken nam ik de BMW en reed naar de boerderij. Ik moest wat details doornemen met de factor over het schilderwerk en het leggen van de tapijten. Met de planning, de stalen en de kleurenkaarten stapte ik uit de auto. Er blies een ijskoude wind en de geur van de gierput om de hoek was nogal overweldigend. Ik worstelde om de deur van een schuur open te krijgen zonder mijn spullen te laten vallen, en eenmaal binnen legde ik mijn papieren op een werkbank en wachtte. Zonder mobiel bereik moet je gewoon staan nietsdoen en wachten. Of degene gaan zoeken die je wilt spreken. Na een tijdje ging ik naar buiten, ik zag wat commotie binnen de omheining van het naastgelegen veld en liep ernaartoe.

Shaun en zijn zoon Cameron stonden bij een houten bekisting waar ze een hooglanderkoe in probeerden te drijven. Er waren nog twee mensen die ik niet zo snel herkende: een kleine man die met zijn rug naar me toe stond, hij had een muts diep over zijn oren getrokken en hoge groene *wellies* aan, en een vrouw met blonde krullen en een witte jas.

De koe stommelde wat rond en zwaaide haar hoorns heen en weer.

'*Come on lass*,' zei Shaun goedmoedig en gaf haar een klap op haar achterste. Cameron ontweek vloeiend de hoorns en keek geconcentreerd naar haar bewegingen. Toen de derde man zich omdraaide, herkende ik de factor. Ik had hem nog nooit anders gezien dan in pak bij het kasteel. Ik wist dat hij ook de verantwoordelijkheid had over het werk op de boerderij maar daar had ik geen duidelijk beeld van gehad. Hij sprong op de zijkant van de bekisting en hielp Shaun om de koe naar binnen te leiden. Cameron klapte een ijzeren beugel neer over haar nek en ze stond vast. De mannen deden een stap naar achteren en de vrouw in de witte jas reikte in het achterste van de hooglander.

'Zes maanden,' zei ze tegen Cameron terwijl ze haar arm, die bruin was tot aan haar oksel, weer naar buiten haalde.

Shaun was de volgende koe al naar binnen aan het drijven. Cameron liet de eerste gaan en zette de tweede onder de ijzeren beugel.

'*She is an old girl*,' zei hij tegen de dierenarts die voorovergebogen in de koe stond te voelen, 'maar ze krijgt goed voedsel en de stier is bij haar geweest.' Ik begreep nu dat de dierenarts controleerde of de koeien drachtig waren. De vrouw in de witte jas keek over de ruige schoft voor zich uit terwijl haar arm in het dier stak en ze voelde of er een foetus was.

Ian stond nog te praten met Shaun en knikte toen naar mij dat hij klaar was. Hij kwam naar het hek toe terwijl de tweede koe net werd losgelaten. Ze deed een paar stappen en schudde zich. Ze liepen een paar passen verwijderd van elkaar, de koe en de factor. Ian keek goed. Zonder angst maar waakzaam.

'Ik wist niet dat jij zo handig was met vee,' zei ik, leunend over de stenen muur.

'Aye, dat is het werk dat ik zou moeten doen,' zei hij, het hek zorgvuldig achter zich sluitend. Samen liepen we naar het gebouw achter ons. 'Ik ben een boerenzoon, ik zou met vee moeten werken. In plaats van', hij schudde zijn hoofd en door de manier waarop hij een beetje scheef lachte, vermoedde ik dat ik een citaat van zijn vader kreeg, '*instead of faffing around behind a computer.*'

Kijk, dat kon dus ook, dat je je er juist voor schaamde dat je niet de hele dag met je handen werkte.

Legbatterijkippen

De buurvrouw had legbatterijkippen opgehaald en ik keek over het hek toe hoe ze het krat haar tuin in tilde en de dieren in de ren zette. Het waren roestbruine kippen, een soort barnevelders. Of dat waren ze ooit geweest. Ze konden niet lopen. Muireal, mijn naaste buurvrouw, pakte ze uit hun kooi en zette ze in het stro van het hok neer. De kippen reageerden hysterisch op haar aanraking. Ze bleven liggen of schoven over de grond, want ze konden niet lopen en ze hadden blijkbaar niks met mensen.

In de weken die volgden keek ik vaak even over het hek om te zien hoe het met de legbatterijkippen ging. Met diepe voldoening zag ik op een ochtend een van de dames schuin naar beneden kijken met haar snavel in de aanslag. Ze kreeg de graankorrel die ze tussen het stro had opgemerkt niet te pakken, maar haar kop had die alerte uitdrukking gekregen die gewone kippen hebben. Ze tokkelde.

Ik zal niet zeggen dat onze voeten scheefgegroeid waren toen we hier aankwamen, maar een beetje een legbatterijkip vond ik ons wel. Anders dan de kippen, die argwanend naar de groene massa keken, wisten wij wel wat gras was maar we hadden er nog nooit dag en nacht tussen gewoond. In een huis met een tuin die alleen maar tuin heette omdat er een hek omheen stond, verder was er geen verschil met de heuvels eromheen.

In het begin vroeg ik me af waarom niemand er een tuin met perkjes en bloemen van had gemaakt, tot mijn ogen opengingen voor de herten- en hazensporen om ons heen en de hoeveelheid schapen die langskwamen. En ik begon de ontoereikendheid te zien van ons lage houten hek. Er groeiden in onze tuin gras en bosjes die de dieren niet lekker vonden. En na een zware winter zoals de eerste die we hier meemaakten, aten ze ook die nog op.

Verder waren we wel in staat om een vuur aan te leggen in de haard met een zak blokken van de Aldi, maar we hadden toen we aankwamen totaal geen oog voor het brandhout om ons heen. We leerden van de buren dat iedere boom die omviel op het landgoed, door de bewoners mocht worden gebruikt voor hun voorraad. De ogen van de schiereilanders waren dan ook gestaag gericht op de bosrand om een graantje mee te pikken van die overvloed. Het duurde even voor wij ook die waakzaamheid kregen en het duurde nog langer voor we goed brandhout konden onderscheiden van slecht, onbereikbaar, te bewerkelijk of al geclaimd hout.

Dat was het eerste wat je moest checken, of de boom al door een ander was geclaimd. Een bijlslag of zaagsnede erin betekende dat iemand anders hem eerder had gevonden en er later voor zou terugkomen. Daar geen acht op slaan kon leiden tot behoorlijke vetes in de gemeenschap. Er werd donker gemompeld over '*them that will go down in the night and take everything they can lay their hands on*'. Er waren bomen die voor onze kleine motorzaag veel te groot waren. Die werden opgehaald door mannen met een professionele uitrusting. Het betere boomzagen. Er waren bomen die daar omvielen waar je er niet goed bij kon, en weer waren het de mannen met de meest robuuste Land Rovers die in het voordeel waren. En er waren bomen waar mensen 's nachts voor uit hun bed kwamen om maar de eerste te zijn die ze claimde, de dikke loofbomen. Heel zeldzaam en veel beter brandhout.

Onze blik werd nooit zo fel als die van onze buurmannen met de grote motorzagen, omdat we wisten dat we ze toch niet konden krijgen, maar een zekere wakkerheid voor een goed stuk hout of een fijne bos aanmaaktakken kregen we wel. Het scheelde enorm veel geld als je je eigen hout uit het bos sleurde. En het bespaarde veel olie als de houtkachel in de zitkamer brandde, dan kon de centrale verwarming in de rest van het huis worden uitgezet.

Onze nieuwe Schotse buurkinderen waren achteruitgedeinsd toen ze onze kippen voor het eerst op zich af hadden zien komen. Ze kwamen uit Glasgow en het leven daar had ze niet voorbereid op onze stevige dames. We hadden ook een flinke haan die ter hoogte van de schouders van het jongste meisje kwam.

'Willen jullie ze voeren?' vroeg ik. Alleen het oudste meisje knikte, de andere twee zeiden niets en staarden. Onwennig nam hun zus een hand graan uit de voederton en begon het neer te leggen.

'Je kunt het strooien, kijk zo.' Ik deed het voor. De ene legbatterijkip die de ander wat uitlegde. Die eerste herfst wilden de buurkinderen ook niet het steile pad achter het postkantoor op lopen, of op de stenen in de rivier springen, en die eerste winter wilden ze niet de heuvel achter ons huis afsleeën. De jongens noemden die specifieke route ook wel *Death Trap Valley* en hij was inderdaad wel erg steil. Maar twee jaar later pasten onze buurkinderen op de kippen als we een week weggingen. Ze raapten de eieren zonder ze te breken. En natuurlijk gingen ze het steile pad op, want daarachter is de hut en ze hadden zelf een nog steilere afdaling voor met de slee gevonden dan Death Trap Valley. Die noemden ze *Mortal Peril Road*.

'Ach jongens, willen jullie onderaan de heuvel even een lam door het hek jagen? Het heeft me de hele nacht wakker gehouden,' vroeg ik ze in de lente. En dan trokken ze braaf hun laarzen aan en gingen ze, de drie stadskinderen uit Glasgow en de twee stadskinderen uit Den Haag. Als ik dan even later uit het raam keek, zag ik ze in formatie het veld door trekken. We hadden daar een tijd op geoefend, op het maken van een strakke halve cirkel waarin ieder kind tegelijk naar voren bewoog, maar ze konden het na een tijdje zonder toezicht. In een hoek gedreven vond het lam dan het gat in het hek terug waar het een dag tevoren argeloos doorheen was gestapt maar dat van de andere kant niet zo uitnodigend leek. Nu wrong het er zich koortsachtig doorheen, rende dan luid blatend naar zijn moeder terug en dook onder haar om zijn dorst te lessen. De kinderen gebruikten hun herdersstokken voor een omstandig zwaardgevecht en kwamen even later nat en modderig weer binnen.

Een van de legbatterijkippen van de buurvrouw ging niet op stap. Ze werd niet door nieuwsgierigheid gedreven om uit haar comfortzone te komen. Ze bleef op haar stok zitten en schoof enkel twee keer per dag naar de voerbak en de waterhouder. Die kip was binnen een paar weken dood. Ik trok daar een les uit voor mezelf: nieuwsgierigheid is geen luxe.

Bonen, laarzen, whisky

Niet: sleutels, mobiel, portemonnee, zoals vroeger in de stad. We hadden een nieuw leven waaraan we ons zo goed als we konden aanpasten en dat vergde dus ook een andere routine. Chocola, kaplaarzen en een zaklamp, dat leek me een goed nieuw trio om altijd bij me te hebben.

Chocola als noodrantsoen voor als je met de auto gaat, omdat er een grote kans is om aan de kant van de weg te eindigen en een kleine kans dat je er snel wegkomt. Kaplaarzen voor als je een eind moet lopen door modder, water of sneeuw. En een zaklamp voor als het donker is.

Chocola in de auto bleek niet zo'n haalbaar idee. De chocola ging gewoon op tijdens de reizen zonder calamiteiten. Ik probeerde wat repen in de verbandtrommel te verstoppen en ze te vergeten, maar ik herinnerde me toch altijd weer dat ze er zaten. En hoe gezellig is het dan om opeens onder het rijden te vragen: heeft iemand trek in een stukje chocola? Het zegt wel iets over de lengte van de gemiddelde autorit. Tenzij we naar buren gingen en te lui waren om te lopen, was alles waar we naartoe wilden minimaal drie kwartier rijden.

Afstanden zijn verrassend subjectief. Van onze cottage naar het eerste dorp met een winkel was dezelfde afstand als van Den Haag naar Rotterdam. Maar het voelde anders, want je passeerde hier onderweg rond de negentig woningen. Waarvan we de bewoners ongeveer allemaal kenden. Niet altijd persoonlijk, maar wel van naam. Dat is anders dan wanneer je van Den Haag naar Rotterdam gaat, daar passeer je er al meer dan negentig voor je je eigen straat uit bent en zelfs daar ken je al niet iedereen.

We reden zesentwintig kilometer voor een fles melk en deden daar meer dan een uur over, en ondertussen telden we herten en ontweken fazanten. Of we reden van Den Haag naar Dordrecht om een avondje naar de film te gaan. En als we dat deden, lieten we onze kinderen zelfs weleens alleen thuis. Dat zou ik in Nederland niet doen als ik naar Dordrecht ging. Maar hier had ik er geen moeite mee. Het gaat dus blijkbaar niet om de afstand maar om de hoeveelheid obstakels die ik tussen mij en mijn kinderen voel en de back-up die ze hebben. Ze waren met z'n tweeën, nu tien en dertien jaar oud, en kregen opdracht om de katten eten te geven en het vuur aan te houden en verder mochten ze een film kijken. We hadden een plank dvd's, want het internet was te langzaam om iets te downloaden. Als er twee mensen tegelijk op zaten, kon je niet eens e-mailen.

'Als er iets is, ga je naar de buren. Of naar het postkantoor.' Daar eindigden alle kinderen van schiereilanders die omhoogzaten. Laura had in haar winkel frisdrank en chocola, dat hielp, en een voorraad films. Eerst moest er gewerkt worden; de afwas van de lunchroom moest gedaan, de vuilnis moest met een karretje naar de containers gebracht, de hond moest uitgelaten en daarna mochten de kinderen in de lunchroom een drankje uitzoeken en de bordspelletjes uit de kast halen. Als de ouders heel lang weg waren, ging er een film aan in haar zitkamer boven de winkel.

Plan B was dus best aantrekkelijk, maar onze jongens maakten er nooit gebruik van. Die zaten met de katten en soms met een stel kippen op de bank, en zeiden als we thuiskwamen: 'Zijn jullie er nu al?' De gevaren waar ik beducht voor was als we ze alleen lieten, waren: dat er schoorsteenbrand kwam, dat ze in de rivier vielen of dat ze zich met een zakmes in hun vingers sneden. Maar dat kon altijd gebeuren en ze konden naar Laura gaan om hulp. Als we daar bang voor waren, gingen we dus nooit meer ergens naartoe.

Waar je rekening mee moest houden als je ging autorijden, was, in volgorde van waarschijnlijkheid: autopech, aanrijdingen, overstromingen, aardverschuivingen, bomen over de weg, ijzel of sneeuw. En ze waren allemaal waarschijnlijk, afhankelijk van het seizoen.

Als er sneeuw was, dacht je drie keer na voor je besloot dat je rit absoluut noodzakelijk was. Kan het ook wachten tot morgen, of tot volgende week?, moest je je dan afvragen. Een paar keer per winter raakte de gemeenschap ingesneeuwd. Dan ging het er niet om wat voor drie dingen ik bij me moest hebben, maar wat voor dingen ik altijd in huis moest hebben.

Chocola bleek dus geen goede keuze als noodrantsoen. Die was al op voor we begonnen aan onze overlevingspoging, de eerste keer dat we insneeuwden. Ik leerde ook dat het niet zozeer om het sneeuwen zelf ging, maar om de ijsmassa die zich in het midden van de weg ophoopte zodat een personenauto er niet overheen kwam. Land Rovers wel, die kregen alleen problemen als het ijs overdag begon te smelten en dan 's nachts weer bevroor. De jachtopzieners lieten zich natuurlijk niet kennen, evenmin als de boer op zijn hoge tractor, maar ik zag ook hen niet erg verre tochten ondernemen. De eerste keer dat we insneeuwden, duurde het een week voor we weer boodschappen konden doen en toen hebben we werkelijk alles opgegeten wat er in de voorraadkast onder de trap stond. Tot en met lasagne zonder saus toe, want we hadden na de vierde dag geen blikjes tomaten, boter en melk meer. Na deze eerste ervaring begon ik serieus met meer voorraad inslaan. Maar al die handige blikken soep en heerlijke rollen koekjes, de afbakbroodjes en diepvriespizza's, gingen er goed in op een luie zaterdag of naschoolse middag als alle buurkinderen opeens langskwamen. Erg economisch was dat niet.

Toen ontdekte ik bonen. Gedroogde bonen. Ze zijn ideaal want bewerkelijk, dus je rukt ze nooit uit de kast bij onverwacht bezoek. Ze hebben die bite waar je na drie dagen sneeuwschuiven en sleeën naar verlangt als de boter, kaas en eieren op zijn. En je kunt ze op de houtkachel zetten om te wellen en langzaam gaar te worden. Handig als de elektriciteit ook uitvalt. Want dat gebeurde altijd als het sneeuwde, nooit in de zomer als je naar het stadje kon rijden om uit eten te gaan. De elektriciteitsleiding bevond zich op palen boven de grond en er viel nog weleens een boom tegenaan als die te zwaar beladen was met sneeuw.

Naast een mand met zakken bonen stond er in de voorraadkast een rij jerrycans met water uit de kraan. We waren aangesloten op een boorgat waaruit grondwater omhoog werd gepompt en naar de rondom liggende huizen geleid. Dat was omdat we vrij dicht bij het postkantoor en de school woonden, waar schoon drinkwater een wettelijke vereiste was. Zolang er elektriciteit was voor de pomp, hadden we water. Voor de dagen dat die uitviel, had ik een voorraad water in de kast staan. Maar als die op was, kon ik natuurlijk altijd naar de rivier lopen om water te halen. Het kasteel en de mensen die verder weg woonden, kregen water *off the hill*, zoals ze het noemen: uit de beken die de heuvel af stromen. Na veel regen was het water in die huishoudens diepbruin. Soms kwamen er kikkers mee door de kraan, in kleine stukjes, of kikkerdril, nog levend. De filters zouden er natuurlijk voor moeten zorgen dat dat allemaal niet meekwam, maar blijkbaar waren die feilbaar. Mijn buurvrouw Toots was zoals gewoonlijk degene die mij het beste verhaal vertelde: zij zat in bad toen er opeens een vleermuis door de kraan het water in zakte.

De kasteelfamilie en de mensen in de cottages dronken zonder problemen het bruine water, maar iedereen had flessenwater in huis voor visite. Dan hoefde je niet zoveel uit te leggen of de verbijstering op hun gezichten te zien. Ik vulde dus vrolijk een kristallen kan met turfwater voor een entre nous-diner van de kasteelfamilie, maar zette flessen water neer als er gasten waren. Het badwater was niet te censureren, dat bleef na hevige regen gewoon bruin. Het vormde een kleurrijk contrast met de diepe, wit emaillen badkuipen met koperen kranen, de rij onberispelijke glazen potjes met badzout en bodylotion en de stapel spierwitte handdoeken.

Een grote voorraad hout hadden we altijd. Als de elektriciteit uitviel en de boiler of het gasfornuis ermee ophielden, hadden we altijd nog warmte en een bron om op te koken. Voor het drinkwater en de bonen. De boiler hield er namelijk ook het liefst mee op als we ingesneeuwd of overstroomd waren. En ook als er niets was uitgevallen, had je hout nodig om tijdens een lange, donkere winternamiddag op de kachel poffertjes te bakken. We hadden een oud-Hollandse gietijzeren poffertjespan en dat was een middag lang plezier voor de buurkinderen, die Nederlandse poffertjes een geweldige uitvinding vonden en een goede variatie op scones.

Het was op zo'n donkere winternamiddag dat ik het gevreesde telefoontje van mijn man kreeg: 'De auto heeft het begeven.'
'Gaat het met jou?'
'Ja, ik reed heel langzaam.'
'Waar bel je vandaan?'
Het grootste probleem met langs de weg komen te staan, is dat je de sleepdienst niet kunt bellen omdat je geen mobiel bereik hebt. We hebben al erg geluk dat er binnen twee uur rijden een garage is, die het gat in de markt zag en een sleepwagen heeft aangeschaft. Het bedrijf loopt bijzonder goed. Maar als je op het schiereiland woont, is met ze in contact komen je eerste uitdaging.
'Ik sta bij Tamhas. Ik bofte dat ik net in de buurt van zijn oprijlaan was toen de motor ermee ophield.'
'Goed, ik kom nu.' Hij had niet eens een noodrantsoen chocola bij zich.
'Nou, je hoeft je niet te haasten,' zei Tjibbe. Het viel me

nu pas op dat hij vrolijk klonk. Veel vrolijker dan je zou verwachten van iemand die net zijn auto aan de kant van de weg heeft moeten achterlaten en een halfuur door de kou heeft gelopen. Wazig vrolijk. 'Tamhas heeft net gekookt en hij nodigt me uit om mee te eten.'
'Met een glas whisky voor de schrik,' vulde ik aan.
'Die hebben we al gehad.' Hij verraadde dat we hier over het meervoud van glas praatten. 'Ik had net boodschappen gedaan en had eraan gedacht om de fles whisky mee te nemen toen ik de auto verliet.' *First things first.* 'Mairi is ook niet thuis, dus Tamhas is blij met wat gezelschap.'
Tamhas was een bioloog die vele jaren wolven in Canada bestudeerde. Hij nam ons mee op paddenstoelenwandelingen en zette weleens mottenvangers neer met de kinderen, die ze dan 's ochtends openden waarna ze van hem alle motten leerden te benoemen.
'Ik begrijp het,' zei ik, 'bel maar als je hun oprijlaan af begint te lopen.'

Naast de chocola, die altijd op is, leek het me een goed idee om kaplaarzen in de auto te hebben. Maar ik droeg eigenlijk altijd al laarzen. Ik had drie paar leren laarzen en die wisselde ik af. In het kasteel deed ik ze uit omdat ik daar een paar loafers had staan, naar visite nam ik, zoals iedereen, sloffen mee en in de restaurants zaten enkel toeristen in wandeltenue dus daar hoefde je ook niet op chic te gaan. In het begin zocht ik nog weleens mijn schoenen op als we naar Edinburgh of Glasgow gingen, maar tegenwoordig poetste ik mijn laarzen. Dat voelde ook al heel gecultiveerd.

Goed, de chocola was dus op en de laarzen had ik al aan. Dan was er nog het goede idee van de zaklamp.
Je kunt niet zonder zaklamp in een land waar geen lichtvervuiling is. De donkere helft van het jaar is echt heel lang donker, dan wordt het vanaf drie uur 's middags schemerig.

's Nachts kon ik letterlijk de schuur naast het huis niet zien, laat staan de huizen aan de andere kant van de weg.

Laatst zag ik de sketch van Brigitte Kaandorp met haar heimelijke fantasieën over het ANWB-echtpaar. Het goedgeorganiseerde echtpaar dat overal op is voorbereid. Ik keek ernaar en bedacht dat die wel chocola in de auto zouden kunnen bewaren, waterdichte laarzen in een handige laarzentas achter in de auto hebben staan en natuurlijk voorzien zijn van een goed assortiment zaklampen. Een stevige voor thuis naast de meterkast, een compacte voor in de auto en een hoofdlamp voor bij de achterdeur. Maar, bedacht ik, het ANWB-echtpaar zou naast de achterdeur geen hoofdlamp hoeven hebben, want hun buitenlicht zou het doen. Het onze was al sinds we hier woonden kapot. Zes maanden per jaar tastten we ons een weg over ons erf. Want onze zaklampen waren altijd kwijt, of kapot, of de batterijen waren op.

Ik vond het leuk om in het donker naar de schuur te tasten. Ik vond het leuk dat onze jongens opgelucht waren als het vollemaan was omdat ze dan wisten dat ze wat konden zien als ze hout moesten halen. Ik genoot ervan als ze vol vertrouwen het donkere veld in stormden achter ons huis, zich oriënterend op het geluid van de rivier en de zee. Ik hield van donker en van tasten en van luisteren.

Misschien zou het ANWB-echtpaar het hier makkelijker hebben, maar ik vraag me af of ze het leuker zouden hebben. Juist het gemis van iets geeft vaak iets. Iets wat je niet verwacht en niet kunt plannen. Als er geen buitenlicht is, moet je het met je andere zintuigen doen. Als er geen diepvriespizza's zijn, moet je bonen stoven. Als er geen wegenwacht is, moet je bij buren aankloppen. En, hoe vervelend, whisky met ze drinken.

Het is geen chocola, kaplaarzen en zaklamp geworden die ik steeds paraat had. Maar bonen, kaplaarzen en whisky. En we redden het er aardig mee.

DEEL 2

Assisting personally

Verhuizen met jagers

Ze namen de trappen soepeltjes, de messen op hun heupen bewogen zachtjes mee in hun lederen schedes en hun groene camouflagekleding stak donker af tegen de rode loper. Bovengekomen bleven de drie jagers op de overloop staan: 'Welke kamer?'
'Hier rechts,' wees ik.
Georganiseerd drongen ze de kamer in en omsingelden de ladekast.
'*Heave*,' zei Roy.
In een beheerst dribbeltje liepen ze met de kast de gang door.
'Waar?' vroeg Scott, die vooraan liep.
Ik ging hen voor en liep de kamer in. Ik keek op mijn plattegrond.
'Hier, tegen de muur aan.'
De kast stond er al. De mannen waren de kamer alweer uit en ik moest voortmaken om op tijd in de eerste kamer terug te zijn om daar het volgende meubelstuk aan te wijzen.

De eerste keer dat ik de jagers zag verhuizen, was toen de driezitsbank uit de Staff Sitting Room moest worden gehaald. De kasteelheer zelf kwam erbij om toe te zien op het werk.
'Ja, voorzichtig aan,' zei hij gemoedelijk toen de twee

mannen de lange bank energiek door de deuropening rukten. Roy, zijn head gamekeeper, keek neer op de kasteelheer, met een blik die ik niet meteen kon lezen. Met zijn vlammend rossige baard en felle, helblauwe ogen was Roy wel zo wat je je voorstelt bij de doorsnee-Kelt. Alles aan hem straalde taaie kracht uit. De manier waarop hij de bank die ik de vorige dag vergeefs een stukje had proberen te verschuiven met twee vingers omhooghield, getuigde daarvan.

Zonder verder iets te zeggen, wrongen de mannen de bank een zijgang in om de draai naar de deur te kunnen maken.

'Nou Roy, je lijkt wel een echte verhuizer,' grapte de kasteelheer.

Een donkere blos trok over het gezicht van de gamekeeper.

'Dat is niet iets wat ik ooit heb geambieerd,' siste hij met opeengeklemde kaken.

Nu ze zo dicht naast elkaar stonden, was het contrast tussen de mannen groot. De kasteelheer in een bandplooibroek en een zachte lamswollen trui met een overhemd, op sloffen, zijn handen nonchalant in zijn zakken. Vriendelijk, goedgehumeurd en ontspannen. De gamekeeper in een groen pak waarmee je graag een paar uur in een natte greppel ligt als het regent bij temperaturen rond het vriespunt. *Sleet* noemen ze dat hier, als het net geen sneeuw wordt maar de regen ijskoud is. Vooral hoog in de heuvels waar de jagers veel verblijven een veelvoorkomend verschijnsel.

Ik besefte dat Roy in een andere setting onmiddellijk als leider zou worden gekozen van een groep. Zoals in het toneelstuk *The Admirable Crichton*, waar, als een adellijke familie aanspoelt op een onbewoond eiland, de butler vanwege zijn overlevingstechnieken en fysieke overwicht de leider wordt. Alles wordt weer teruggedraaid als personeel en familie van hun eiland worden gered en terugkeren naar de bewoonde wereld. De samenleving anno nu in Schotland is niet minder complex dan die in het toneelstuk. Op dit soort momenten leek echter heel even een bepaald simplisme aan de oppervlakte te komen.

De gespierde gamekeeper die boven de kasteelheer uittorende, de loodzware driezitsbank losjes in zijn handen en de kasteelheer die behoedzaam opkeek naar zijn werknemer. Hij had opgemerkt dat zijn scherts niet in goede aarde was gevallen bij zijn jager.

'Juist, natuurlijk niet, begrijpelijk. Heel goed. Eh... jullie hebben de trailer buiten staan?'

Roy snoof, ze ragden de bank door de achterdeur en wierpen hem zonder omhaal in de trailer. Daarna sprong Roy in de Land Rover, Scott had juist de tijd om op zijn plaats te krabbelen en met gierende motor gingen ze ervandoor. De bank hobbelde op en neer in de aanhanger.

'Nou, dat is ook weer gedaan,' zei de kasteelheer. We hadden samen bij de achterdeur hun aftocht gadegeslagen. Ik wist niet of hij net als ik enige opluchting voelde dat de klus was geklaard en we weer terug konden keren naar onze normale bezigheden.

De keuze van de factor om de gamekeepers in te zetten bij het verhuizen was enigszins een noodgreep. Ze waren sterk maar niet erg gezeglijk, zoals we merkten tijdens het opruimen van de schuur en het verhuizen van de bank. Na de ramp met het kastje, waarbij de boer en zijn zoon aanmerkelijke schade hadden toegebracht aan het antiek, gaf de factor er toch de voorkeur aan om hen in te zetten in plaats van de boeren.

Toen ik hoorde dat ze zo kort na het opruimen van de schuur weer zouden komen voor de interne verhuizing, bracht ik voorzichtig bij de factor naar voren dat het duidelijk was dat deze mannen verhuizen ver beneden hun waardigheid vonden. Roy en de assistent-jagers waren aangenomen om hun scherpschutterskunst, discipline en extreme

fysieke conditie. Niet om kasten te verslepen.
'*They will have to do as they are told,*' zei de factor echter ferm.
De driezitsbank indachtig zei ik: 'Ze gaan het ook wel doen, maar ik kan niet garanderen dat ik invloed heb op de manier waaróp ze het doen.'
'Ik zal met ze praten,' zei de factor.
Moest ik nu gerustgesteld zijn?

De verhuisdag brak aan.
'*We come to obey your orders,*' zei Roy, staande in de deuropening. Blijkbaar had de factor met hem gepraat. De manier waarop hij zijn lip liet opkrullen en zijn ogen vanonder zijn jagerspet naar mij keken, ontdeden de opmerking van enige onderdanigheid.
'Juist, ja, fijn dat jullie er allemaal zijn,' begon ik. De drie mannen tegenover me keken me met onverholen verbijstering aan, ze kwamen hier niet omdat ze het fijn vonden, en al helemaal niet om naar de praatjes te luisteren van een huishoudster.
Ik haalde even diep adem. Ik was beter voorbereid dan de laatste keer in de schuur. Toen had ik een verhuizing aangepakt zoals ik dat met vrienden deed: je sleepte wat en paste wat met z'n allen en zo kwam het uiteindelijk wel klaar. Dat had niet gewerkt. Bij iedere vraag of aarzeling van mij werden ze baloriger.
Deze keer had ik me daarom geprobeerd te verplaatsen in een gamekeeper. Ik zette op een rijtje wat ik wist over de manier waarop ze een jachtpartij voorbereiden: terrein, prooi, weersomstandigheden, wapens en persoonlijkheden van de participanten, dat soort dingen werden meegenomen in een plan dat het succes van de jacht en de veiligheid van alle aanwezigen moest garanderen.
Met die aanpak in gedachten had ik de ontruiming van de kamers minutieus in kaart gebracht. Eerst verkende ik met

een meetlint en een blocnote in de aanslag het terrein: dat was de bovenverdieping. Ik mat de meubels en de kamers op. Drie kamers moesten worden leeggeruimd en al het spul moest in twee andere kamers worden opgeslagen, waar natuurlijk al het nodige stond. Daarna tekende ik een plattegrond: dat was het aanvalsplan.

De prooi: een berg antieke wiebelige meubels, loodzware hemelbedden en schilderijen met kwetsbare vergulde lijsten.

De weersomstandigheden had ik gecheckt: het werd droog zonder kans op sneeuw of regen. Dat was handig, want er moesten wat spullen naar de opslag in een ander gebouw.

Wapens waren singels, touwen en schroevendraaiers. Die lagen klaar op het dressoir in de hal.

De persoonlijkheden van de jagers waren me bekend: kranig maar ongeduldig – dat laatste dan alleen in deze context. Met deze factoren in gedachten maakte ik een plan dat niet alleen de veiligheid van de aanwezigen, mij incluis, maar ook die van de te verslepen objecten moest bewaken.

Ik wilde het gaan uitleggen en keek naar de mannen tegenover me, in hun camouflagepakken met aan hun gordels de messen die ze gebruiken om ter plekke de geschoten herten te villen. Ze stonden klaar voor actie, niet voor een praatje. Dus ik herzag mijn intentie om een introductie te geven en zei: 'Tweede verdieping.'

Ze waren al boven.

Het volgende uur kostte het me moeite om steeds op tijd op de goede plek te zijn. Roys rosse baard dook op achter een kaptafel met een grote spiegel en Scotts jongensachtige grijns kwam naast hem omhoog. Het ding was al halverwege de kamer voor ik kon roepen dat eerst het bed erin moest.

'Greg, Duncan,' knikte Roy zonder zijn pas in te houden. Greg en Duncan sprongen op het bed af. Ik vond het mooi hoe zijn assistent-jagers op Roys orders reageerden: direct, altijd, en zonder vragen. Ik kon me voorstellen dat dat nodig was tijdens de jacht, dat de leider altijd en onmiddellijk werd gehoorzaamd. Ik wees hun snel welk bed ik bedoelde en draafde achter het andere duo aan.

'In die hoek,' knikte ik Roy en Scott toe en spoedde me terug naar de andere kamer. Achter me hoorde ik een bonk en de stem van Roy: '*Fucking fucked fucker*', en Scotts lach. Ik deed een schietgebedje dat de spiegel op de kaptafel niet was gesneuveld. En ik deed er later nog een toen ze een garderobekast met breed houtsnijwerk niet optilden maar naar de gang lieten waggelen.

'*Could you lift that, please?*' vroeg ik snel toen ik zag dat de bovenkant begon los te komen. De gebruikelijke stekende blik van Roy. Maar hij gaf zijn mannen het bevel om de kast op te tillen.

Na een uur begon ik me echt ernstig af te vragen of het zo handig was om jagers te laten werken als verhuizers. Ze benaderen de meubels als wild: ze spotten het, vloeren het en verslepen het. In de Schotse heuvels is het een toer om een geschoten hert naar de dichtstbijzijnde plek te brengen waar een voertuig kan komen. Traditioneel werden hier de *Highland ponies* voor gebruikt. Die hadden speciale zadels, waarop de geschoten dieren werden gelegd. Tegenwoordig gebruiken ze op de meeste landgoederen Land Rovers met kleinere terreinvoertuigen voor het vervoer. Zelfs daarmee kun je niet op alle plekken komen, dus de gamekeepers moeten de geschoten dieren vaak over flinke afstanden naar het vervoermiddel dragen. Roy met een volwassen hert over zijn schouders geslingerd is een indrukwekkend gezicht. Roy met een vergulde spiegel losjes over diezelfde schouders geschoven, is eerder verontrustend.

Niet veel later ontdekte ik dat er toch ook zeker voordelen zijn aan het werken met mensen uit dit vak: een meer dan twee meter hoge antieke kast ging tot de aanval over. Het ene moment stond hij zich met vergulde pilaren en elegante bolpoten afzijdig te houden tegen de muur, het volgende moment stortte hij zich in zijn volle lengte op Roy. De verandering in de verdeling van het gewicht op de zwaar doorbuigende vloerplanken had hem zijn evenwicht doen verliezen.

Ik stond als aan de grond genageld toe te kijken hoe het hele gevaarte op de jager toevloog die voorovergebogen een stoel aan het optillen was. Zijn nek lag recht in de lijn van de pilaren. Ik piepte hulpeloos maar op dat moment schoot Scott langs me heen, dook onder de kast en ving met het vlakke deel van zijn onderarmen de klap op. Roy had instinctief de stoel in zijn handen weggesmeten en zijn armen achter zijn hoofd omhooggebracht. Beide mannen gingen nu mee met de vallende beweging en leidden die naar de grond. Binnen twee seconden lag het antieke bakbeest met zijn poten omhoog.

Mijn ademhaling ging snel en mijn hart klopte wild. Als die kast op Roys hoofd terecht was gekomen, was het niet leuk geweest, dat was heel duidelijk.

'*Fancied a little nap, Roy?*' hijgde Scott.

'*Fucking shit*,' grinnikte Roy en trok zijn pet recht, waarmee de zaak voor hem was afgedaan. Ik zag de imprint van de pilaren in rode voren op zijn ontblote onderarmen staan, maar ik was wel wijzer dan daar aandacht aan te besteden. Ik zag me al een pleister aanbieden.

'Waar wil je de kast hebben?' vroeg Roy.

'Eh, tweede kamer, in de hoek,' zei ik, mijn plattegrond raadplegend. Daarna raapte ik de stoel op. Die was nog heel.

Een paar uur later waren de kamers leeg en de meeste meubels nog in goede staat. Ik bedankte de mannen en ze liepen voor me uit de trappen af, in een beheerst dribbeltje, de messen zachtjes meedeinend op hun heupen.

Vrouwe Fortuna

De dag dat her ladyship zou komen voor haar zomerséjour naderde met ondamesachtig rasse schreden. Aan de ene kant was het natuurlijk best lekker om maandenlang de vrije hand te hebben, her ladyship op reis, wij tijd om alles te doen wat nodig was. Aan de andere kant voelde het ook wel een beetje kaal, als een bijenzwerm zonder koningin. Alles wat gebeurde, gebeurde omdat iemand die er niet was het wilde. En het vergde een boel giswerk. Gelukkig had ze een factor aangenomen die daar een kunst van had gemaakt.

Uiteindelijk had Ian me dan toch zijn versie van een taakomschrijving gegeven. Ik had er een paar uitstapjes naar het woordenboek voor nodig om te doorgronden wat hij zei en enkele jaren om me er iets van eigen te maken: '*You have to learn to see the gap between the order and the expectation. That is the assumption.*'

Goed, ik moest leren zien dat er speling zat tussen de letterlijk gegeven opdracht en de onuitgesproken verwachting. Daar zat dus een aanname. Die was dat ik de opdracht op een bepaalde manier zou invullen, de manier die de kasteelvrouw graag zag.

'*Register the gap, define the expectation, and try to find out if you are correct in assuming the assumption.*'

Zen and the Art of Estate Managing. Registreer het gat, definieer de verwachting en probeer uit te vinden of jouw aanname van haar aanname klopt.

Ik probeerde dit toe te passen op een praktijkvoorbeeld. Voor het project waar we nu mee bezig waren, was de opdracht: doe de werkzaamheden die nodig blijken. En haar verwachting: de kamers zijn in orde als ik van de zomer terugkom. En nu moest ik het gat bestuderen. Het gat was de stekelige werkelijkheid van de uitvoering met alle kleine en grote beslissingen die daarin moesten worden genomen.

De aanname, wat was de aanname? Dat alle contacten met de werklui stijlvol plaatsvonden. Ik was erachter gekomen dat Cliffrock Estate de naam had een goede werkgever te zijn, maar ook een voor wie alleen buitengewone prestaties acceptabel waren. Geen gemiddelde. Dus samen met de factor moest ik erop toezien dat zowel de behandeling ván de werknemers als de uitvoering dóór de werknemers *up to standard* waren. Nog een aanname die ik kon bedenken was dat al het antiek en de persoonlijke spullen ongeschonden door de verbouwing werden geloodst. En ook dat alles binnen de tijd en het budget zou plaatsvinden. Dat laatste was niet moeilijk te raden.

Dit was mijn aanname van de aanname, maar dan kwam het punt van het uitvinden of alle details klopten. En daar bleek het echte spanningsveld te zitten. Hoe vaak mocht ik her ladyship lastigvallen met een controlevraag? Ze maakte dat zelf al duidelijk door haar mail sporadisch te beantwoorden. Maar er was natuurlijk de telefoon. Telefoons zijn opdringerig. Beter maar voorzichtig mee zijn, had ik me voorgenomen. Maar ook weer niet té, want ieder detail moest wel naar haar smaak zijn.

Om helder te krijgen wat er moest gebeuren in het kasteel, maakte ik een overzicht van alle werkzaamheden. Daar werd ik rustig van. De factor etaleerde geen laaiend enthousiasme maar stuurde me het document terug met correcties: laat de loodgieter langskomen terwijl de plafonds eruit worden gehaald, omdat dan delen toegankelijk zijn die we anders nooit zien; geef de elektricien meer tijd; plan de schilder wat later in voor het geval er vertraging is. Dat soort dingen. Hij vroeg niet waar ik me mee bemoeide, dus dat was een goed teken. Tot mijn verrassing gaf hij me zelfs de opdracht om de schildersbaas rond te leiden en de werkzaamheden te bespreken. Percy MacLean deed al jaren het schilderwerk op Cliffrock Estate. Zijn secretaresse wist me direct te plaatsen

en gaf me een datum waarop Percy langs kon komen.
De kasteelvrouw stelde ik op de hoogte van de voortgang van de verbouwing. Toen ze hoorde dat de schilder zou komen, riep ze uit: 'Ach wat jammer, dan mis ik hem! Nou, ik zie hem een volgende keer wel weer. Ik mag Percy graag. Mijn vriendinnen zeggen: "Je weet toch dat hij een verleden heeft? En mannen van allerlei slag voor hem heeft werken? Waarom huur je juist hem dan in, met al jullie kostbaarheden overal?" Maar ondertussen heeft hij wel een schildersbedrijf opgezet dat voor de belangrijkste families werkt. Dus ik huur Percy in en ik vertrouw hem.' Ze had aan tafel de post zitten doornemen die ik zojuist had gebracht, maar nu legde ze de brief terug die ze in haar handen had en ging er echt voor zitten om een verhaal te vertellen.

'We zagen hem laatst op een liefdadigheidsveiling. Er werd een lot aangeboden om een dag te gaan vissen op een landgoed niet ver hiervandaan. Mijn man was aan het bieden, maar iemand bleef hem maar overbieden. De prijs werd tot volkomen absurde hoogte opgedreven. Uiteindelijk zag ik wie er steeds bood, het was Percy! Ik gebaarde naar hem dat hij kon ophouden met bieden, hij kon met ons meegaan.' De kasteelvrouw mimede het geruststellende gebaar dat ze had gemaakt en de uitnodigende geste dat hij deel van hun expeditie kon zijn. 'Percy reageerde niet, hij bood gewoon door. Hij kreeg het lot.'

De kasteelvrouw moest er nog steeds om lachen; de schilder die de landeigenaar eruit had geboden.

'Hij ging dat jaar zijn lot gebruiken om te vissen even verderop. Maar sindsdien boekt hij ieder jaar een dag vissen op óns landgoed.'

Dat was wat ik wist van de schilder. Op de ochtend dat ik met hem had afgesproken, liep ik dan ook nieuwsgierig naar de deur toen de bel ging. Hij belde aan de voordeur, wat al een duidelijk statement was. Toen ik daar niet snel genoeg opendeed, liep hij naar de achterdeur. Dat zag ik vanuit het raam halverwege de Staff Passage, dus keerde ik me op mijn schreden om en begon de wandeling naar de Staff Entrance. Een paar minuten later opende ik de deur en nam hem snel op: klein van stuk, duur maar casual gekleed, twee heel alerte blauwe ogen die me geamuseerd aankeken.

'*Hello, I am Josephine*,' stelde ik me voor, met een knikje, niet met een hand, dat had ik wel geleerd. Britten doen niet vanzelfsprekend aan fysiek contact. De dag dat ik op de verjaardag van mijn buurvrouw alle aanwezigen, vrouwen en mannen, langsging met een ferme handdruk en drie dikke zoenen, was lang geleden. 'Wat heb ik fout gedaan?' vroeg ik fluisterend aan Toots toen er een vreemde stilte heerste na mijn rondje. Ze lag dubbel. 'Niets, je hebt je populair gemaakt bij de mannen. Een hand en drie zoenen! *You Dutch leave nothing to chance, do you?*' Ik lette daarna goed op en zag dat de rest van de visite elkaar begroette met veel woorden maar weinig aanraking.

Als dat de houding was in persoonlijke ontmoetingen, kon ik me voorstellen dat bij zakelijke contacten nog meer terughoudendheid geboden was. Ik begreep nu waarom de gasfitter bijna terugdeinsde toen ik mijn hand uitstak.

Hiërarchisch gezien was het absoluut not done, handen geven. Maar dat wist ik dan weer wel omdat ik *Downton Abbey* keek, of liever opslurpte.

'*Nice to meet you. Percy.*' Ik werd al even snel en grondig door hem gescreend.

Zonder haast kwam hij binnen en volgde me de trap op naar de kamers.

'Dus jij werkt hier nu fulltime?' De meeste werklui leken het voor lief te nemen dat ze met iemand anders van doen hadden dan de factor die ze tot nu toe altijd hadden gezien, sommigen wisten dat ik daarvoor nog de huishoudster was geweest, maar niemand had me er tot nu toe over aangesproken. Percy wilde er blijkbaar meer van weten.

'Bevalt je nogal hier?' De snelle blauwe ogen peilden me.

'Blijkbaar bevalt mijn werk de kasteelvrouw,' zei ik neutraal.

Hij lachte goedkeurend om mijn ontwijkende antwoord.

We liepen de Round Room binnen.

'Welke kleuren?' vroeg hij abrupt.

Ik haalde mijn kleurenkaart van Little Greene tevoorschijn en noemde een rij namen op voor respectievelijk houtwerk, plafond en muren. Die had de kasteelvrouw zelf me gegeven, dus geen gevaarlijke gaten tussen orders en aannames hier. Percy's ogen gingen over de wanden van de kamer en zoals bij alle vaklieden die ik over de vloer kreeg, zag ik dat er een wereld voor hem openging die voor mij gesloten bleef: de schilder vergewiste zich met één blik van de materialen van de ondergrond, de staat waarin die zich bevond, zwakke punten in de constructie en de hoeveelheid werk die het ging geven.

'De kleuren die ik net noemde zijn van het merk...'

Hij wuifde dat met een ongeduldig gebaar weg.

'Dat weet u dus al,' zei ik.

Hij reageerde daar niet op, haalde een blocnote tevoorschijn en begon zorgvuldig te schrijven. Zijn letters waren groot in een gelijkmatig en verbonden schrift.

'De kasteelvrouw wil ook graag dat de wanden eerst behangen worden,' vervolgde ik.

'Dat helpt niks.'

'Niet? Juist. Alleen vroeg ze mij om ervoor te zorgen dat de wanden worden behangen voor ze geschilderd worden,' zei ik met de nadruk waarvan ik vond dat mijn nieuwe positie die rechtvaardigde.

'Op die muur heeft dat geen enkele zin,' zei Percy zonder enige nadruk maar totaal afdoende. Hij liep verder de kamer in. 'Deze muur wel. Ik zal het doen waar het nodig is. De andere kamer?' Ik kon dan wel de PA of wat dan ook zijn, maar Percy werkte al veel langer voor haar. Duidelijk. Ik verbeet een glimlach en leidde hem naar de White Room. Ik nam

me voor bij de factor te checken wie uiteindelijk de beslissing nam over wel of niet behangen, de kasteelvrouw of de schilder.
Voor ik iets zei, begon hij te schrijven.
'Muren?'
'*Mouse's back.*' Hoe komen ze toch op zulke namen. 'Her ladyship wil graag matte verf.'
Weer het ongeduldige handgebaar.
Ik grinnikte: 'U kent uw klanten zeker wel erg goed?'
Hij keek snel op, zei toen met een kort lachje: 'Van voor tot achter. Die gang ook?' Zo gingen we alles langs. Uiteindelijk stak hij zijn pen in zijn zak en liep de trap af. Hij wachtte daarbij niet op mij, dus ik volgde hem. Zonder enige aarzeling vond hij de weg terug.
'Lekker weer om te vissen,' zei ik onschuldig toen we langs het grote raam in de Main Staircase kwamen.
Hij keek rap om en vroeg: 'Was jij bij die veiling?'
'Jammer genoeg niet,' zei ik, 'de kasteelvrouw vertelde erover.'
'Drieduizend pond, dat was een duur dagje vissen,' knikte hij en liep met zijn handen losjes in zijn zakken verder de trap af.
'Was het het waard?' vroeg ik nieuwsgierig.
Hij keek me even aan over zijn schouder. Het was een genoegen om zijn ogen te zien oplichten.
'Elke cent. Het is niet iedere dag dat de landeigenaar overboden wordt door de schilder.' Waarmee hij letterlijk de woorden van de kasteelvrouw herhaalde.

'O, o, daar bent u! Sorry, ik had de verkeerde deur.'
Mijn tweede afspraak die dag was met iemand die baden restaureerde. Een paar van de geëmailleerde baden op pootjes zagen er niet meer zo goed uit. De kasteelvrouw had spijtig opgemerkt dat ze er zo'n hekel aan had om mooie oude baden weg te doen. Ik zag daar een PA-moment, er

was geen order, maar wel de verwachting dat het woongenot van het kasteel optimaal was en de aanname dat ik zou helpen daarvoor te zorgen. Om uit te vinden of ik dit goed had ingeschat, opperde ik dat ik zou kunnen uitzoeken of en hoe deze baden gerestaureerd konden worden. Het vond goedkeuring. Plop, raak. De factor liet me het uitzoeken en wachtte op prijsopgaven. De vorige week had ik een man ontvangen die met grote stappen door het kasteel was gelopen en bij alles had gezegd dat hij het in orde zou maken. Hij was niet duur.

'Wat was je indruk?' vroeg de factor. Wat een leuke vraag was, want mijn indruk was dat het allemaal wat te makkelijk klonk en ik vertrouwde het niet.

'Laat die ander die je op het oog had ook komen en een prijsopgaaf maken, dan beslissen we daarna,' zei de factor.

Ook de badenrestaurateur was eerst naar de voordeur gelopen. De schilder had, toen de voordeur op de binnenplaats niet openging, zijn schreden gericht naar de bediendeingang, maar deze man liep door naar de originele zeventiende-eeuwse hoofdingang aan de zuidzijde van het kasteel. Ik spotte ook hem vanuit het raam in de Staff Passage en nam snel de zijdeur die op de binnenplaats uitkomt. Net toen hij de hoek om wilde gaan, hoorde hij me roepen en draaide zich om.

'*Hello.*' Hij liep op een drafje op me af. Het was een wat oudere man, zeker tegen of zelfs in de zestig maar het was moeilijk in te schatten. Hij had hetzelfde postuur als de schilder, klein van stuk en jongensachtig gebouwd. Maar anders dan het waakzame masker van de schilder was zijn gezicht open en leek met al zijn stemmingen mee te gaan.

'Het spijt me dat ik u heb laten wachten, het was toch verder dan ik dacht,' zei hij wat buiten adem.

'Het maakt niets uit,' antwoordde ik, 'het is heel vriendelijk van u dat u helemaal naar ons toe wilt komen om de baden te bekijken.'

Ik kon hem nu wat beter opnemen. Hij had een donkergroene fleece bodywarmer aan en een overhemd op een spijkerbroek, onopvallend maar wel netjes. Zijn haar was grijs en piekte omhoog op zijn achterhoofd.
'Ik ben Josephine, ik heb e-mailcontact met u gehad.'
'*How do you do*,' glimlachte hij en neeg even met zijn hoofd.
We liepen naar binnen en ik ging hem voor naar de Round Room Bathroom waar ik hem het eerste bad liet zien dat er niet al te best aan toe was. Hij knielde neer en bewoog vlug met zijn hand over het beschadigde email.
'Daar kan ik niets aan doen,' zei hij.
'Ik had hier vorige week iemand die zei dat hij het kon restaureren,' zei ik verbaasd.
'Ja, verven, maar ik ben geen schilder, ik ben een restaurateur.'
'O, wilde hij het gaan verven?'
'Her-emailleren wordt alleen gedaan in een bedrijf bij Perth,' verklaarde hij. 'Als je dat wilt laten doen, moet je het bad zelf gaan brengen. Ze zandstralen het en emailleren het helemaal opnieuw. Als iemand zegt dat hij het in situ kan herstellen dan spuit hij er autolak over. Dat noemen ze restaureren, maar het is gewoon verven. Wat ik doe, is gedeeltelijk wegschuren.'
'Ah, zit dat zo. We hebben nog een bad boven waar u misschien naar kunt kijken.'
We liepen de badkamer uit.
'Ze kunnen beter een nieuw bad kopen,' zei hij.
'Dat zegt iedereen,' antwoordde ik een beetje ijzig, want dat punt had iedereen tot nu toe gemaakt, niet het minst de factor, 'maar de kasteelvrouw wil graag haar antieke baden laten restaureren.'
'Begrijpelijk,' zei hij, 'maar ze kan ook een nieuw gietijzeren bad kopen.'
Hij was blijven staan en keek me met zijn grote, open

ogen aan. Hij knikte herhaaldelijk: 'Dat kan best. Ik had een vriend, hij huurde ons kasteel voor een tijdje en hij verkocht ons een nieuw bad, dat was helemaal niet zo duur.'

'Uw kasteel?'

'Ja, hij huurde het. Hij handelde in tuinmeubels en op een gegeven moment investeerde hij in een marmermijn in Afrika. Toen begon hij marmeren baden te verkopen. Het is eigenlijk heel comfortabel materiaal voor een bad, want het steen neemt de warmte over van het water. Mijn vrouw zei dat het het enige lekkere bad in huis was.'

Ik was precies tegenover een spiegel stil blijven staan en zag daarin mijn licht verwilderde uitdrukking. Ik stelde mezelf snel bij. De man was oud en leek een beetje warrig, met dat piekende grijze haar, het ging door me heen dat hij ze misschien niet allemaal meer op een rijtje had. Ik zou met de factor eerst grondig overleggen voor we hem inhuurden.

'Wat prettig dat u een bad hebt gevonden dat u beviel,' zei ik. 'Wilt u mij volgen?'

Hij bleef echter staan. 'Ja, dat was een heel comfortabel bad. Maar we hebben op een gegeven moment ook gewoon gietijzeren baden nieuw gekocht, het was de moeite niet waard om ze te laten restaureren.'

Ik bleef ook staan en opeens voelde ik dat het best waar kon zijn dat hij een kasteel had. Hij bleef namelijk midden in de gang stilstaan en praatte door terwijl ik wegliep.

Alle werkmannen, zonder uitzondering, bleven niet langer dan nodig ergens staan. Tenzij ze aan het werk waren. Ze keken weleens tersluiks om zich heen en zeiden zachtjes '*oh my*', of '*cracking*', maar ze bleven niet staan. Ook Percy MacLean niet. Die was zelfverzekerd naar de plek gelopen waar hij wezen moest en stond daar rustig rond te kijken. Maar hij was nergens blijven hangen waar hij niet hoorde te zijn.

Ik probeerde de vinger erop te leggen wat deze badenrestaurateur anders maakte. Hij stond nu voor de open deur van de Main Bedroom. Ik gaf mezelf een standje, want ik probeerde er altijd voor te zorgen dat die gesloten was als er werklui rondliepen. Ik had me niet druk hoeven maken, want mijn gast keek niet tersluiks om zich heen en ook niet openlijk geïnteresseerd. Hij keek helemaal niet om zich heen: hij stond mij ernstig te vertellen waar je goed een nieuw gietijzeren bad kon kopen. En nu wist ik wat het was dat me zo opviel: behalve dat hij zich volkomen vanzelfsprekend door het kasteel bewoog, verwachtte hij dat ik me naar hem zou voegen tot hij was uitgepraat.

Niets kon zijn beleefdheid overtreffen, hij was komen aanhollen toen hij zag dat hij verkeerd was gelopen, hij had me bij alle deuren zonder enige nadruk voor laten gaan, hij reageerde voorkomend op alles wat ik zei, maar toen hij stilstond en ik verder liep, bleef hij gewoon doorpraten. Tot ik me omdraaide en weer terugliep. Daar was hij helemaal niet verbaasd over, hij merkte het niet eens op. En die houding, de rust waarmee hij daar stond te praten en aannam dat er naar hem geluisterd zou worden, die trof me.

Ik stond nu weer voor hem en hij sprak ernstig over leveranciers van nieuwe en gerestaureerde baden. Toen hij uitgesproken was, viel er even een stilte, die ik na een tijdje verbrak met de vraag of hij nog even mee wilde lopen naar boven?

'Ja, ja, natuurlijk!' zei hij bereidwillig.

Ik besloot nog even te wachten met het oordeel 'warrige grootsprekerij'.

Er stond ook nog een bad naast de Home Farm. Een bad van geëmailleerd gietijzer en met pootjes. Ik had het opgemerkt toen we een paar maanden geleden de excursie maakten naar het appartement in het stallencomplex dat zou worden opgeknapt en ik had geopperd dat het misschien de moeite waard was dit bad te behouden. We konden het dan nog ergens gebruiken, in het kasteel of een vakantiehuisje.

'*No harm in having someone looking at it, I suppose,*' had

de factor gezegd. Geen aanmoediging maar wel toestemming. Nu reed ik de badenrestaurateur er in de BMW naartoe en hoopte maar dat ik niet ieders tijd aan het verdoen was. De aanname van zowel kasteelvrouw als factor was dat ik geen tijd en geld verspilde, die hoefde ik niet te verifiëren.

We reden een tijdje in stilte door het landschap toen de man naast me de conversatie begon met: 'Het emailleren van gietijzer is uitgevonden in Duitsland in de negentiende eeuw.'

'Werkelijk?' zei ik, aangenaam verrast door de moeite die hij deed om een interessant gesprek aan te bieden. Hij vertelde me de geschiedenis van de kunst van het emailleren en de problemen met het materiaal, hij sprak onderhoudend en lardeerde zijn verhaal met anekdotes.

'Ja, dat verkleuren van die oude baden komt door de zuurtegraad van het water. Een vriend van me heeft er ook zo'n last van op zijn landgoed en hij heeft een systeem ontworpen dat hij het *reversed osmosis process* noemt. Wat een naam, hè?' Hij boog zich voorover in een geluidloze schaterlach. Ik keek even in zijn vrolijk opengesperde ogen. Net als tongvallen zijn manieren om te lachen ook een eigenaardigheid die groepen vaak gemeenschappelijk hebben. Deze lach kende ik niet, hij moest hem ergens hebben opgedaan in een milieu dat mij vreemd was. Zijn accent kende ik ook niet, het was Schots maar dan heel netjes. Het leek nog het meest op hoe Emma en Andrew Ravenscar praatten, de adellijke vrienden van mijn buurvrouw Toots.

Het bad stond buiten naast de mesthoop. Weer ging de man haastig en zonder bedenkingen door zijn knieën en bewoog zijn hand geroutineerd over het oppervlak.

'Dit is geverfd, het email eronder is niet beschadigd, dit kan ik restaureren.'

Toen we weer bij het kasteel waren en afscheid namen bij de Staff Entrance, kon ik het toch niet laten even over dat kasteel door te vragen.

'Waar zei u ook alweer dat u woonde?' vroeg ik.

'Bij Blairgowrie, een eind hier vandaan, maar ik heb deze week een klus hier in de buurt, vandaar.'

'Nog steeds in uw kasteel?'

Hij keek me even aan met zijn open ogen en er gleed iets over zijn gezicht. Spijt? Ergernis? Gekwetstheid dat ik in de pijnlijke plek ging roeren? Hij hervond zijn equilibrium. Ik voelde dat ik bloosde om mijn ongevoelige sensatiezucht. Zacht zei hij: 'Nee, we hebben een kleine boerderij gekocht op ons landgoed, dat was de enige plek waar mijn vrouw naartoe wilde verhuizen.'

'En wie woont er nu in uw kasteel?' Het was eruit voor ik het kon tegenhouden.

'Een bankier uit Londen. Mijn familie woonde er sinds de zestiende eeuw.' Hij keek nu langs me heen in de verte.

'Net als bij Andrew en Emma Ravenscar,' mijmerde ik hardop.

'Ken je hen?' vroeg hij, weer met dat vanzelfsprekende, niet verbaasd dat men men kent. Hij voegde er achteloos aan toe: 'Andrew is zoiets als een achterneef van me.' En toen, zakelijk: 'Vijfhonderd, voor de twee baden, en nogmaals mijn excuus dat ik te laat was.'

'Ik laat u zo snel mogelijk weten wat er wordt besloten. Dank u voor uw komst.'

Social climber

'You are a bit of a social climber, aren't you?'

Ik staarde de factor aan. Nog nooit had iemand me in mijn gezicht een 'social climber' genoemd. En ik wist niet goed wat ik ervan moest denken. Hij keek er niet onvriendelijk bij.

'Ik ben alleen maar door Elizabeth gevraagd om te komen tennissen,' zei ik.

'That is what I mean. You just keep going, Josephine, next

time you will be asked to tea at the Castle.' Hij lachte hartelijk. Blijkbaar gunde hij het me dat ik sociaal succes had, maar was het idee dat dat tot het niveau van theedrinken op het kasteel zou stijgen zo onwaarschijnlijk dat het zich leende tot milde scherts.

Een *social climber* wordt in *The Oxford Dictionary* omschreven als '*a person who is anxious to gain a higher social status*'. En in *Collin's Dictionary* zijn ze nog explicieter: '*You describe someone as a* **social climber** *when they try to get accepted into a higher* **social** *class by becoming friendly with people who belong to that class. [disapproval]*'

Ik was een halve dag verontwaardigd: 'proberen geaccepteerd te worden door aardig te doen tegen mensen van een hogere sociale klasse'. En toen moest ik toegeven dat mijn relatie met Elizabeth niet was begonnen met elkaar op tennis te vragen, maar dat het een van die werkingen van het samenleven op een schiereiland was die ervoor had gezorgd dat het daartoe was gekomen.

In het postkantoor stelde Laura, de uitbaatster van de lunchroom annex winkel annex postkantoor, me op een dag aan Elizabeth voor. Geheel formeel, want Laura had op kostschool gezeten.

'Kennen jullie elkaar al?' vroeg Laura met haar dragende stem. Ik draaide me naar de vrouw toe die naast me aan de toonbank stond. We keken elkaar met gepast verheugde verbazing aan. 'Elizabeth, dit is Josephine, zij woont even voorbij de brug, Josephine, dit is Elizabeth, zij is zojuist met haar gezin in Bruach Estate komen wonen.' We maakten allebei op het juiste moment ons knikje en daarna gaf Elizabeth een demonstratie van een beginnersconversatie. Eerst zei ze hoe mooi ons schiereiland was, daarna hoe blij ze was hier te komen wonen en vervolgens hoe fijn het was om nu mensen te leren kennen.

Het was in de lente dat ze ons uitnodigde om lammetjes te komen kijken en iets daarna ontvingen Tjibbe en ik een uitnodiging om bij hen te komen eten, 'geheel informeel, niks bijzonders, hoor', verzekerde ze me. 'We hebben Toots en Charlie ook gevraagd.' Ik dacht er niet vaak aan, maar Toots en Charlie waren allebei behoorlijk upper class. Met mijn nieuw verworven sociale paranoia vroeg ik me af hoe wij werden ingeschaald. Ik besloot me er het hoofd niet over te breken, want ik wist de criteria nog niet goed: was het inkomen, scholing, familie of een mix van dit alles wat je working, middle of upper class maakte in deze eeuw? Of golden nog dezelfde criteria als in Jane Austens eeuw, namelijk alleen familie?

De volgende ochtend vroeg ik Toots of zij de uitnodiging zouden aannemen. Samen met onze eigen kinderen en nog wat aanhang liepen we naar haar prachtige oude lodge, een klassiek type woning op een landgoed, kleiner dan een landhuis maar veel groter dan een cottage.

'*Yes, of course, so sweet of her to invite us all, really lovely,*' zei Toots wat afwezig. Ik vond het bijzonder, voor haar lag het geheel in de lijn der verwachting. 'Jongens, zullen we door het veld gaan? Jamie, doe het hek even open.' De kinderen namen die moeite niet, maar klommen eroverheen en Toots en ik volgden, maar namen wel de tijd om het touw los te halen en ons door het ijzeren hek te laten dat in de stenen muur zat.

'En wat is precies de dresscode voor informeel?'

'Niet té, maar wel netjes.' Ik keek naar Toots zoals ze naast me liep, in een soepele donkere jeans en een wollen trui. Het was een alpacatrui van een klein bedrijfje van hun vrienden in Zuid-Amerika. Dat was Toots *all over*, ze hadden overal over de wereld vrienden: journalisten, kunstenaars, schrijvers, *artisan bakers*, en blijkbaar dus ook wollentruienondernemers. De meesten had ze ontmoet tijdens haar reizen. Weer in de Hooglanden wonen was altijd hun droom geweest en de bakkerij die ze in hun schuur waren begonnen, liep steeds beter. Sinds kort hadden ze een pand kunnen huren in het dorp en hadden ze twee mensen in dienst.

Bij Toots en Charlie voelde ik me nooit een social climber. Ze hadden wel een zwarte labrador, en ze woonden in een lodge en zij had op kostschool gezeten. Ik kreeg sterk de indruk dat ze van adel waren, maar daar hadden ze het niet over en ik vroeg er niet naar. Hun ogen werden warm als ze over hun werk spraken, het avontuur van brood bakken en een onderneming opzetten, zijn wandeltochten die altijd epische vormen aannamen, haar reizen die ontdekkingstochten in het ongewisse waren waarvan mijn haren overeind gingen staan als ze er met achteloze humor over vertelde. We konden uren over muziek, reizen, boeken, drank, jam en onze buren praten. Dat was het veld van gemeenschappelijke interesses waarin we elkaar ontmoetten.

We gaven de kinderen limonade en toast met jam en stuurden ze daarna naar buiten. 'Zullen we gaan zwemmen? Ik heb wel extra zwembroeken.' Toots dook in een kast. Beladen met handdoeken en zwemspullen liepen we even later langs de kust. De kinderen renden het ijskoude water in.

'Als je achter de branding komt, niet proberen terug te zwemmen, maar je mee laten voeren tot de volgende baai!' riep Toots ze na.

Ons etentje bij Elizabeth en Kenneth verliep vlekkeloos. We zaten in hun ruime woonkeuken en Elizabeth haalde eigenhandig het gebraad uit de onvermijdelijke AGA. Kenneth verzorgde onze drankjes en hield een algemene conversatie gaande. Ik zag Toots en Charlie voor het eerst in hun formele stand en ze konden over alles meepraten; de jacht, de visstand en het houden van paarden. Alles ademde rust en voornaamheid.

Op de terugweg sopten we tussen de bomen door in onze wellies en keken we of we het grote hert zouden zien dat

sinds een paar weken steeds dichter bij hun huis kwam.
'We zitten op zijn route,' zei Charlie, 'en hij lijkt onze tuin speciaal aan te bevelen bij zijn hindes.'
'Hij voelt dat hij bij ons veilig is,' zei Toots, 'dieren weten dat soort dingen. Ik hoop maar dat Kenneth de andere kant op gaat als hij wil jagen.'
Bij hun huis aangekomen vonden we onze jongens voor de televisie waar ze braaf *Johnny English* hadden gekeken, bewaakt door de labrador. We stuurden ze allemaal naar bed en wierpen ons op de bank om bij het vuur whisky te drinken en te praten over de laatste expeditie van Charlie, de nieuwste bakmachine die Toots had besteld en het stuk dat Tjibbe had gecomponeerd. Onze semiformele kleding, jasjes, nette schoenen, gooiden we achter de bank.

Onze volgende ontmoeting gaf aan dat we niet alleen maar een sociale aanwinst waren voor onze grootgrondbezitterburen. Elizabeth liep langs ons huis met de hond en nam onze uitnodiging voor een kop thee veel sneller aan dan ik had verwacht. Ze zat op het puntje van haar stoel in onze zitkamer en vond onze cottage heel knus, zei ze. Ze schoof haar mok van zich af en vroeg ons of we wisten dat de cottage naast hun huis leegstond? Nee, dat wisten we niet.
'Jullie wonen hier natuurlijk geweldig en ik weet dat jij voor het kasteel werkt, Josephine, maar misschien willen jullie eens komen kijken. Dit is een mooie traditionele cottage, maar die van ons hebben we net laten doorbreken. De zitkamer is nu hoog en er zit een uitbouw aan de achterkant met twee slaapkamers en een nieuwe badkamer met vloerverwarming. We hebben ook een biomassa-installatie laten aanleggen en daar is de cottage op aangesloten.' Elizabeth nam even een adempauze.
Ik luisterde met interesse naar dit gesprek, dat opeens een betoog was geworden. Elizabeth leek de rol van aanprijzer van haar eigen goederen een beetje geforceerd te spelen. Aan

de ene kant was ze duidelijk gewend om met werknemers om te gaan en helder te zijn over wat ze te bieden had. Aan de andere kant was onze verhouding niet helemaal vanzelfsprekend. We waren geen schaapherders op zoek naar een nieuwe cottage.

'Maar misschien willen jullie helemaal niet weg van Cliffrock. Vanwege jouw werk voor de *estate*, Josephine.' We antwoordden dat we erover na zouden denken en ze zei dat als we in de buurt waren, we zeker eens de cottage moesten komen bekijken. Bij het weggaan voegde ze er nog aan toe dat er geen kosten waren voor de verwarming en dat ze niet wist wat wij betaalden bij de estate, maar dat zij heel redelijke huurprijzen hadden.

Nadat ze met haar labrador ons erf had verlaten, keken Tjibbe en ik elkaar eens aan. Waarom had ze ons gevraagd? Het klonk heel aantrekkelijk, we hadden de cottage weleens vanbuiten gezien. Het was de enige die we op de landgoederen om ons heen hadden gezien die hoog en licht was. En dan: goed geïsoleerd, geen stookkosten en vloerverwarming! Voor een land waar het altijd nat en koud is een behoorlijke aanbeveling.

We hoefden er niet lang over na te denken. Er was geen sprake van. Op een naburig landgoed gaan wonen omdat de cottage daar warmer en goedkoper was, zou een klap in het gezicht zijn van de kasteelfamilie. Het zou niets doen om mijn band met ons landgoed te versterken en mijn baan bij het kasteel veilig te stellen.

'Maar natuurlijk, dat begrijp ik volkomen. Jullie hebben daar ook een prachtige plek,' zei Elizabeth bij onze volgende ontmoeting. Dit keer had ze voorgesteld om thee te drinken bij het postkantoor en ik nam aan dat dat was om ons antwoord te horen. We zaten tegenover elkaar aan de houten tafel bij de diepe ramen en keken uit over de kust.

'Je zult het wel druk hebben met je werk voor het kasteel?'

'Ach, dat valt nog wel mee, ik heb een halve baan daar,' zei ik. Het was nog voor mijn PA-tijd.

'Nou, Bobby boft maar. Ik moet alles zelf doen. Het is zo moeilijk om hulp te krijgen hier. De vrouw van de schaapherder helpt me met de *holiday cottages* en ook wel een beetje in het huis. Ik vroeg me alleen af, ik weet dat je al genoeg te doen hebt met je gezin en werk, maar ik weet van Bobby dat je wonderen hebt gedaan voor haar zilver. Dat is iets wat ik Murdina nooit durf te vragen, om aan het zilver te beginnen. Ik zou misschien niet zoveel uren aan kunnen bieden als je voor het kasteel doet. Maar we hebben de cottage...'

Langzaam drong het verheugende besef tot me door dat ze me probeerde weg te kopen bij mijn huidige baas. De faam van mijn zilverpoetskwaliteiten was in bepaalde kringen rond gaan gonzen. En nu wilde de buurvrouw me overhalen mijn werkgever te verlaten, met als beloning een huis met vloerverwarming.

'Ikke, nou, tsja, daar moet ik even over nadenken,' zei ik met mijn gebruikelijke sociale souplesse.

'Natuurlijk, denk erover zo lang als je wilt! Ik hoor het graag van je.'

We babbelden nog over onze kinderen, hun kostschool, onze dorpsschool, de schoolmenu's van Jamie Oliver en daarna namen we afscheid. Ik liep nadenkend de brug over en nam de omweg langs de kust naar ons huis. Zou ik voor Elizabeth willen werken? Ik vond haar aardig. Ze was veel toegankelijker dan de kasteelfamilie. Ze beloofde een makkelijk leven: weinig werk, bijna gratis behuizing. Zij en haar man woonden permanent op het schiereiland en stonden om vijf uur op om zelf aan het werk te gaan. Kenneth kwam ik dan tegen op zijn quadbike, Elizabeth zag ik om die tijd al de hond uitlaten en de *pet lambs* voeren.

Ik keek de kust langs, het water van de zee lag zwaar en vlak onder de dikke wolkenpartijen. Het kasteel stak donker af tegen het schelle grijs. Onvoorspelbaar, alles op het kasteel was onvoorspelbaar. Misschien kreeg ik er meer werk, misschien werd ik over een week overbodig. Ondanks dat contract. Het werk zelf was onvoorspelbaar. Wanneer de eigenaren kwamen, wist je nooit. De taken waren ondoorgrondelijk en de verwachtingen totaal onduidelijk. En het was altijd veel.

Ik keek naar het donkere silhouet met zijn gekanteelde torens. Eigenlijk hoefde ik er niet over na te denken. Ik hoorde bij het kasteel.

We bleven af en toe theedrinken bij het postkantoor, Elizabeth en ik, en op een dag vroeg ze dus of ik zin had om met twee andere vrouwen, gemeenschappelijke vriendinnen, te komen tennissen. Waarmee ik mij officieel een social climber mocht noemen.

Cross-overs

'*Do you happen to speak any French?*' vroeg de kasteelheer toen ik 's ochtends na een klop op de deur de keuken binnenstapte. Hij was voor een paar dagen naar Cliffrock gekomen en stond bij de tafel die bedekt was met stapeltjes papieren, zijn laptop, de hondensnoepjes, wat landkaarten en de resten van zijn ontbijt.

'Ja,' zei ik en boog me over de potten met kruidenplanten in de vensterbank om ze water te geven. Daarna tilde ik de zware gietijzeren pan op die op het fornuis stond.

'*Oh, you do, do you?*' was zijn reactie. Ik was toen al halverwege de gang naar de Back Kitchen en stopte alleen even om te knikken in erkenning dat hij iets had gezegd, verder leek er geen reactie van mij te worden verwacht. In de brede spoelbak liet ik de Le Creuset-pan zachtjes zakken. Wat had ik toch een hekel aan afwassen. Ik hoefde het gelukkig niet al te vaak te doen, meestal deed Abigail het of de chefs.

Behoedzaam maakte ik de pan schoon zonder het email te krassen.

'Dus je spreekt echt Frans?' De kasteelheer stond in de Back Kitchen en keek me met een vrolijk opgetrokken wenkbrauw aan. Ik nam aan dat hij in de achterkeuken kwam om iets te zoeken en ondertussen nog even doorbabbelde.

'Ja,' zei ik luid, boven het stromende water en het gerammel van het bestek uit, 'ja, ik spreek echt Frans.' Vooral glibberige stukjes in het afwaswater vind ik vreselijk. Maar ik kan ook niet tegen rubberhandschoenen. Ik heb liever rimpelige vingers dan de rest van de dag de weeë geur van rubber aan je vingers. En dan dat onwezenlijke gevoel van dingen die je aanpakt met een laagje rubber ertussen... Dan maar vet en glibberige stukjes.

Bij mijn volgende tocht naar de Main Kitchen ontdekte ik dat er nog borden in de spoelbak stonden. Meestal zette de kasteelheer alles zelf in de afwasmachine. Ik nam aan dat hij dat nu niet had gedaan omdat hij vis had gegeten. Restjes vis met gestolde bouillabaisse.

'Maar... goed Frans?'

'Ja, best redelijk goed Frans.'

Ik snauwde niet.

Natuurlijk niet. Ik was aan het werk. Ik was de professionele, immer voorkomende housekeeper/PA. Ik deed mijn ogen dicht en de kraan open. Het duurde lang tot het water heet werd omdat de boiler erg ver weg was. Terwijl ik stond te wachten, keek ik op. De kasteelheer keek me aan alsof hij me voor het eerst zag. Ik draaide de kraan dicht.

'Kan ik u misschien ergens mee helpen, sir?'

Langzaam, dat is wel het woord wat mij typeert. Erg langzaam van begrip.

'*Well.*' Hij keek naar het papier dat hij in zijn handen hield. Ik wachtte, de denkpauzes van de kasteelheer hadden altijd een respectabele lengte.

'Ik ben de zaken van een familielid aan het uitzoeken, zie

je, en zij woonde in Parijs. Ze is nu verhuisd naar een *residential home* en ik moet haar papieren regelen.' Natuurlijk zag ik meteen een Colette voor me, een excentrieke oudere vrouw met voor haar leeftijd onwaarschijnlijk zwart haar en fijn gepenseelde wenkbrauwen. Een Engelse, die bedaagdheid in de wind had gegooid en in Parijs was gaan wonen, haar passie en Franse minnaar volgend.
'O?' zei ik gretig en droogde mijn handen af.
'En nu heb ik hier wat formulieren. Kun jij me vertellen wat hierin staat?'
Hij hield me een brief voor. Als ik had gedacht dat het een tipje van de sluier van het leven van deze Colette zou oplichten, dan kwam ik bedrogen uit. Het was van de gemeente en behandelde de parkeervergunning. Het gaf aanwijzingen hoe die op te zeggen. Mijn Frans is niet bovengemiddeld maar ik kon genoeg begrijpen uit de brief om de kasteelheer te kunnen vertellen welke procedure werd aangeraden om dit te regelen. Hij bedankte me, ik ging terug naar de vette visborden en hij ging de hond uitlaten.

Tjibbe en ik hadden qua opleiding en inclinatie raakvlakken met de upper class, maar qua inkomen en werk waren we geheel onderdeel van de lower class, en dat maakte dat we overal een beetje tussenin stonden. En dus met veel verschillende mensen in contact kwamen.
Tjibbe mocht de vleugel overnemen van Elizabeth en Kenneth. Ze hadden er twee. De vorige eigenaar had de hare achtergelaten en zelf hadden ze de hunne meeverhuisd, dus nu hadden ze een Bösendorfer en een Bechstein in de muziekkamer staan. In ruil voor pianolessen aan Elizabeth mocht Tjibbe de Bösendorfer in het kerkje zetten en als de zijne beschouwen. Kenneth liet zijn jagers en schaapherders komen en ze verhuisden de vleugel op een regenachtige middag met een trailer en een tractor. De dominee vond het goed dat hij op het altaar kwam te staan in ruil voor het spe-

len van de psalmen tijdens de dienst en bij de *carol service* op kerstavond. Tjibbe mocht ook de kerk wanneer hij maar wilde gebruiken voor repetities en concerten.

Tjibbe was gevraagd een concert te geven in Edinburgh en een in een kerk midden in Perthshire. We hadden nu het plan om in het kleine kerkje aan onze kust een try-out te geven. Hij zou beginnen met *The Tempest* van Beethoven, want hij gelooft niet in compromissen, en na de pauze wat kortere werken van Bach, Rachmaninov en Schubert. Dus zaten we op een frisse zondagmiddag af te wachten of en wie er zouden komen. Om precies te zijn, ík zat af te wachten, Tjibbe zat zich thuis te concentreren en zou pas op het laatste moment komen. Onze jongens hadden zich met een stapel stripboeken op de achterste bank verschanst.

We hadden geen idee wat er zou gaan gebeuren. Of Beethoven een begrip was op een Schots schiereiland. Of mensen hier sowieso van klassieke muziek hielden. Of zondagmiddag een goed moment was voor een lunchconcert.

Maar om drie uur zat de kerk vol, tot aan de laatste bank. Er moesten mensen staan. Tjibbe kwam binnen en keek schichtig het gangpad langs.

'Waarom doe ik mezelf dit altijd weer aan?' mompelde hij toen hij langs me liep. Toen rechtte hij zijn rug, liep naar het altaar en nam plaats achter de vleugel. Ik kende dit van hem en andere musici, het was over zodra hij begon te spelen.

Ik keek naar de banken voor me. Daar waren Elizabeth en Kenneth met hun dochters. De dominee en een sliert kerkgangers uit de andere gemeentes die hij bediende. Toots en Charlie met Jamie, die een koptelefoon ophad met zijn eigen muziek. Heel verstandig, behalve dan dat als hij wat wilde vragen hij nogal luid praatte. De buren met wie ze een vete hadden, Sarah en Brody, hadden een plaats gevonden zo ver van hen verwijderd als mogelijk was in de kleine kerk en Julie zat keurig rechtop tussen hen in en bewoog niet tijdens het concert. Andrew en Emma, adellijke vrienden van

Toots en Charlie, waren gekomen met Andrews vader, Ravenscar. Een lange man in tweed dacht ik te herkennen als de landeigenaar van weer een paar landgoederen verderop. Deze mensen zaten in het voorste deel. In een van de achterste banken zat Shaun met zijn vrouw en zijn zoon Cameron. Naast hem zijn collega-schaapherder van het volgende landgoed, Angus, met zijn vrouw Sheena. En onze buren, Muireal en Seamus, Finlay en Aileana, Catriona en Colin. Ik zag de pianostemmer, die in een B&B was blijven overnachten nadat hij de vorige middag aan de vleugel had gewerkt. Hij vertelde me dat hij dit concert aan het einde van de wereld wel mee wilde maken.

Ik zag verschillende van onze vrienden uit het dorp, die zaten overal doorheen. Een van hen, huisarts van beroep, had zijn gezin onbekommerd naar de voorste rij geleid die tot het laatst toe leeg was gebleven. Maar ik maakte me er geen zorgen om, want ik wist dat de familie er niet was en haar plaats niet kwam innemen.

Tjibbe schoof zijn kruk wat naar achteren, de mensen werden stil. Hij legde zijn handen op de toetsen en na een moment stilte begon hij te spelen. De tonen weerklonken in de ruimte met op de achtergrond het geruis van de Hebridische Zee. De worsteling om iets uit een instrument te krijgen dat voornamelijk probeert niet ten onder te gaan aan vocht en kou, overstemde soms het creatieve proces een beetje, maar verder was het mooi. De fysieke uitdaging om de door de elementen geteisterde, stroeve toetsen in te drukken gaf een extra rauwe kwaliteit aan Beethoven.

Het applaus had geklonken en de mensen stonden in de rij voor de thee terwijl de kinderen limonade kregen en de koekjes eer aandeden.

'*Marvellous*.' Ravenscar was naar Tjibbe gelopen die naast zijn instrument stond. 'De laatste keer dat ik dit stuk hoorde was in Wigmore Hall met András Schiff.'

'*I liked the way you dealt with the last bit of the allegro,*' zei de lange man in tweed. '*That had a fresh quality to it, not altogether unlike Zimerman.*'

'Ik ben nog nooit naar zoiets geweest,' zei mijn buurman Seamus terwijl ik hem zijn thee inschonk. 'Zo'n soort concert. Maar ik vond het leuk.'

Sheena en Catriona kwamen aanlopen. Catriona was in tranen, die huilde heerlijk snel.

'Dat we zoiets mee kunnen maken, hier, in onze eigen kerk!'

Sheena knikte me toe: 'Angus zei vanmorgen dat we naar het concert gingen. Ik wist niet wat ik hoorde! "We gaan," zei hij. "Want Tjibbe is een van hier." Ik vond het prachtig.'

Ik besefte dat meer mensen waren gekomen omdat Tjibbe 'een van hier' was en niet omdat ze speciaal de gewoonte hadden om naar pianorecitals te gaan. Een loyaliteitsbetuiging van schiereilanders onderling.

Even later dook ik tussen de banken om de stripboeken van de jongens te verzamelen en dat bracht me vlak achter Shaun en Angus. Ze zaten met hun armen over de bank voor zich geleund, zwijgend voor zich uit te kijken. Zo hadden ze gezeten sinds het begin van het concert. Ze zaten daar en merkten mij niet op in het algemene geroezemoes achter hen. Zonder zijn hoofd te draaien vroeg Angus: '*And?*'

Ook zonder te bewegen antwoordde Shaun: '*Very moving.*'

'Ik weet niet wat je man heeft gedaan,' zei de factor een paar weken later. 'Maar ik heb Shaun nog nooit sinds ik hem ken zo enthousiast ergens over gehoord.' Na enig nadenken voegde hij eraan toe: 'Ik heb hem sowieso nog nooit ergens enthousiast over gehoord. En nu! Hij zei wel twee keer dat het een mooi concert was geweest.' Ik zag het voor me: Shaun, uit zijn Land Rover leunend, zijn ogen op de heuvels gericht, de factor sober naast hem.

'*Nice. It was nice.*'

'*Was it?*'
'*Aye, it was.*'

De factor was op het landgoed om de vorderingen van Ruairidhs werk te bekijken. Ruairidh was de man die de plafonds eruit kwam halen die door houtworm waren aangetast. Het spannende was of hij de oude kroonlijsten kon behouden en daar weer plafonds tussen kon construeren. Daarna zouden de schilders komen, en als hekkensluiters de tapijtleggers.

Ian en ik stonden op het grasveld achter het kasteel en keken naar het raam ergens hoog boven ons. We moesten buitenom, want de kamers binnen waren verzegeld met plastic om het stof en gruis binnen te houden. De mannen gingen via het raam. Daartoe was er een steiger gebouwd met een enkel platform, vijftien meter boven de grond. Tegen het platform stond een ladder. Toen Ian en ik omhoogkeken, hoorden we dof gedreun en af en toe kwam er een wolk stof uit het raam. Na een tijdje wachten hield ik mijn handen als een toeter voor mijn mond en riep: '*Oiee!* Ruairidh!'

Er kwam beweging en iemand bukte zich voor de opening van het raam. Ik zwaaide en gebaarde naar Ian naast me. De figuur werkte zich nu door de nauwe spleet van het schuifraam en stapte op het platform. Hij begon de ladder af te dalen die zacht meezwiepte. Nog vier andere figuurtjes rolden uit het raam en kwamen via de ladder naar beneden. Het stof kwam in wolken van hun overalls terwijl ze tussen hemel en aarde zweefden.

Ian en Ruairidh begroetten elkaar. Ruairidhs gezicht zat onder het zwarte gruis, waarin zijn ogen heel helder schenen. Hij zei met zijn volle bas dat het er goed uitzag, het leek erop dat alle kroonlijsten behouden konden blijven. Er kwam een Land Rover aanrijden en daar stapte Roy uit. Zo ging dat altijd, het nieuws dat de factor er was deed snel de ronde en iedereen die een vraag had, kwam langs. Ian verontschuldigde zich en ging naar de oprijlaan waar Roy tegen zijn Land Rover geleund stond te wachten. Ik bood Ruairidh thee aan, maar hij zei dat hij alles wat hij nodig had in zijn busje had.

'Gaat het een beetje?' vroeg ik.

'Aye,' zei hij, het zweet van zijn gezicht vegend en daarmee een heel nieuw element toevoegend aan het daarop aanwezige landschap van gruis en stof. Er meanderden nu kleine beekjes over zijn voorhoofd tussen diepe grijze voren. Ruairidh had een rond gezicht en hij leek altijd een binnenpretje te hebben. 'Het is net vakantie. Een mooi gebouw, een uitdagende klus, 's avonds slapen in Fisherman's Cottage en overdag geen bereik, niemand die me kan lastigvallen. *Aye, I love it.*' Hij wuifde naar de vier jongens die naar beneden kwamen. 'Kijk,' wees hij, 'hier heb je mijn zoon, Dave.'

Hij keek trots naar de laatste jongen die de ladder af stapte en nu met net zo'n aanstekelijke grijns als zijn vader naar ons toe liep.

'Zijn ze allemaal familie?' Ik knikte naar de jongens die over het gazon naar het busje liepen.

'Nee!' lachte Ruairidh. 'Gelukkig niet. Ik heb er twee, mijn andere zoon woont in Londen.'

'O, wat leuk, werkt hij ook in de bouw?'

Ruairidh veegde zijn handen af aan zijn overall en zocht zijn mobieltje op.

'Hier,' zei hij, 'dat is onze Ross.'

Hij hield me zijn telefoon voor waarop ik een studioportret in zwart-wit zag van een jongen in strak tricot met weer dezelfde gulle lach. Het was duidelijk familie, maar de kleding was erg anders. Ik keek vragend naar Ruairidh op.

'Hij danst,' legde hij uit en noemde een dansgezelschap waar mijn ogen wat wijder van opengingen.

Nieuwsgierig keek ik naar vader en zoon. Kwamen we hier op een *Billy Elliot*-drama? Ik vroeg Dave, die in zijn zwartbestoven overall breedgeschouderd naast zijn vader stond:

'Hoe vind je het, dat je broer danst?'
'Leuk toch, voor hem,' zei hij een beetje verlegen door mijn directe vraag.
'We gaan met z'n allen zo eens per jaar naar Londen, om een voorstelling te zien,' zei Ruairidh en borg zijn mobiel weer op. 'Het begon met *Highland Dancing* en toen hij één keer op het podium had gestaan, was er geen houden meer aan.' Vader en zoon lachten wat om hun Ross; trots en toegeeflijk tegelijk. Ik was toch niet de enige die aan *social mobility* deed in Schotland.

La faveur du roi 1

'Dat is wel zo, maar je wilt liever dat een ander zijn hond dat doet. En dat jij dan kunt zeggen', de kasteelvrouw zette een overdreven afkeurend gezicht, '"oh, what a badly behaved dog those people have!"'
Ze keek mismoedig naar haar kristallen glas waarin de rode wijn donker glansde. 'Je wilt niet dat het jouw eigen hond is die zoiets doet, ook al is het gewoon zijn instinct.'
Ik wist daar even niets op te zeggen dus murmelde ik maar wat. De kasteelvrouw gaf me een scheve glimlach en verliet de keuken om zich bij haar gasten te voegen. Ze zag er vorstelijk uit in een donkere zijden tuniek, een enkel simpel gouden sieraad en een zwartfluwelen broek. Ik was vooral vol bewondering over haar schoenen. Er was zo weinig schoen dat ik, wanneer ik ze afstofte in haar kleedkamer, me afvroeg waarom je de moeite zou nemen ze aan te trekken. De naam van de designer in gouden letters op het schoenbed verraadde dat je ze ook niet gratis meekreeg. Maar eenmaal opgenomen in het ensemble van zijde en fluweel, suggereerden de paar reepjes suède, die in een punt samenkwamen en op een onwaarschijnlijk smal steeltje rustten, dat de draagster door de wereld zweefde. Niet onderhevig aan de zwaar-

tekracht. En al zeker niet onderworpen aan de luimen en grillen van een terriër.

Het was weer gebeurd: de terriër had weer mijn positie op het kasteel op haar grondvesten laten schudden. Eerst hielp hij me naar de hoogste toppen van de gunst, om me daarna in de afgrond van sociale ongemakkelijkheid te duwen. Het was herfst. Mijn eerste zomer als PA was goed verlopen. De werkzaamheden waren op tijd af gekomen. De plafonds zaten er weer in, Percy's mannen hadden het schilderwerk perfect gedaan, Nora had her en der gordijnen aangepast of nieuwe gemaakt, de baden waren gerestaureerd, de tapijten waren gelegd en de jagers hadden alles weer terugverhuisd. Tot op de laatste minuut voor de aankomst van de familie hadden Abigail en ik schoongemaakt. Mevrouw leek tevreden te zijn, ook met de details. Blijkbaar had ik het gat tussen de order en de aanname goed ingevuld, deze keer. Earnest, de kok die de laatste jaren regelmatig kwam, had zich voor een jaar ergens anders verhuurd, maar had me twee collega-chefs die hij goed kende aanbevolen en zij hadden mevrouws goedkeuring weten te krijgen. Nee, de zomer was goed verlopen.

Nu was het herfst en de traditionele *stalking week* in oktober was weer aangebroken. Ik begon zelfs al het ritme van het jaar op een estate te kennen. Omdat het ook vakantie was voor de kinderen was Tjibbe met de jongens naar Nederland gegaan. Ik maakte lange dagen, want de familie ontving zoals gewoonlijk veel gasten.

Deze middag was ik later dan anders thuisgekomen. Ik parkeerde de BMW naast de schuur, deed mijn laarzen uit in ons halletje, maakte een kop thee en zeeg neer op mijn bank in de zitkamer. De kat kwam meteen aanlopen om deze idylle te vervolmaken en ik zuchtte van welbehagen. Met mijn hoofd tegen de zijkant van de bank geleund lag ik uit het raam te kijken. Dromerig keek ik naar de rotsen langs

de border en de pogingen van wat bloemen om op te groeien voordat ze zouden worden opgegeten door de herten. Opeens zag ik een klein hoofdje opduiken. Een klein, zwart hondenhoofdje met spitse oren. De terriër.
Ik weet niet waarom ik onmiddellijk wist dat het dé terriër was en niet zomaar een terriër. We waren drie mijl verwijderd van het kasteel en de kasteelvrouw kwam hoogst zelden deze kant op. Zeker niet om haar hond uit te laten. Maar hetzelfde instinct dat me bij zijn introductie had verteld dat het van cruciaal belang was dat ik een goede verstandhouding zou ontwikkelen met de nieuwe aanwinst, waarschuwde me nu dat die snelle veeg bruin die ik door het gras had zien gaan, niemand anders was dan mijn nemesis.

Ik sprong op en gooide de wollen plaid van me af. Mijn kat werkte zich met een verstoorde blik uit de plooien en begon zich beledigd te likken. Maar ik had geen tijd voor haar, ik haastte me naar buiten, beende om de bosjes heen die halverwege onze tuin staan en keek om me heen. Daar zag ik Napoleon een stukje voor me uit op een drafje door het hoge gras rennen.

'*Napoleon? Napoleon! Hi doggie, what are you doing here?*' riep ik.

Napoleon keek achterom, aarzelde, ging toen zitten en kwispelde langzaam met zijn staart. Het ging de laatste tijd best goed tussen Napoleon en mij. Na onze kleine uiteenzetting in de hal hadden we allebei iets geleerd. Hij dat hij nooit meer op me af zou rennen als ik naar hem toegekeerd stond; ik dat ik altijd bereid moest zijn om mijn *top dog position* te verdedigen. Ik was later begonnen hem een klopje te geven als hij me zonder grommen langs liet gaan, om te laten merken dat ik dat waardeerde, en nu speelde ik soms zelfs met hem en zijn bal.

Het was eigenlijk een heel koddig hondje en na een tijdje begon ik me af te vragen of Earnest niet gelijk had gehad met te zeggen dat Napoleon het *little man syndrom* had.

Daar kon ik mee sympathiseren, want ik had zelf vaak genoeg last van het *little woman syndrom*. Zelfs met mijn 1,78 meter.

Dus toen de terriër na een paar maanden weer terugkwam voor zijn volgende bezoek, besloot ik het eens over een andere boeg te gooien. Ik opende het portier van mijn auto en het volgende moment waren daar het ondertussen vertrouwde gillende grauwen en de zwarte kanonskogel die naar mijn enkels dook. Tegen mijn reflex in ging ik door mijn knieën en koerde: '*Hi, Napoleon, it is me. You know me, you have seen me before.*' We waren op twee meter afstand van elkaar en stonden ons beiden iets af te vragen: ik of ik eigenlijk wel mijn gezicht zo dicht bij hem wilde brengen, hij of hij zou toegeven dat hij mij herkende. Hij besloot het te doen, begon te kwispelen, kwam met gebogen hoofd dichterbij en liet zich aaien. Dat was het begin van een nieuw tijdperk in onze relatie. Zodra hij hanig op me afrende, begon ik te koeren en liet hij toe om als een heel klein hondje gekroeld en geaaid te worden.

Niet overal ontwikkelden de sociale contacten van Napoleon zich zo voorspoedig. In Londen vergat hij zich zó ernstig in het park dat de kasteelvrouw maatregelen moest nemen. Ik belde haar toevallig die week om haar iets te vragen over het tweed dat zou worden gebruikt om een bank mee te bekleden, en ze vertelde me dat ze Napoleon had meegenomen naar een hondenpsycholoog.

Ik zag het meteen voor me, de spreekkamer van een hondenpsycholoog in Londen. Beige, een beige kamer met zachte witlederen stoelen en een simpel maar kostbaar bureau. Een wit bureau, niet van hout maar modern wit met een bescheiden computer erop. Aan de muur wat smaakvolle lijsten met aquarellen van honden: twee ravottende labradors, een spaniël met zijn kop over de rand van zijn mand en een wat abstractere afbeelding van een rennende hond. De hondenpsycholoog met zijn vingertoppen tegen elkaar, in een rustig gekleurd colbert, aandachtig en sympathiek toehorend. Een professionele, wetende blik in zijn ogen en zijn schouders zelfbewust gerecht.

De jaloezie, de gierend groene jaloezie die door mijn aderen kolkte bij het beeld alleen al. Het gouden idee om hondenpsycholoog te worden in Londen. Ik wou dat ík het had verzonnen. Dat ík in een rustig gekleurd jasje daar zat en zacht tegen de kasteelvrouw de woorden sprak die ze nu tegen mij aan de telefoon herhaalde: 'De dokter zei me dat Napoleon geen agressieve hond is, nee, hij is een angstige hond. Hij heeft hem helemaal onderzocht en stelde allemaal vragen over zijn vroege jeugd en toen kon hij me vertellen dat dit een heel angstig hondje is. Voor wie het allemaal snel te veel is. Hij gaf me strikte aanwijzingen hoe ik nu met hem om moet gaan.'

Geen opgerolde kranten meer, geen waterspuiten en vooral geen stemverheffing. Napoleon moest geprezen worden voor goed gedrag en vriendelijk op andere gedachten worden gebracht als hij verkeerd gedrag neigde te gaan vertonen. Hij moest voelen dat zijn wereld veilig was.

Het zit hem dus allemaal in dat kantoor en die man in pak. Misschien een beetje in de aquarellen aan de muur. Maar vooral in het witte bureau met die lederen stoelen. En dat bordje naast de deur, 'Hondenpsycholoog', hielp natuurlijk ook.

Afijn, ik was blij voor de kasteelvrouw dat ze zo tevreden was met de lezing van de psyche van Napoleon en nadat ik wat tijd had verspild met me af te vragen hoeveel ze betaald had voor dit consult en wat ik met het geld had gedaan als ik dat had gekregen en of ik niet een stoomcursus hondenpsychologie kon doen, hernam het leven op het kasteel weer zijn loop.

Tot op de dag van de wandeling naar de waterval. Het gezelschap van familie en gasten had ontbeten en was vertrokken, met *wellington boots* aan, wandelstokken in de hand en heel veel honden. Behalve de gebruikelijke labradors waren er ook wat spaniëls, en natuurlijk Napoleon.

Nadat ze waren vertrokken, bestormde het personeel het kasteel en na een paar uur was alles weer tot zijn gebruikelijke onberispelijke staat teruggebracht. Ik bedankte iedereen hartelijk, was nog een tijd bezig met regelen en telefoneren en reed eind van de middag naar huis, waar ik dus op de bank neerzeeg en er direct weer afsprong om de terriër uit mijn achtertuin te vissen.

Het was een heel natte Napoleon die ik optilde en ik was blij dat onze band ondertussen zodanig was dát hij zich door mij liet optillen zonder me te bijten, en ik zette hem op de voorstoel naast me in de auto. Hij leek wat timide. Dat kon komen omdat hij zo nat was of omdat hij was weggelopen en dat na een tijdje niet meer zo leuk vond als het hem eerst had geleken. De manier waarop hij opkeek toen ik hem riep had iets schuldbewusts, hij kwispelde wel maar zijn oren hingen slapjes en hij keek van me weg. Nou ja, ik werd niet betaald om erachter te komen wat zijn diepste gevoelens waren op dit moment, dus startte ik de auto en reed achteruit mijn erf af, de weg op.

Het eerste wat ik zag toen ik de heuvel af reed, was een van de gasten met haar twee spaniëls die op een hondenfluitje stond te blazen. Ik stopte naast haar en deed mijn raam open.

'*Hello, Josephine, how are you? We seem to have a bit of a problem...*' begon ze. Ik wees naast me. Haar ogen gingen wijd open en ze stopte midden in haar zin.

'*You found him!*' Ze rechtte haar rug en riep met een diepe, melodieuze stem: '*Bobby! He is safe!*'

We hoorden geen ander geluid ten antwoord dan het ruisen van de rivier. 'Ze zijn nog aan de andere kant van de brug,' stelde ze vast.

'Ik rijd wel naar haar toe,' zei ik. Het leek geen slecht idee om, nu ik toch bezig was Redder des Terriërs te worden, de hond dan ook zelf te overhandigen. Op de brug kwam ik de kasteelheer tegen die, toen ik hem op de passagier op de bijrijdersstoel attent maakte, zijn wandelstok ophief om de aandacht van de kasteelvrouw te trekken en zijn andere hand ophief met zijn duim omhoog. Hij riep niet. Zelfs niet met melodieuze stem.

Ach, en toen zag ik het gezicht van de kasteelvrouw. Zo had ik er vast ook uitgezien toen mijn kat was weggerend tussen de auto's in de stad en ik me afvroeg of ik haar ooit levend terug zou vinden. Of die keer dat ik mijn zoon niet kon vinden op het strand. Het is vreselijk als iets dierbaars onvindbaar is. Snel reed ik naar haar toe en wederom boog een hoofd zich naar mij maar bleef de blik starend hangen op mijn bijrijder. De terriër kwam met een zacht gejank overeind en probeerde over mij heen door het raam te kruipen. Het was een gelukkige hereniging en geluk is een heel overdraagbaar gevoel. Ik voelde me warm worden vanbinnen toen ik de hond extatisch in haar armen zag springen.

'*Oh, Josephine, thank you, thank you, thank you so much.*' Ik had de kasteelvrouw nog nooit op deze schaal emotie zien vertonen.

'Waar heb je hem gevonden?'

Het had natuurlijk beter geklonken als ik had gezegd dat ik over kliffen was gesprongen en door rivieren had gewaad om haar haar hond terug te kunnen brengen, maar ik zei dat hij in mijn tuin liep toen ik thuiskwam.

'We hebben uren naar hem gezocht! Nou, uren, we waren hem opeens kwijt, we waren aan het praten en opeens misten we hem. Er waren zoveel auto's langsgekomen, nou, zoveel, maar toch, genoeg, en ik dacht dat iemand hem gestolen had. Want hij kwam niet, hoe ik ook riep en op zijn fluitje blies.'

Ze bedankte me nog eens en ik zei dat het niets was. Ik reed voorbij het postkantoor, keerde de auto en toen ik hen weer passeerde kreeg ik een brede glimlach van de kasteelheer en een stralende, dankbare blik van de kasteelvrouw. Bij de brug passeerde ik de vrienden en ook zij stonden me toe te knikken. De heer stak zijn duim op en de vriendin met de spaniëls zei '*Well done you!*', precies op zo'n toon waarop ze '*hear, hear*' roepen in het Britse parlement. Het was een glorievol moment, de zon scheen, de goedkeuring regende op mij neer en ik had er niet veel meer voor hoeven doen dan honderd meter met mijn auto rijden.

Was dat maar het einde van deze terriër-episode geweest...

La faveur du roi 2

Hopend dat mijn thee nog warm zou zijn en ik nu dus echt even wat time-out kon hebben op de bank, reed ik na mijn triomfronde als Hoeder van de Hond naar huis, parkeerde op mijn erf en stapte uit. Toen ik de hoek om liep, zag ik aan de rand van het grasveld iets wits wat me eerder niet was opgevallen. Ik liep ernaartoe en zag dat het een dot witte veren was. Ik keek er verbaasd naar en keek om me heen. Verderop zag ik nog meer veren, ik liep snel de tuin door en vond nog twee plaatsen met veren bij het hek en naast het hok. Aan sommige zat bloed, aan andere stukken huid. Waar waren mijn kippen?

Na een uur wist ik dat ik één kip miste en dat er drie gewond waren. Als in het verhaal van de wolf en de zeven geitjes hadden al mijn meisjes zich verstopt voor het ondier dat zich opeens in hun midden had geworpen. Ezekiel zat in het verste hoekje van haar nestkast, zij was er het ergst aan toe met een open wond op haar rug. Natasja vond ik trillend in de compostcontainer met een hap uit haar vleugel. Goudkraagje had heel wat veren moeten afstaan en wat vel, maar leek verder in orde, ik vond haar achter de auto van de buurman aan de overkant van de weg. Toetertje en Pannenkoek kwamen na een uur aanstappen, die hadden zich tussen de varens in het veld verborgen. Hector de Tweede leek helemaal niets te mankeren en ik zei dat hij zich moest schamen dat hij zijn vrouwen niet beter had verdedigd. Van Witje vond ik dus alleen wat resten. Ik zocht lang in de tuin en de velden om ons huis maar gaf het na een halfuurtje op. Geen begrafenis voor Witje, wel een maal voor een vos of boommarter.

Ik belde Abigail, die goed is in kippen. Ze vroeg naar details en zei dat ik wat vaseline op hun wonden kon smeren en maar een nachtje moest afwachten. Ik moest niet verbaasd zijn als ze alsnog van hun stokje zouden gaan en zouden overlijden van de schrik: '*Chickens are funny that way.*' Maar ze vond wel dat ik onmiddellijk de kasteelvrouw moest bellen om te vertellen wat haar hond had gedaan.

Nadenkend hing ik op. Met een pot zalf liep ik de tuin in en smeerde de kippen in die ik te pakken kon krijgen. De andere probeerde ik gerust te stellen met wat voer. Ze keken nerveus om zich heen en diep verwijtend naar mij en ik beloofde ze dat ik een kippenren voor ze ging bouwen. Het was leuk geweest, dat vrij rondlopen, en andere kippen zouden jaloers zijn geweest op zoveel vrijheid, maar het had zijn risico's, zoals we vandaag hadden gezien. Zo zat ik een tijdje op mijn hurken tegen de dames te praten en probeerde voor mezelf onder woorden te brengen waarom ik helemaal niet graag de kasteelvrouw wilde bellen.

Het zou raar zijn erover te zwijgen, alsof het me niet kon schelen. Dat was niet alleen raar maar ook ongeloofwaardig. Het zou ook vreemd staan om er een paar dagen mee te wachten en het te berde te brengen als ik haar toevallig tegen het lijf liep. Nee, het moest nu, nu het net gebeurd was. Ik belde dus en de kasteelvrouw was van haar stuk en zei dat het natuurlijk voor zich sprak dat alle eventuele kosten voor haar waren, maar ze was diep geschokt, dat kon ik horen.

Juist die avond had de chef gevraagd of ik haar wilde komen bijstaan in de keuken. Dat gebeurde bijna nooit omdat er meestal twee koks waren. Earnest had niet gekund en van de chefs die er van de zomer waren geweest, had alleen Henrietta nog plaats in haar agenda. Vandaar dat Abigail of ik af en toe moesten bijspringen.

Om zeven uur reed ik in het donker de oprijlaan op. Het kasteel leek een uitgeknipt silhouet. Het stak zwart af tegen de donkerblauwe hemel met licht dat door de ramen naar buiten straalde. Ik reed langzaam om goed te kunnen genieten van het sprookjesachtige beeld. Het had veel geregend de afgelopen dagen en het geluid van de waterval in de heuvels overstemde bijna het geruis van de zee. Ik stond even te luisteren en de koude zilte lucht in te ademen en ging toen naar binnen.

De zijgangen en kamers in de Staff Quarters waren donker en stil. De beide keukens waren eilanden van licht. Ik vond Henrietta geconcentreerd en met alles onder controle voor de AGA. Even later kwam de kasteelheer binnen, dat deed hij altijd, zei Henrietta, om te zien of alles op schema lag. De kasteelvrouw kwam nooit naar de keuken vóór het diner. Maar vanavond dus wel. Daar was ik al bang voor geweest. Ze kwam zich verontschuldigen.

Pestterriër. Napoleon had me naar de toppen van de gunst gebracht en daarna had hij me er met een venijnige zwiep van zijn staart weer afgegooid. Juist in míjn tuin had hij dat gedaan wat onvergeeflijk is in de *country*: hij had de levende have aangevallen. Het was geen vee, maar op een landgoed dat jaarlijks groot investeert in het op peil houden van de fazanten en patrijzen, is het verscheuren van pluimvee duidelijk ongewenst gedrag. En naast al die zakelijke overwegingen was de kasteelvrouw heel gevoelig voor het welzijn van dieren en kinderen en ze wist door een toevallig gesprekje dat we een paar maanden eerder hadden gehad dat mijn kippen de oogappels van mijn kinderen waren.

Dus bedankt, Napoleon, nu moest de kasteelvrouw onder ogen zien dat zij een hond had die niet goed getraind was en die zij niet goed in de hand had. En dat was aan het licht gekomen in míjn tuin.

Ze keek zó oprecht chagrijnig over dat feit dat ik moest lachen.

'*Well, he just followed his instincts*,' zei ik.

En ik moest ook lachen toen ze eerlijk zei dat ze veel liever had gehad dat andermans hond zijn instinct volgde en zij zou kunnen zeggen: '*Oh, what a badly behaved dog those people have!*' De manier waarop ze zichzelf parodieerde met opgetrokken neus en diepe afkeuring in haar stem, was vrij raak getroffen. Het is altijd ontwapenend als mensen zichzelf zo goed kennen. En eerlijk gezegd was haar reactie voor mij nogal herkenbaar; ik vond het ook veel fijner anderen te kunnen veroordelen dan mezelf.

De droom om een splinter te kunnen zien in het oog van de ander was door de terriër goed en grondig de bodem in geslagen voor de kasteelvrouw. Met mij als hamer.

Ik probeerde de schade wat te beperken door haar te verzekeren dat het verhaal entre nous zou blijven. De blik die ze me toen toewierp, maakte duidelijk dat die opmerking vlek op vlek was. Erger dan dat. Ik voelde dat ik over de streep was gegaan. '*I had forgotten myself,*' zou je in het Engels zeggen, en dan wordt er bedoeld dat je je positie in de hiërarchie bent vergeten. Eerst was er de schande, dan stond ze bij mij in het krijt en nu zou ze zich ook nog moeten laten welgevallen dat ik haar, háár, de gunst zou verlenen te zwijgen?

'*Oh, too late,*' antwoordde ze met een dun lachje, '*my husband already told the gamekeeper. He must have thought it would distract the attention from the little mistakes hís dog has been making.*' Ik keek haar machteloos na toen ze wegzweefde naar de Drawing Room. Ik deed een schietgebedje: '*Please, don't kill the messenger.*'

Met een brandende lont liep ik even later de schemerige gang van het hoofdgebouw in en stak de kaarsen in de muurkandelaars aan. Terwijl ik de trap beklom om hetzelfde te doen met de kaarsen in de monumentale kandelaar in het raamkozijn van het trappenhuis, kwam het geroezemoes uit de Drawing Room me tegemoet. Het hoge venster was donker en weerspiegelde de vlammetjes die een voor een opgloeiden. Heel stil leek het 's avonds in het kasteel, met kleine eilandjes van licht en geluid die ronddobberden in de stilte.

Henrietta begon nu enige tekenen van stress te vertonen. Ze spreidde de smetteloze gestreken theedoeken op het kookeiland uit en zette daar de voorverwarmde borden op. Met steeds een snelle blik op de klok begon ze de borden op te maken met een geitenkaasmousse, rolletjes serranoham en verse vijgen met een sprenkeling van peterselie en peper. Ze knikte dat ik de tweede gong mocht gaan luiden.

Ik spoedde mij naar het gangetje dat achter de Dining Room liep en waardoor het personeel discreet kon binnenkomen zonder de hoofddeur te hoeven gebruiken. Daar hing de grote gong in zijn donkere houten frame. Met genoegen pakte ik de klopper, waarvan het houten handvat glad was van het veelvuldige gebruik.

De eerste keer sloeg ik een beetje te zacht en om dat te compenseren mepte ik de tweede keer wat flinker op de grote koperen plaat. Hij viel er bijna af en ik struikelde naar voren om hem in zijn hengsels te houden. Mijn oren tuitten. Toch jammer, zo'n buitengewoon onhandige huishoudster, verder best een aardig mens, maar jammerlijk onhandig. De beschaafde stilte keerde weer, waarin het gemurmel van stemmen zachtjes de trap af kabbelde. Ik liet met trillende vingers de gong terugzakken in zijn hengsels.

Snel ging ik terug naar de keuken en vond Henrietta in de startblokken. We wachtten tot we de mensen de trap af hadden horen komen en tot we konden aannemen dat iedereen zich aan tafel had gezet en namen toen de borden met het voorgerecht op.

'Links serveren, rechts wegnemen, toch?' probeerde ik haar gerust te stellen wat mijn serveercapaciteiten betreft. Ze keek me met ogen vol ongelovige huiver aan.

'*Ladies not first*,' siste ze me nog toe voor we de Dining Room in stapten. Het enige licht in de hal en de eetzaal kwam van kaarsen, maar daarvan was er dan ook een overvloed. Het deed het zilver en kristal fonkelen. Zoiets had ik wel vaak gelezen, dat fonkelen, maar ik had in werkelijkheid nog niet zo vaak kamers gezien met alleen kaarsverlichting en daarbij zoveel zilver en kristal dat het licht erin weerkaatste en daadwerkelijk bijdroeg aan de helderheid van de kamer. De donkere vensters waarachter niets te zien was, onze voetstappen die gedempt werden door het zachte tapijt, de geur van de bijenwaskaarsen (ik had ze een paar maanden geleden besteld bij het kaarsenhuis dat vooral aan kerken leverde) en het gemoduleerde gemurmel van de stemmen maakten het tot een onwerkelijk tafereel.

De gasten waren goed getraind en anticipeerden keurig als ik in de buurt kwam. Zij wisten heel goed van links serveren en rechts wegnemen en dames eerst.

Wat ik nu echt, totaal, over the top bevredigend vond om te zien, was de manier waarop er werd geconverseerd: eerst spraken de dames met hun linkerbuurman, na het binnenbrengen van het hoofdgerecht met hun rechterbuurman en bij het dessert was er weer een wissel.

'Dat doen ze zelfs bij informele diners aan de keukentafel,' snoof Henrietta, ze vond het duidelijk overformeel. Ik vond het geweldig. Als je het dan doet, het dinerverhaal, doe het dan helemaal.

De meeste gasten knikten, of murmelden een *thank you* als ik langskwam, maar bij de derde gast gebeurde wat ik had gevreesd. De vrouw van de spaniëls zei op gedempte toon terwijl ik haar bord voor haar neerzette: '*I was sorry to hear about your chickens, Josephine.'* Ze keek me aan en verwachtte een antwoord.

Ik vond het een stijlbreuk. Ik was daar niet als privépersoon of gedupeerde, maar als geruisloze bediende.

'Nou, we wisten dat we een risico namen toen we ze los lieten lopen,' antwoordde ik zachtjes voor ik mij weer oprichtte en terugstapte. Ik keek vanuit mijn ooghoek naar de kasteelvrouw, maar die leek in beslag genomen door haar conversatie.

Henrietta en ik spoedden ons door de donkere gang naar de keuken. Ze roerde in de pepersaus, zag erop toe dat het water met citroen en knoflook waarin ze de snijbonen zou blancheren goed kookte en voelde met een professionele kneep aan de ossenhaas. Het was een hele ossenhaas. Ik herinner me dat we bij mij thuis met kerst weleens een plakje kregen, dan hadden we vier ons ossenhaas in huis. Nu had ik bij de slager een hele besteld, en niet één hele, nee, 'doet u er maar drie'. Ik had voorpret gehad over mijn uitje naar de slager en geoefend in het nonchalant aanvullende *'we will have three, please'*. Henrietta had er één bereid en de andere twee lagen in de vriezer, *'just in case'*.

De bel van het bellenbord ging en het schuifje in het vakje waarin 'Dining Room' gekalligrafeerd stond, kwam omlaag. We haastten ons naar de eetzaal om af te nemen. Dan weer terug naar de keuken, borden op de theedoeken zetten. Henrietta nam het vlees uit de oven en begon het op de lange vleesplank aan te snijden. Ze kermde zachtjes.

'Overdone, not red enough, it is overdone.' Ik vond het interessant om haar te horen kermen met een stijgende toon van paniek terwijl ik naar een heel mooi stuk eetbaar vlees stond te kijken. De plakjes, licht gebruind aan de buitenkant en rood vanbinnen, kwamen onder het staal van haar brede mes tevoorschijn en vielen op het donkere hout van de plank terwijl de geur zich door de keuken verspreidde. Het

water liep me in de mond. Henrietta genoot duidelijk minder.

'Daar is een rood stukje, doe je die voor de kasteelvrouw,' wees ik.

Nog steeds nerveus piepend viste ze de wat rodere plakjes ertussenuit en legde ze artistiek neer. Met alle opgemaakte borden spoedden we ons weer naar de eetkamer.

Bij het serveren van de saus was het nu een andere gast die me aansprak. Het is net alsof je in het corps de ballet staat en opeens de solist naar je toe komt en een geïmproviseerde pas de deux wil doen. Het slaat nergens op. Ik was net aan het proberen om me fijn synchroon met Henrietta langs de tafel te bewegen, toen de vrouw zei: '*How horrible for you that he attacked your chickens.*'

De solist die er dan ook nog doorheen gaat praten met de figurant. Ze praatte niet gedempt en haar tafelheer was de kasteelheer. De hand van de vrouw bleef hangen boven de juskom die ik haar voorhield, dus ik kon niets anders doen dan voorovergebogen blijven staan wachten.

'Ja, ik vond het ook jammer dat hij voor onze kippen ging, hij had onze haan moeten nemen. Daar willen we al maanden van af,' zei ik.

Ze staarde even naar me en vervolgde met dringende stem: 'Die arme dieren, het moet zo'n schok voor je zijn geweest.'

'*Well, we need some excitement in these rural parts.*'

Nu keek ze geschokt. Maar wat wilde ze dan? Dat ik in snikken uit zou barsten boven de juskom? Luid weeklagend over het lot van die arme dieren? Dat ik hangend over haar stoelleuning luidkeels ging jammeren over de hond van *the laird* die aan het hoofdeinde van de tafel zat? Bovendien leefde het merendeel van mijn kippen nog.

Ik schoof de juskom wat dichter onder haar hand. Een trucje dat Stanley Ager beschrijft in het hoofdstuk 'Serving Well' schoot me te binnen.

Ook al raad ik het niet aan in uw eigen huishouden, er is een trucje dat iemand op gang kan helpen. Ik heb het meer dan eens zien gebeuren en ik moet toegeven dat ik het zelf ook heb geprobeerd. Ik bood een zware, hete schotel aan die mijn handen brandde en de persoon die ik serveerde, negeerde me. Dus ik raakte het puntje van zijn oor met de hete schaal – je had hem moeten zien opveren! En daar het ons niet geoorloofd was te spreken, kon ik mij ook niet verontschuldigen.

Zoals bij meer van de wat rigoureuzere strategieën van Stanley om de orde te handhaven, leek het me beter zijn advies niet op te volgen. Temeer daar ik al wel had gepraat, dus me dan ook zou moeten verontschuldigen.
'*You need excitement?*' herhaalde ze mijn woorden terwijl haar hand eindelijk de juslepel oppakte.
'*We do seem to get our share on this estate*,' gaf ik toe. '*Never a dull moment.*'
De kasteelheer permitteerde zich een kleine glimlach, maar de heer aan haar andere kant schoot in de lach. Hij maakte er snel een kuch van en converseerde verder met zijn tafeldame. Ik kon eindelijk de volgende gast serveren. De kasteelvrouw had haar aandacht geen moment laten afdwalen van haar tafelheer, maar ik wist dat ze het hele intermezzo had gevolgd. Hoe wist ik dat? Dezelfde intuïtie die me de terriër meteen had doen herkennen als *Trouble*. Ze keek niet op toen ik haar de jus aanbood, bediende zich en murmelde *thank you*. Ik hoopte er maar het beste van.

Na het dessert begaven de gasten zich naar de Ballroom om bij de open haard spelletjes te doen. Dat was vaste kasteelgewoonte: woordspelletjes, charade of andere gezelschapsspellen. De kasteelvrouw kwam naar de keuken om Henrietta te complimenteren: '*That was*', ze dacht even na, '*near perfection.*'

Toen zag ze mij. Ze knikte me neutraal toe. Kijk, dat had Napoleon nu gedaan. In plaats van dat ze mij zag, haar overijverige, licht onhandige Hoofdhuishoudster-PA, of Redder in Nood, zag ze nu de Gedupeerde van Haar Hond.

Op dat moment kwam de terriër binnenrennen. Hij zag me en ik zakte gewoontegetrouw snel door mijn knieën om hem tegen te houden. Maar in plaats van te stoppen rende hij door en wierp zich tegen me aan en begon zacht jankend mijn handen te likken.

'*Oh*,' zei ik verbouwereerd.

'*He is saying sorry*,' jubelde Henrietta.

'*Is he?*' zei de kasteelvrouw sceptisch.

'*Yes, he is*,' zei ik ferm.

'*Well, so you should, naughty dog*,' zei de kasteelvrouw. '*Goodnight Josephine, goodnight Henrietta*.' Napoleon trippelde achter haar aan de keuken uit en wierp me nog een blik toe vanonder zijn borstelige wenkbrauwen.

Ik was geloof ik in de gunst teruggekeerd, maar mijn lot had weer aan een zijden draadje gehangen. Of hing het maar aan een zijden draadje, het bungelde steeds aan een hondenriem.

Tales of your incompetence do not interest me

'*People have been fired for less.*'

Ik keek nog even of de factor een grapje maakte, maar dat was niet zo. Dat moest ik nu onderhand wel weten. De factor maakte geen grapjes over dit soort dingen.

Mensen zijn wel om minder ontslagen.

Ik keek naar het argeloze plukje gras dat uit het grind omhoogstak. Toegegeven, het was niet het enige plukje, maar om nou te zeggen dat de oprijlaan overwoekerd was door onkruid, nee. Ik had de factor ernaar zien kijken. Zijn blik bleef er zo lang aan hangen dat ik wist dat hij er iets van vond.

'Serieus, een paar plukjes gras?' zei ik lachend. Hij keek me even nadenkend aan en plaatste toen weloverwogen de opmerking over wat de consequenties van laksheid konden zijn als je voor Cliffrock Estate werkte. Hij nam vriendelijk als altijd afscheid en ik keerde terug naar het kasteel.
De familie was weer weg. Behalve het incident met Napoleon en mijn kippen had ik het idee dat alles nogal soepel was verlopen. Het kasteel was goed voorbereid geweest, in niet één handdoek had een over het hoofd geziene dode vleermuis gezeten, alle muizenvallen waren opgeruimd geweest, de AGA was er niet net mee opgehouden, want ik had de servicebeurt op tijd geregeld en er waren andere details die erop duidden dat ik mijn ritme had gevonden.
Maar de factor had wel deze opmerking geplaatst. Het kon natuurlijk een algemene observatie zijn, zomaar. Mmm, nee, de factor zei over het algemeen weinig, dus het leek me niet dat hij zoiets zomaar zou zeggen. Had hij een reden gehad om me te waarschuwen? Was ik laks of overmoedig geworden?

Abigail hielp me de zware waszakken van de schuur, waar ze door de wasserij waren afgeleverd, naar binnen te dragen.
Een paar maanden geleden was het een PA-klus geweest om nieuw linnengoed te bestellen, want er was steeds net niet genoeg bij een volle bezetting. Wat had ik nou in mijn leven aan beddengoed gekocht? Een dekbedhoes bij IKEA hier, wat hoeslakens bij de HEMA daar.
Nu keek ik op de pagina van een warenhuis dat er geen been in zag om zich te profileren als onbetaalbaar en probeerde op de foto's te herkennen wat ik moest hebben. Er waren er met duidelijke strepen, die hadden we niet, maar de serie die wij hadden was met een subtiele afwerking. Ik vergrootte alle foto's om het precieze ajourwerkje dat ons beddengoed verblijdde te lokaliseren, zocht naar het aantal draden, vermeed de satijnvariatie omdat ik vermoedde dat mevrouw daar iets tegen had en worstelde met de infernale

inches en andere Engelse maten. *Continental size* bleek een bed van twee meter lengte, ik had niet geweten dat iedereen op het Britse eiland genoegen nam met bedden die net onthoofd waren tot 1,90, maar dat is dus het geval. Nadat ik alles uitentreuren had gecheckt, vulde ik mijn virtuele boodschappenmandje. Het bedrag dat nu verscheen, deed me even naar adem happen.

Ik stelde de druk op de knop uit, hopend op een aanbieding of een kortingsbon om een wat minder grotesk totaal te krijgen. Die verschenen niet en zo kwam het dat ik in een van de eerste dagen van de kerstvakantie beddengoed tekortkwam en mevrouw me tegen het lijf liep terwijl ik net met een stapel lakens uit de toren stapte.

'*Oh, do we have to?*' vroeg ze.

'Nou, het zit zo,' begon ik uit te leggen, 'we hebben nog geen levering van de wasserij gehad, dus ik dacht dat ik even wat van de bedden uit de toren zou halen voor nu, om op de andere bedden te doen. Ik had nieuw linnen willen bestellen zoals u had gevraagd, maar...' Verder ging ik niet. Het was overduidelijk dat de kasteelvrouw niet geïnteresseerd was in het verhaal van mijn falen. Ze keek vriendelijk als altijd, maar er zat een kwaliteit van bevroren interesse in haar blik. Ik stopte midden in mijn zin. De ongemakkelijke stilte die volgde, verbrak ik door een excuus te mompelen en met mijn stapel lakens af te gaan.

Een paar minuten lang was ik sprakeloos. Toen prikkelde het. Het was ook wel een uitdaging om te werken voor iemand die alleen maar succes verwachtte. Proberen was niet goed genoeg. Uitleggen was geen optie. Falen was niet interessant. Voor een Hollander opgegroeid met het poldermodel was het beslist iets nieuws. Nog diezelfde avond drukte ik op de knop en bestelde een berg beddengoed ter waarde van onze laatste auto en ik probeerde nooit meer een verhaal te houden wanneer iets niet in orde was. Het was niet in orde, dat was het verhaal.

De factor had me ook al gewaarschuwd toen ik het plan introduceerde om PA te worden.
'We do not want to lose all, after you gained so much,' was zijn cryptische reactie.

Van het begin af aan had ik een poging gedaan om mijn nulcapaciteiten als housekeeper te compenseren. En dat had er dus vreemd genoeg toe geleid dat ik head housekeeper en personal assistant was geworden en een housekeeper onder me had gekregen. En dat ik drie keer zo duur was geworden voor het estate. De vraag was nu of ik mezelf daarmee uit de markt had geprijsd.

Abigail kwam weer een pakketje linnen halen. We konden gemakkelijk een halfuur doen over het uitpakken van de was, als er veel gasten waren nog langer. Na een tijdje was ik sneeuwblind, al het linnengoed was wit, krakend, blinkend wit.

'One superking duvet and one superking flat, thank you,' zei ik.

Abigail knikte en bracht het naar de juiste kast. Zij was iemand die precies deed wat er van haar werd gevraagd. Ze hielp me met alle kilometers maken, stofzuigen, stoffen, zemen, poetsen, afwassen. Ze was georganiseerd, grondig en ze hield van routine. Ze deed wat alle housekeepers op Cliffrock hadden gedaan, rond en rond gaan en alles schoonhouden.

Ik zocht altijd naar afleiding van de routine. In de linnenkamer was het me opgevallen dat de kasten geen planken hadden, maar latten. Nieuwsgierig had ik de onderste lakens opgetild en die hadden inderdaad verkleurde strepen. Toen had ik kastpapier gekocht en alle latten bekleed. Daarna was het leuk om alles er eens uit te halen, te tellen, opnieuw te ordenen, bij te bestellen. Daarna had ik een studie gemaakt van de evolutie van de labeltjes, van handgeborduurd tot machinaal gedrukt en had zelf nieuwe besteld. Het invoeren van 'Cliffrock Castle' bij het label naar keuze op mijn computer was mijn anachronistische feestje van die dag. Maar iedere week het linnengoed eruit halen en er weer in doen, dat was me bijna onmogelijk.

Gelukkig was er enorm veel in het kasteel dat voor afleiding kon zorgen. De kunstvoorwerpen, het zilver, het kristal, de verzameling tweed, alle achterkamers en verborgen kasten. Ik ging deurknoppen poetsen en voor ik het wist, had ik een overzicht gemaakt van alle deurknoppen in het kasteel. Er was natuurlijk een duidelijk onderscheid tussen waar je je hand op legde in het hoofdgebouw en in de personeelsvleugel: de eerste serie was van porselein, messing en ebbenhout, de tweede sectie had houten en bakelieten deurknoppen. Het leek of er in de loop der tijden maar van alles op die deuren was geschroefd wat de timmerman die dag toevallig bij zich had. Tot diep in de nacht zat ik de geschiedenis van de deurknop te bestuderen en wist uiteindelijk een Edwardian van een Victorian te onderscheiden.

Van de factor kreeg ik toestemming om de deurknopsituatie in het hoofdgebouw aan te pakken. Niet die in de personeelsvleugel natuurlijk, daar was geen acute reden voor. Het stortte mij in een bacchanaal van deurknoppen op eBay maar het vergde een lange adem om de juiste te pakken te krijgen. De eerste set die ik had besteld, deed de timmerman met één blik af als namaak-antiek. Ik studeerde verder.

Met het laatste linnen liep ik naar de linnenkamer.

'Dat was alles, Abigail, heel erg bedankt. Had jij een plan wat je nu wilde gaan doen?'

'Ik wilde de hal eens aan gaan pakken, vooral de vloer.'

'Wat een goed idee. Ik ga een afspraak maken met het alarmbedrijf voor de halfjaarlijkse controle.'

Het was een beetje op eieren lopen, want Abigail wist ook dat zij ouder en ervarener was en vond de meeste dingen die ik deed baarlijke nonsens. Zij kon drie kwartier stofzuigen en dan kwam ik langs en ging alles waar ze langs was gekomen, herschikken. De zeventiende-eeuwse stoelen weer recht in hun hoek zetten, de lange gordijnen in de hal die zij functioneel terzijde had geschoven weer in monumentale plooien terugleggen. Ik kon een kwartier bezig zijn met alle kristallen glazen die ze had afgewassen sorteren op motieven en ze dan symmetrisch in de glazen vitrine schikken.

Eerst dacht ik dat deze aandacht voor detail een persoonlijke neurose was die ik beter in toom zou moeten leren houden, tot de factor me toevertrouwde dat het die finesses waren die de kasteelvrouw waardeerde. Ik nam aan dat het voortkwam uit het feit dat ik het kasteel vooral zag als een theaterdecor dat er goed uit moest zien voor de volgende voorstelling, Abigail zag het als een stal die uitgemest moest worden. Dat deed ze snel en vaardig en ze kon met enige weerstand kijken naar de manier waarop ik zat te pielen en peuteren op de details. Ik probeerde dat wat zij als licht corrigerende werkzaamheden zou kunnen opvatten buiten haar zicht te doen.

Een halfuur later liep ik naar de hal en vond Abigail bezig een schilderij af te stoffen.

'Is dat een natte doek?' vroeg ik geschrokken.

Abigail keek niet op en poetste de onderrand van de lijst met overtuiging.

'Ja, ik neem altijd een vochtig doekje, dat neemt het stof beter mee.'

'Deze lijsten mag je nooit afnemen met vocht, dan lost het verguldsel op!'

Ze poetste door. Ik had dat ook niet tactvol gebracht. Als ik hier bleef staan, zou ze uiteindelijk wel ophouden, maar alleen voor zolang als ik in de buurt was. Het beproefde vochtige doekje had na mijn opmerking niets van zijn aantrekkingskracht verloren. De kasteelvrouw had al eens eerder laten vallen dat haar invloed op de manier waarop het personeel haar huis schoonmaakte nihil was. Ze was te vaak en te lang weg om te kunnen voorkomen dat ze de meubels met lak bespoten in plaats van ze te boenwassen, of alles met chloor schoonmaakten terwijl zij steeds biologische schoonmaakmiddelen meebracht.

Ik wist dat Abigail wel van antiek hield. Ze had me verteld dat ze altijd naar de *Antiques Roadshow* keek. Ik keek even rond en toen ze uit haar knielende houding tevoorschijn kwam, wees ik naar een monumentaal schilderij met paarden dat ze volgens mij mooi vond.

'Zie je hoe kaal de lijst aan de onderkant is?' Ik voelde me een kleuterjuf die de ouders gegeneerd voordoet hoe ze de kinderen praktisch onderricht geeft. Maar Abigail boog zich voorover en was onder de indruk. De gestoken houten lijst was aan de onderkant niet meer verguld maar vaalgrijs. Precies op het randje dat een huishoudster altijd afstoft. Ik ging de plumeau halen.

Dat was dus mijn inbreng, maar was het de extra nullen waard? Blijkbaar vond de factor het tijd om me te waarschuwen.

Oncoming vehicles in middle of road

Naast het kasteel moest ik ook nog andere aspecten van het leven in Schotland heelhuids zien te doorstaan. En een belangrijk onderdeel van het leven in een achterafgebied was autorijden.

Oncoming vehicles in middle of road, zei het bord.

Terwijl ik er nog over zat te peinzen wat dat precies betekende, zag ik een vrachtwagen voor me opdoemen in het midden van de weg. De paniek gierde door me heen en ik wilde mijn stuur naar rechts zwiepen, nee LINKS!

Ik ragde mijn auto met kracht de linkerberm in en de vrachtwagen scheerde op luttele centimeters afstand langs.

Met het bloed suizend in mijn oren en de adrenaline tot in mijn tenen stond ik aan de kant van de weg. Het was een vrij modderige berm en het kostte even moeite om eruit te komen. Ik zag ook dat ik net voor een greppel was gestopt. Nou, dat was boffen geweest.

Behoedzaam verder rijdend keek ik naar de weg. Hij was anderhalve auto breed. En op veel plekken één en een kwart.

Ik herinnerde me levendig de dag dat ik op de lagere school mijn theoretisch verkeersexamen deed. We hadden eerst een stukje moeten fietsen en daarna was er een multiplechoicetest. Er waren series foto's: 'Hoe kun je zien dat dit een eenrichtingsstraat is?' Ja, hoe kon je dat zien? Dat vond ik inderdaad een heel boeiende vraag.

Mijn broer en ik speelden eindeloos piraat en indiaan en zochten naar sporen in het park: voetsporen, afgebroken takjes, omgewoelde aarde, het gaf ons allemaal informatie. Diepe sporen betekenden dat iemand de buit nog droeg en als ze opeens ondieper werden dan hadden ze de buit verstopt. Dat was dus de plek waar je moest gaan graven. Dat soort dingen, daar hield ik me mee bezig toen ik tien was.

Nu zat ik naar de foto van een straat te staren en zocht naar hints: zag je sporen? Nee, het was asfalt. Was er mos op de zijkant van de bomen zodat je kon zien waar de wind vandaan kwam? Aangenomen dat iedereen maar in één richting door de straat wilde rijden omdat het een erg stormig gebied was, en mensen graag met de wind mee wilden rijden. Er waren geen bomen in de straat dus ik kon niet checken of ze aan één kant bemost waren.

Ik vond het eigenlijk wel een erg moeilijke vraag. Ik keek eens om me heen en zag dat mijn klasgenoten al met hun tweede blaadje bezig waren terwijl ik nog steeds op vraag één zat te staren.

Uiteindelijk stak ik mijn vinger op en vroeg fluisterend aan de meester: 'Maar meester, hóé zie je dan dat het een eenrichtingsstraat is? Op wat voor clous moet ik letten?'

Hij gaf me een blik. Ik wist niet wat ik ervan moest maken maar het was niet een blik van goedkeuring, dat zag ik wel. Hij keek even om zich heen, toen weer naar mij, en wees naar het midden van de foto. Daarna liep hij door.

Het bord. Ja, er stond een groot bord voor aan de straat. Ik kende dat bord wel, we hadden alle verkeersborden uit ons hoofd moeten leren. Ik was heel goed in dingen uit mijn hoofd leren. Maar ik voelde grote teleurstelling: was het zó simpel? Dan was er toch helemaal niets aan? Hoe verder ik vorderde met de vragen, hoe meer ik besefte dat ze allemaal op hetzelfde saaie principe gebaseerd waren: herken het bord. Of de strepen op de weg. Er kwamen geen vragen over voetsporen of afgebroken takjes.

Dat voorval was een reden om pas heel laat mijn rijbewijs te halen. Ik was er gewoon niet gerust op dat ik er wel de juiste hersens voor had. Tot mijn grote verbazing, en die van iedereen om mij heen, haalde ik alles in één keer, zelfs de theorie. Maar dat was voor rijden op Nederlandse wegen.

Terwijl ik met mijn ogen strak op het midden van de weg voor me verder reed, moest ik aan de uitspraak van Johan Cruijff denken: elk nadeel heb z'n voordeel. Ik kon maar beter mijn handicap ten goede gaan gebruiken, want anders stapte ik hier en nu uit en liet het erbij zitten voor wat het rijden in ruraal Schotland betrof. En dat was geen optie. Wat was mijn nadeel? Dat ik als een spoorzoeker autoreed in plaats van op bordjes te letten. Goed, dan ging ik spoorzoeken.

Ik speurde de berm af en zag her en der diepe voren in de aarde. Zwarte remsporen op het asfalt. Afgebroken takken. Er waren veel aanwijzingen dat meer mensen snel de berm in schoten. Op bepaalde plekken waren meer sporen dan op andere. Daar waren dus vaker tegenliggers, of het was misschien een hertenoversteekplaats. Ik zag een zwerm vogels opvliegen en inderdaad kwam er na een tijdje een tegenligger over de heuvel vlak voor me. Ik was al zachter gaan rijden. Dit was veelbelovend, ik kon hier dus echt een voordeel halen uit mijn nadeel. In de komende weken oefende ik zowel mijn blinde bochten als mijn padvinderskwaliteiten. Ik voelde nog steeds mijn hart in mijn keel schieten als iemand opeens vlak voor me opdoemde, maar ik was beter voorbereid. Scherven van autolampen of een omvergereden paaltje vertelden allemaal hun verhaal. Zodra ik op een heuvel kwam, rekte ik me uit zodat ik zo ver mogelijk zicht had. Soms zag ik een tegenligger mijlenver weg en dan was het een kwestie van berekenen in welke bocht ik hem ongeveer zou gaan ontmoeten.

Behalve andere voertuigen waren er dieren. De patrijzen hadden kamikazeneigingen. Ze stonden rustig langs de weg en sprongen zonder waarschuwing voor je wielen. Het was gebruik om als je er een aanreed, hem mee te nemen. 'Voor de soep, je kunt er lekkere soep van maken,' zei een buurman. 'Het vlees is nogal droog, daar is niet veel aan.'

Ik begreep de patrijzen wel, het enige wat het leven hun ging bieden was neergeschoten worden. Of je nu neergeschoten werd op een jachtpartij door heren in tweed of in de pan belandde bij een eenvoudige inlander, dat maakte niet veel uit. Nou ja, het eerste had natuurlijk meer cachet; een paar van de neergeschoten exemplaren werden in triomf naar het kasteel gedragen en kwamen daar op tafel. Op een zilveren schaal met heidetakjes eromheen. Maar misschien waren er patrijzen met socialistische neigingen, die liever op de tafel van het volk belandden en daar de hongerige kindertjes voedden. Zodra ze een goedkope auto zagen, wisten ze dat ze hun kans kregen.

Mijn kinderen moesten het helaas zonder patrijzensoep doen. Ik ging als een gek op mijn remmen staan of week uit naar de berm. Eén keer hoorde ik de holle klap van zo'n hoofdje tegen de bumper. Ik ging snel kijken, maar toen bleek dat hij echt dood was, legde ik hem tussen de struiken. Ik had niet genoeg honger.

Herten kwamen opeens uit het kreupelhout de weg op springen. Ik probeerde goed naar de kant van de weg kijken of ik iets zag bewegen tussen de bomen, wist waar en wanneer ze overstaken en reed gewoon niet te hard. In de lente was ik erop bedacht dat als een hinde overstak, er nog een kalfje achteraan kon komen springen. In de herfst waren de mannetjes bronstig en onvoorspelbaar, dus bewaarde ik grote afstand als er een op de weg liep.

Hazen zijn gelukkig heel snel, maar de babyhaasjes konden meters lang voor de auto uit blijven rennen, zigzaggend over de weg. Als ik stopte en mijn lichten uitdeed, hielp dat. Het kleine witte staartje hield stil en hobbelde naar de veilige struiken.

De uilen zaten op paaltjes en keken naar me met hun grote ogen. Ik reed langzaam langs, om ze goed te zien en voorbereid te zijn als ze in duikvlucht over de weg zouden scheren.

De arend die op drie meter voor me uit vloog kon ik veer voor veer bestuderen. Hij probeerde op te stijgen maar blijkbaar was de haas die hij in zijn klauwen had te zwaar. Met een schreeuw van ergernis liet hij hem vallen en wiekte omhoog. De haas was al dood en belandde vlak voor mijn wielen. Ik probeerde er niet overheen te rijden om de maaltijd van de roofvogel niet te bederven.

Langs mijn neus weg vroeg ik aan andere schiereilanders naar tips voor het autorijden op de smalle wegen. De vrouwen gaven eerlijk toe dat ze het doodeng vonden. Maar, ze haalden hun schouders op, het was nu eenmaal niet anders, je moest gewoon hopen geen toeristen of bestelbusjes tegen te komen in een blinde bocht. Niet rijden was geen optie. De mannen vertelden me stoer dat het een kwestie was van techniek, dicht in de bocht rijden, de weg goed kennen en bumperkleven bij toeristen tot ze je langs laten gaan.

'*And to listen to your gut feeling,*' zei Charlie serieus.

'*Your what?*'

'*Gut feeling.*' Hij zei dat als hij een onderbuikgevoel kreeg om langzaam te gaan rijden, hij dat ook deed. Negen van de tien keer kwam er iemand een hoek om razen die veel te hard reed.

'*And of course you have to take care when you meet the Purple Peril,*' vervolgde hij. We stonden rond een vuur in zijn tuin met wat andere mannen. De vrouwen zaten binnen nog aan tafel wijn te drinken en ik was even naar buiten gelopen en stond nu onder de sterrenhemel bij het grote vuur. De ander mannen gniffelden wat boven hun bierflesjes toen mijn buurman dat zei, dus ik nam aan dat hij me ertussen probeerde te nemen.

'Ja, dat zal wel.'

'Ik dacht dat hij niet meer paars was?' riep een van de mannen.

'Nee, je hebt gelijk. Die laatste crash heeft zijn Volvo niet overleefd.' Charlie nam vrolijk een slok.

'Hij heeft nu een grijze Renault,' riep Colin. Iedereen keek geïnteresseerd op. 'Een grijze? Het Grijze Gevaar.' Bedachtzaam namen ze nog een teug.

'Je moet echt uitkijken, hoor,' wendde Charlie zich ernstig tot me, 'en ook je kinderen waarschuwen voor Ronnie.'

'Wie is Ronnie?' vroeg ik, nog steeds niet zeker of ze me nu tuk hadden met z'n allen.

'Ronnie was vroeger een gamekeeper en hij woont nu in een van de cottages aan het einde van de weg. Zijn vrouw is overleden en sindsdien drinkt hij.'

'Hij dronk altijd al,' riep William. 'Ben jij nooit op een feestje bij Ronnie geweest?'

'Ja, maar nu drinkt hij ononderbroken,' zei Charlie. 'Maar het ergste is zijn staar,' vervolgde hij tegen mij. 'Hij ziet niet veel meer, dus als er een tegenligger komt, probeert hij te zien wat het is en dan rijdt hij op je in.'

Dat zei mijn rijleraar ook altijd: je hebt de neiging om te sturen naar het punt waar je naar kijkt. Hij zei niet dat je moest uitkijken voor mensen met staar. Hij nam waarschijnlijk aan dat je die niet kon tegenkomen in het Nederlandse verkeer.

'Gelukkig rijdt hij heel langzaam,' voegde Colin hieraan toe. 'Hij is een keer heel langzaam op mijn auto ingereden. Ik had niet eens een kras.'

'Heb ik ooit verteld van die keer dat ik de Purple Peril in het hek naast het veerooster vond?' vroeg William. 'Hij was toen alleen niet paars, het was die groene Ford, maar die was total loss daarna.'

'Nee, vertel!'

'Bedoel je bij de eerste uitloper van het bos?'

'Ja, dat stuk net daarvoor, na het tweede wildrooster. Nou, ik zag die groene auto in het hek staan, met zijn neus diep tussen de planken geboord. Ik ging snel kijken en toen ik de deur opendeed vond ik Ronnie. Hij sliep. Hij was heel vriendelijk toen ik hem wakker maakte, hij bood me een biertje aan.' Ze lachten en hieven hun flesjes op Ronnie.

Een paar weken later liep ik naar mijn werk toen er een auto kwam aanrijden op het midden van de weg. Een grijze. Ik liep verder en zag de bestuurder die naar mij tuurde, terwijl de auto langzaam in mijn richting begon te rijden. Nu wist ik zeker dat het de 'Grey Peril' was en ik ging dichter langs de stenen muur lopen. De auto reed nu bijna stapvoets maar kwam nog steeds dichterbij. Ik vroeg me af of ik snel over de lage stenen muur moest springen. In een vlaag van inspiratie zwaaide ik naar de man achter het stuur. Hij zwaaide terug, hij was nu zo dichtbij dat ik de lach die op zijn gezicht verscheen kon zien. Toen legde hij beide handen weer op het stuur en gaf gas. Hij kwam met een brede zwaai op koers, rakelings langs me heen, en reed verder. Mijn handen lagen op de muur, klam van het zweet, klaar om me omhoog te zwaaien, maar het was niet meer nodig, Ronnie was verder gereden.

De kleur van donker

Naast de mensen en hun uitvindingen was er nog het land. De ruige, lege kustregio waar we woonden. Die bracht weer andere uitdagingen. Echt, helemaal, inktzwart en pikdonker. Ik hief mijn hand voor mijn gezicht en ongelovig keek ik in de duisternis: ik kon haar niet zien. Ik kon geen hand voor ogen zien. Ongelovig maar ook met een klein huppeltje, nu had ik dat toch maar eens mooi gezien. Niet gezien dus. Het nachtzwarte donker.
Ik had geen zaklamp bij me. Ik was langer opgehouden door een klus op het kasteel dan ik gedacht had. De familie was vertrokken en samen met Abigail brachten we alles weer op orde. Mijn gezin was nog steeds in Nederland dus ik kon zo lang doorwerken als ik wilde. Het was acht uur 's avonds toen ik de zijdeur achter me dichttrok en in het najaar in Schotland is het dan al helemaal donker.
Met de stevige kasteelmuur naast me was het niet moeilijk om de eerste paar meter af te leggen. Bij de hoek gekomen voelde ik enige aarzeling om mijn hand van de stenen af te halen. Voor me was een zwart gat. En het geluid van de zee. Teruggaan? Dat vond ik een beetje flauw.
Ik zette een stap het gat in en voelde het grind onder mijn voeten. Natuurlijk, het was best simpel, ik hoefde alleen het grind de goede kant op te volgen. En de zee rechts te houden. Voetje voor voetje schuifelde ik verder. Toen mijn tenen gras raakten, wist ik dat ik te veel naar links was gelopen en stelde mijn koers bij. Het was zwaarbewolkt, daarom was er geen enkel lichtpuntje in de hemel te ontwaren. En ik zat net

niet op het goede stuk van de weg om het licht van een huis op het eiland te zien. De bomen en heuvels benamen het zicht.

Schuifelend bereikte ik de bocht van de oprijlaan. Ik wist dat het de bocht was omdat ik recht de struiken in liep. Nu liep ik langs het bos. Opeens was er een stuk nog intenser donker naast me. Dat kon natuurlijk niet, maar zo voelde het. In een oerplooi in mijn hersenstam roerde zich een primitieve Roodkapje-angst. Voor het donkere bos. Er waren geen wolven of beren op het schiereiland. Niet meer.

Ik was in dit donker dichter bij de wereld van mijn voorouders dan ik ooit was geweest. Ik voelde hoe weinig ontwikkeld mijn zintuigen waren. Jaloers dacht ik aan natuurvolken die altijd noord en zuid kunnen aanwijzen, of de nachtogen van de wilde katten en wolven, de lange sensitieve oren van de herten en vossen. Ik hoorde de zee, maar dat was nogal een hard geluid, en ook het geruis van de bomen kon ik onderscheiden, maar dat was het. Niet zoals een uil die op honderd meter afstand een muis onder de sneeuw kan horen lopen. Ik voelde hoe onbeholpen ik me een weg zocht met mijn voeten. Een stok was handig geweest maar het lokte me niet aan om nu op handen en voeten het bos in te gaan en door onzichtbare bladeren te graaien op zoek naar een stok. Daarvan zei mijn instinct dat het geen goed idee was.

Leuk wel, hoe mijn hoofd steeds nieuwe plannen maakte om dit ongemak te verhelpen. Dat hadden mijn voorouders natuurlijk ook gedaan, met dezelfde hersenen. Die hadden al snel doorgehad dat je beter een stok bij de hand kunt hebben. Toen ze vuur hadden leren beheersen, waren ze gaan peinzen over een manier om dat te kunnen vervoeren. Eerst met toortsen en daarna zou het nog even duren tot ze ijzer of iets anders niet-brandbaars konden bewerken en de lantaarn konden uitvinden. En dan nog wat langer tot ze een manier vonden om elektriciteit in een lantaarn te stoppen.

En dan nog langer tot ze zo gewend waren aan zaklampen met batterijen, met lantaarns verlichte snelwegen en oplichtende steden dat ze zich niet meer konden herinneren dat ze waren uitgevonden om het donker te verlichten, want er was geen donker meer over. Behalve op een of ander ver Schots schiereiland.

Het was een halfuur lopen en schuifelend was dat een stuk langer. Ik besefte na een tijdje natuurlijk wel dat ik beter terug had kunnen gaan om een zaklamp te zoeken, maar het leek nu zo'n eind om weer helemaal terug te gaan dat ik maar doorliep. De weg ging een stukje naar beneden, dus het zou nog een tijdje duren voor ik het licht van een huis zou zien. Ik slingerde als een dronkenman van de linkerkant van de oprijlaan naar de rechter, maar niemand die het zag.

Nu was ik omgeven door bos, het geruis van de boomkruinen was om me heen en het geluid van de zee was iets vager. Op dit stuk van de weg kwam ik vaak herten tegen als ik laat naar huis ging. Ik begon schietgebedjes te doen dat ik ze nu niet zou tegenkomen. Ik vroeg me af of ik bang was voor herten. Wie is er nu bang voor herten? Ze hebben grote dromerige ogen en zijn schuw.

Toen we net een paar weken in ons nieuwe huis woonden, kwam mijn jongste zoon naar beneden. Zijn ogen stonden wijd open.

'Mama, er staat iets heel groots onder mijn raam.'

Ik liep met hem naar boven. Er stond een hinde naast het huis te grazen, precies onder zijn raam. Van bovenaf gezien is het behoorlijk veel dier, een edelhert. We konden in het late licht de vacht zien glanzen en terwijl we in stille verwondering naar beneden stonden te kijken, hoorden we het geluid van het gras dat werd afgetrokken.

Nog een paar weken later kwamen de jongens van buiten een beetje haastig het huis in stommelen.

'Mama, zijn hier wolven?' Mijn oudste zoon vroeg het een

beetje aarzelend. 'We hoorden zo'n gek geluid.'

We gingen met z'n allen buiten staan en hoorden voor het eerst mannetjesherten die roepen, of burlen zoals het officieel heet. Diep en laag stootten ze een lang, hees gesteun uit, of gebrul, of geburl. Je hoort vooral dat het iets heel groots is dat het geluid maakt. Het komt diep vanuit de borstkas van een groot beest.

Waar ik de hele avond van had gehoopt dat het niet zou gebeuren, gebeurde. Ik was halverwege de oprijlaan toen ik een hert hoorde burlen. Een bok die riep dat hij bij zijn roedel was en daar heer en meester was. Nou, ik betwistte hem niets en liep rustig de andere kant op. Jammer genoeg heel rustig, ik had er liever even flink de pas in gezet. Het geluid kwam gelukkig vanachter mij, een meter of tweehonderd? Ver genoeg in ieder geval en ik liep met de wind mee. Hè, wat een kennis had ik toch nog paraat. Ik had een dier herkend aan zijn roep, ik kon ongeveer de afstand schatten die ons scheidde en ik wist van de geur en de windrichting. Ik liet me zelfs niet ontmoedigen toen ik tegen een rotsblok aanliep en mijn schenen openhaalde, want toen wist ik dat ik bij de laatste bocht voor het poorthuis was.

Er burlde een hert voor me. Niet zo ver weg. Honderd meter? Het hert achter me antwoordde meteen. Voorzichtiger lopen dan ik al liep, kon ik niet, maar ik was graag met mijn buik over de grond gaan kruipen, net als mijn katten deden als ze op hun hoede waren.

Het achterste hert bulkte weer zijn lange uitgerekte uitdaging en het hert voor mij antwoordde. Als ik die nou tegenkwam, zou hij dan ruiken dat ik een hinde was? Of zou hij rechtstreeks op me in rennen omdat hij helemaal opging in zijn testosteron? Of zou zijn roedel toevallig over me heen galopperen omdat ze ruimte wilden maken voor het gevecht?

Waarom zagen dit soort dingen er bij David Attenborough altijd zo leuk uit? Hij in een kaki pantalon en gestreken overhemd, gezeten op een comfortabele boomstam, prettig uitkijkend over een fantastisch natuurfenomeen, en de dieren in volle glorie hun ding doend. Niet onhandig instormend op een toevallige voorbijganger. Het licht ging uit en ik was teruggebracht tot een diersoort zonder klauwen, snelheid of steelsheid. Meter voor meter stommelde ik door het bos en kwam steeds dichter bij het geluid van het hert vóór me. Waarom ik me net nu moest herinneren dat ik in de krant had gelezen dat een mannetjeshert een wandelaar in een natuurpark even verderop had gespiest, wist ik niet. Het was een transseksueel geweest. Dat was ik niet, maar ik wist niet of dat uitmaakte in het donker. Ik kon natuurlijk stil gaan zitten en hopen dat de heren er niet drie uur over deden om elkaar te gaan aanvallen. Maar ze leken ruim de tijd te nemen voor hun ouverture. Ik zweette, ik schaamde me dat ik zo'n bangerd was, ik was moe en wilde thuis zijn. En het dier áchter me kwam ook deze kant op...

'De pahaden op, de lahanen in, vooruit met flinke pas!'

Mijn stem klonk idioot luid in de stilte. En bibberig. Ik hoopte maar dat het zo idioot klonk dat de herten zouden besluiten er met een wijde boog omheen te gaan. Alles was beter dan in die donkere stilte recht tegen een bulkend mannetjeshert op te lopen.

'Met frisse moed en blijde zin, jaha, we beginnen pas.'

Ik had de tekst nooit geweten van dat tweede stukje. Mijn tante had het eens gezongen op een lange warme wandeling en ik had meteen een hekel gehad aan de vermanend montere tekst met het flinke marstempo. Hier in het bos kreeg het een heel ander karakter. Meer iets van Monty Python. Ik hoorde geen geburl. Ik zou zelf ook met stomheid geslagen zijn als ik voor het eerst zoiets afschuwelijks door mijn bos hoorde galmen.

'En wij, wij worden nimmer moe, al wand'len we urenlang', en met de moed der wanhoop schetterde ik erachteraan: 'Tereteketet tjing boem, tereteketet.'

Het was duidelijk dat de Nederlander die dit lied had verzonnen al heel ver en breed van zijn voorvaderen was afgedwaald. Dat hij niet meer door het donker in het bos liep, in diep ontzag voor de grote natuur die hem omringde. Deel van een mythisch geheel. Ver ook van de Schotse barden die liederen hebben nagelaten die één zijn met de poëzie van het land. Die meegolven met de heuvels, vervloeien met het geluid van de zee en het gemurmel van de beken. Een snaar aanroeren van het leven met de andere wezens, de geheimzinnige dassen, de wilde otters en majesteitelijke adelaars.

Nee, 'De paden op, de lanen in' leek me typisch iets wat in een goed verlichte kamer was bedacht, in zo'n proper Hollands huis waar alles op zijn plek staat. Achter een stevige dijk in een platte polder. Met Delfts blauwe tegeltjes aan de muur waarop kinderen in helderwit achter hun hoepel aanrennen en molens nijver doordraaien. Waar het landschap keurig aangeharkt is en dieren in de wei staan te doen waar ze voor aangenomen zijn.

Maar ja, je moet roeien met de riemen die je hebt en ik had nu eenmaal alleen mijn Hollandse riemen om me door de Schotse wildernis heen te werken.

'Tereteketet tjing boem, tereteketet, al wand'len we urenlang!'

Ik was bij het poortgebouw. Ik hijgde een beetje en duwde het zware ijzeren hek open. Beschaamd omdat ik zo blij was

het stevig achter me dicht te kunnen trekken. Het was doodstil in het bos achter me. Ik liep tastend het laatste stukje over de geasfalteerde weg naar huis.
De wilde natuur achter me latend. Wild en donker.

DEEL 3

Personal projects

Plasterboard is the answer, whatever the question is

Het was een totale bouwval, maar ik was naïef. Ik had nog nooit een huis opgeknapt, want ik had altijd gehuurd en de verbouwingen van vrienden zagen er altijd genadeloos uit. Vloeren die gaapten en lege ruimtes waar buizen uit staken. De volgende foto was dan van de vrolijk glimlachende aannemer met zijn duim omhoog die de laatste tegel op de muur plakte. En ik zat de foto's te bekijken op een comfortabele bank in een kamer die alleen maar volmaakt genoemd kon worden. Nee, verbouwingen leken me niet makkelijk, maar het liep altijd goed af.

Ik keek dus met vrolijke interesse om me heen toen ik met de kasteelvrouw weer door de appartementen liep waar we een paar maanden eerder waren geweest. De verbouwing in het kasteel was klaar, het zomerseizoen was over en haar interesse verlegde zich nu naar de bijgebouwen. Ze was een paar dagen overgekomen en voordat ze weer vertrok, wilde ze kennelijk wat spijkers met koppen slaan zodat er kon worden aangepakt.

Het appartement waar we doorheen liepen was een vleugel van het stallencomplex waar vroeger het leger staljongens en paardenverzorgers verbleef. Dat moest een tijd geleden zijn geweest, want de meeste plafonds gaven vrij zicht op de dakbalken erboven, de ramen waren gebarsten en de vloeren lagen bezaaid met puin.

'*And here a freestanding bath,*' zei de kasteelvrouw en liep een kamer in. Ik volgde haar en bleef toen midden in de kamer staan.

'*How beautiful,*' zei ik.

'*Yes, isn't it?*' zei ze blij.

Het hele appartement was om je vingers bij af te likken mooi geweest, maar hier werd het echt prachtig. Hoe konden mensen vroeger zo achteloos geweldig bouwen? In veel opzichten vond ik het nog mooier dan het kasteel. Het was in één adem gemaakt en was simpel en speels tegelijk. De vierkante binnenplaats bestraat met kinderkopjes omzoomd door stenen gebouwen met vierkante ramen. Simpel. De eigenwijze dakkapellen en torentjes met smeedijzeren krullen. Speels. De houten voordeur van brede planken met een gietijzeren slot en deurknop. Robuust. De zitkamer met een brede haard waarvan de achterkant was ingevuld met bakstenen en een enorme betonnen balk de schouw vormde. Niet subtiel, wel karaktervol. In de hoek van de ruimte stond nonchalant een gietijzeren bad op pootjes met stukken afgedankt hout erin.

'En daar een keuken,' had de kasteelvrouw gezegd, wijzend naar een hoek van de kamer waar een vuilig gat naar een soort kast voerde. 'Dan breken we het muurtje naar de ruimte onder de trap door om de koelkast kwijt te kunnen.'

Zoals ik al zei, ik had geen ervaring met verbouwen maar het voelde wel vrolijk: je bedenkt wat, je wijst wat in het rond en je hebt de fondsen om een heleboel bouwvakkers je visie uit te laten voeren.

Enthousiast beklom de kasteelvrouw de houten trap die met een ronding naar de eerste verdieping voerde. Daar zaten we meteen onder het dak en je moest constant bedacht zijn op hoeken en schuine daken die naar binnen staken. Voorzichtig, om ons hoofd niet te stoten of over het puin te struikelen dat op de grond verspreid lag, liepen we door de kamers boven. Er waren er vijf. Drie kamers leken gebruikt te zijn als slaapkamers. Alle muren hadden tot halverwege de hoogte houten betimmering. Alle vensters hadden ouderwetse schuiframen. De vloeren waren van hout. De houten trapleuning had een kunstige boog. In een klein hok stond een diepe wasbak op twee keramische zuiltjes. En in een van de twee lege kamers leidde de kasteelvrouw me nu binnen met de mededeling dat ze hier een bad voor zich zag.

Als je bukte, kon je door het boograam kijken en had je vrij zicht over het veld, waar in een helder februarizonnetje de hooglanderstier stond te grazen met twee koeien. Verderop waren de kliffen en de zee te zien en nog een glimp van de torens van het kasteel.

Ik stapte van balk naar balk omdat de vloer hier gedeeltelijk weg was. In deze ene kamer waren de schuine daken symmetrisch om het middenvenster gevouwen. Dat maakte dat het niet alleen de charme had van de rest van het huis met onverwachte hoeken en brede deuren die naar slaapkamers voerden, maar dat het ook echt heel mooi was. Een lijst om het schilderij van het uitzicht over de adembenemende scène buiten.

'Het zal wel even wat werk geven, maar volgens mij valt het al met al best mee,' zei de kasteelvrouw vol vertrouwen.

Na dit genoeglijke uitje met de kasteelvrouw was de ronde die ik deed met de factor een heel andere ervaring. Ten eerste regende het. Regen in februari in Schotland is verre van genoeglijk. Het is koud en nat en dat blijft het dan ook meestal langdurig. In een oud gebouw als dit begint het dan ook meteen op te vallen dat er achterstallig onderhoud is. Troosteloos stroomde het water langs de muren.

Ian had een beetje geknikt toen ik hem vertelde over de haard die mevrouw weer in ere wilde herstellen en de keuken die moest komen in het zijkamertje zo klein als een inloopkast. Zonder commentaar had hij zich de trap op laten

voeren die kaal moest blijven omdat hij zo karaktervol was uitgesleten.
 'Mevrouw zei dat het kwam omdat vroeger een van de paardenverzorgers zijn pony mee naar boven nam. Is dat echt waar, denk je?'
 'Het zou me niet verbazen,' zei Ian, gelaten naar de gehavende trap kijkend.
 'En hier drie slaapkamers,' zei ik tegen het ondoorgrondelijke masker van de factor. 'En in deze kamer een badkamer met een bad.'
 Ian keek omhoog tussen de balken door en volgde het spoor van zwarte schimmel langs de muren. Toen we even later weer buiten stonden, zochten zijn ogen de gevel af en bleven rusten op het torentje boven de kamer waar we zojuist hadden gestaan. Hij knikte. 'De windvaan is eraf gewaaid. Daarom heeft het jarenlang ingeregend. Het hele dak zal daar verrot zijn.'
 'O,' zei ik onder de indruk.

De volgende excursie naar het appartement was gepland door Ian met alle werkmannen die zouden worden ingezet bij de verbouwing. Ik mocht weer mee, maar eigenlijk wist niemand waarom ik erbij was. Ikzelf evenmin. De factor had het project nu ter hand genomen. Hij was blij dat het mevrouw plezier deed om er met haar PA over te babbelen, maar nu begon het echte werk. Tijdens de afwerking zou ik weer op het toneel verschijnen om de kleur van de gordijnen en de aanschaf van bedden en beddengoed te regelen. Maar ik had gevraagd of ik vandaag mee mocht om het vervolg van onze besprekingen te zien en Ian had geen bezwaar.
 'Hier een haard,' wees hij Callum, de schoorsteenveger en metselaar. 'Kijk maar wat er achter die stenen zit en haal de schouw weg.'
 Callum knikte. Ik keek verbaasd op, de kasteelvrouw wilde de haard toch juist houden zoals hij was, in zijn boude func-

tionaliteit? Ik hield bescheiden mijn mond en we vervolgden onze tocht naar boven. Daar ontmoetten we Finlay, de timmerman en mijn buurman, in een van de slaapkamers.

'We kunnen er gipsplaat voor doen,' zei Finlay, wijzend op een inbouwkast. 'En hier, waar die oude pijp door de muur heen steekt, kunnen we een omkasting van gipsplaat maken, dan zie je er niets meer van.' Ian knikte.

'En wat doen we met deze haard?' Ian knikte in de richting van een kleine houten schouw.

'We kunnen de schouw weghalen en het gat afdekken met gipsplaat,' zei Finlay. 'Of we laten de schouw zitten en dekken de haard zelf af met gipsplaat.'

'De muren zijn niet erg glad,' merkte Ian op.

'Ik heb ze al opgemeten,' zei Finlay ijverig. 'Als we ze bedekken met gipsplaat dan steekt het net een beetje uit over de houten betimmering. Misschien kunnen we die beter weghalen. Het zit in alle kamers en gangen en het meeste is oud en verrot.' Hij brak een stuk af en gooide het in een hoek. Ik volgde met mijn ogen het interieurdetail dat her ladyship 'charming' had genoemd. 'Dan kunnen we van boven tot onder gipsplaat doen, dat wordt veel netter.'

De factor knikte en we liepen door naar de zwart uitgeslagen kamers die de badkamer en wc moesten worden.

'Hi Duncan,' zei Ian. Duncan lag op de grond onder de vloerbalken te kijken. Hij stond op toen we binnenkwamen.

'De paar balken die ik kan zien zijn verrot, maar ik weet niet of het door en door is,' zei hij vrolijk. Duncan was altijd vrolijk.

'Goed,' zei Ian, 'hier komt de douche', hij wees achter de deur, 'daar het toilet en daar de wasbak.' Duncan nam zijn rolmaat en mat de afstanden op, hij knikte: 'Dan kan de afvoer daar,' wees hij. Finlay keek naar de achterste hoek van de badkamer: 'Die loze ruimte kunnen we afdekken met gipsplaat,' zei hij.

'Zitten daar geen buizen waar we later nog bij moeten

kunnen?' vroeg Ian. Ze liepen met zijn drieën de hoek in, hun weg zoekend tussen de gebroken planken.

Ik staarde naar de ruimte en stelde het me voor: alle eigenwijze hoeken weggeborgen achter gipsplaat, de functionele douche achter de deur naast de wc en de wastafel, allemaal op een rijtje. En overal gipsplaat. Het was net of je naar de Venus van Milo staat te kijken en men stelt voor om haar een jurk aan te doen zodat je de krassen op het marmer niet meer ziet. En dan ook nog een jurk met lange mouwen zodat het niet opvalt dat haar armen zijn afgebroken.

'Dat boograam is heel onhandig,' zei Finlay, 'kijk, de hele sponning is verrot en de opening is conisch, dat is onmogelijk om weer goed te pleisteren.'

'We gaan alle ramen vervangen door kunststof kozijnen,' zei Ian.

Mijn maag begon zich om te keren. Ja, je kunt ook gewoon een stukje van Venus' hoofd afhakken, dan gaat haar jurk makkelijker aan.

'En hier een tl-buis,' wees Ian, 'voor boven de wastafel.'

'Mevrouw wil een bad,' zei ik.

Er viel een stilte. De mannen draaiden zich om en keken me aan. Ik had iets gezegd, dat was onverwacht, maar niet ongehoord.

Ian zei geduldig: 'Er past geen bad in deze ruimte.'

'Maar ze wil echt graag een vrijstaand bad in deze badkamer,' hield ik vol.

'Daar moet ze zich dan overheen zetten,' zei Ian. Hij hoorde zelf dat het geen recht deed aan de autoriteit van de kasteelvrouw.

'We zitten aan een budget vast,' legde hij uit. 'Vrijstaande baden zijn heel duur en er past geen bad in deze badkamer.'

Ik mat de hoek met mijn ogen. 'Beneden staat een bad in de zitkamer. Er ligt puin in maar we kunnen kijken of het gerestaureerd kan worden, net als de baden in het kasteel. Ik kan de ex-kasteeleigenaar bellen of hij zin heeft in nog een klus.'

Ian bleef geduldig en ook Finlay en Duncan stonden goedmoedig te wachten tot ik klaar was met mijn intermezzo.

'Ja, maar dan hebben we geen plaats meer voor de wc.'

'Die kan toch in die hoek?'

Ian deed zijn mond open en sloot hem toen weer. De andere twee mannen wendden hun gezicht af en grinnikten.

'Waarom niet?' vroeg ik koppig.

'Het is een beetje laag daar,' zei Ian. Nog steeds begreep ik niet waarom de stemming opeens gniffelig was.

'Er is genoeg plek om te zitten,' zei ik.

'Maar niet om te staan,' zei Ian en nu begonnen Finlay en Duncan hardop te lachen.

'O ja,' zei ik, hun kant van de zaak inziend, en lachte mee.

'Waarom zetten we het bad dan niet voor het raam?'

Ians ogen gingen wat wijder open. Finlay en Duncan stopten met lachen en keken verontrust. Een ligbad voor een raam? Venus van Milo kwam ongegeneerd en zonder jurk naast me staan. De mannen begonnen zich zichtbaar af te vragen wat dat nu betekende: persoonlijke assistente van de kasteelvrouw. Moest die niet gewoon in het kasteel zitten brieven typen of zo in plaats van zich met bouwprojecten bezig te houden en oneerbare voorstellen te doen?

Misschien wel, maar ik was hier nu eenmaal en ik wist heel, heel zeker dat wat hier vandaag werd gepland niet de makeover was die de kasteelvrouw voor zich had gezien. En nijpender nog, dat het dit grappige gebouwtje geen recht zou doen.

Ian aarzelde. Er was een deadline en een budget en vandaag was de dag dat hij iedereen instrueerde en al het werk plande. En nu opeens dit gepraat over een bad. Ik zag dat hij geneigd was het gewoon te negeren, maar er was een kleine twijfel geboren dat de kasteelvrouw teleurgesteld zou zijn als het bad er niet kwam. Hóé erg teleurgesteld, was nu de vraag. En zou de tevredenheid dat het budget niet was overschreden ertegen opwegen? We zaten midden in het limbo tussen de opdracht en de verwachting.

'We komen er later nog op terug,' zei hij tegen de mannen. We keken in het hok naast de badkamer. 'Misschien een extra toilet hier, en die wasbak moet eruit.'

'Mevrouw wil die wasbak graag in de keuken.'

De mannen keken even stug voor zich uit. Ze deed het weer.

'Goed,' zei Ian na een kleine pauze. 'Meet die wasbak op en koop een kleinere om erin te doen.' Duncan stapte bereidwillig naar voren en mat de wasbak op. 'Dan houden we hem hierboven als wasbak naast de wc.' Ik keek uit het veld geslagen naar de wasbak waar een wasbak in zou komen. De wil om de wensen van mevrouw op te volgen was er. Maar ik dacht niet dat het compromis haar zou kunnen charmeren. Een dubbele wasbak op een plek waar ze hem niet wilde. Maar ik hield me nu toch maar even gedeisd.

Weer beneden ontmoetten we de elektriciens die in de zitkamer naar de bedrading stonden te kijken. Die hing los langs de muur en verdween in ouderwetse schakelaars waar je niet verwachtte levend van weg te wandelen als je ze aanraakte.

'Zo John, je ziet, er is hier wat werk voor je te doen,' zei Ian.

'Dat kun je wel zeggen, Ian.' De mannen werkten al jaren samen.

'Dit wordt de keuken, daar moet een tl-buis,' zei Ian.

'Mediumformaat, zou ik zeggen.' John, Johns assistent en Ian knikten.

'En in de zitkamer, wat denk je, ook een tl-buis of spotjes?'

'Mevrouw wil geen tl-buis in de keuken.'

Weer drie mannen die zich verbaasd naar me omdraaiden. Het werd voorspelbaar.

'Waarom niet?' vroeg John.
'Ik denk niet dat ze dat voor zich zag in deze keuken.' Ik vond het moeilijk om te zeggen dat er mensen waren die tl-buizen foeilelijk vonden, tegen de drie tegenover me die er helemaal niks mis in zagen.
'In een keuken wil je goed licht hebben,' zei John, mild instructief. Bruce wees lachend naar de vettige tl-buizen die er al hingen: 'We hangen natuurlijk wel wat modernere op!'
Ik kon me voorstellen dat de factor me nu beleefd zou verzoeken om op te hoepelen, maar dat deed hij niet. Hij schreef bedachtzaam iets op in zijn boekje. Ik nam me voor om niets meer te zeggen de rest van de ochtend. En dat deed ik ook niet. Zelfs niet toen Ian in het trappenhuis zei: 'Hier een paar spotjes.' Hij keek even opzij. Maar ik hield mijn mond. Ik zei niet dat mevrouw me had verteld dat ze daar een kroonluchter wilde.

Eikenhout

'All this fucking, fucking shit you can do yourself!'
Callums Engelse sleutel, die hij met kracht van zich af had geslingerd, landde ratelend in een hoek. Ik keek ernaar. Het stuk gereedschap was niet mijn richting op gemikt maar de woorden wel. De jonge gezel die hij bij zich had, stond zwijgend naast de steiger.
'Just don't ask me anymore to do your jobs.' Ik zag dat Callum nog een tandje hoger ging. Hij was een lange, breedgeschouderde man die met steen en hout werkte. In het appartement had hij verrotte balken weggehaald, een nieuw plafond gemaakt en een stenen buitenmuur teruggemetseld, in oude stijl met de grote ongelijke stenen die ooit uit de steengroeve waren gehaald. Nu was hij bezig aan de haard.
Terwijl ik hem in de gaten hield om te kijken of zijn woede hem in zou geven met de voorhamer te gaan smijten die

naast hem tegen de muur stond geleund, probeerde ik razendsnel te bedenken wat er gebeurd kon zijn. Vorige week hadden we het over een schouw gehad en hij was aan komen lopen met de balk die hij uit het dak had gehaald. 'Driehonderd jaar oud,' zei hij, met zijn hand over de ruige buitenkant strijkend. 'En als je de rot eraf haalt, kom je aan mooi, solide hout.' Hij knikte naar de lege haard: 'Dat zou een mooie schouw kunnen worden.' Hij had de drie meter lange eiken balk zonder zichtbare inspanning naar binnen gedragen en hield hem een beetje van zich af om er beter naar te kunnen kijken. 'Een prachtig stuk hout, hier van het landgoed.'

Ik dacht dat de kasteelvrouw het geweldig zou vinden.

'Wat een goed idee, Callum! Laat de balk even hier, dan maak ik er een foto van en ga met mevrouw overleggen. Ben je er morgen? Dan kunnen we er verder over praten.'

De foto's van het verweerde stuk hout hadden de kasteelvrouw bereikt en per ommegaande het bericht opgeleverd: *'Fab! Yes please.'* En ik had Callum groen licht gegeven om uit de balk een schoorsteenmantel te maken. Toen ik een paar dagen later uit mijn auto stapte, stond hij op zijn steiger, maar zodra hij mij zag, kwam hij naar beneden. Hij riep wat naar de gezel, die omhoogklom om over te nemen wat hij aan het doen was, en kwam me tegemoet lopen: '*Hi Josephine, want to have a look at the mantelpiece?*' Hij verdween in een van de deuren die uitkwam op de binnenplaats en kwam even later terug met de balk. Bij de deur van het appartement stopte hij – *after you* – en volgde me de zitkamer in. Aan weerszijden van de haard stonden twee betonnen zijstukken. Zorgvuldig hief hij de balk en liet die langzaam zakken tot hij erop lag. Met zijn brede handen voelde hij even of het stevig was en deed toen een stap achteruit.

'En?'

Ik keek naar zijn gezicht. Het stond bijna teder. Hij was een lange man, een beetje kromgebogen, met brede, dikke vingers. Zijn ogen, die op de balk gericht waren, hadden een warme glans en zijn mond een goedkeurende glimlach. Of hij naar een kind keek dat zijn eerste stapjes deed. Ik kwam erachter dat Callum heel mooi was. Toen keek ik ook naar de balk. Alle rot was eraf, maar eerlijk gezegd ook al het karakter. Het was precies recht afgezaagd. Het was een keurig vierkant stuk hout geworden. Zoiets wat je bij de Gamma koopt.

'*As good as it was three hundred years ago,*' zei Callum. Zijn stem klonk zacht. Met ontzag voor de kracht van een goed stuk hout. '*Oak,*' zei hij simpel. '*Strong wood and well treated.*'

Ik maakte een foto en probeerde zo enthousiast mogelijk te doen, maar het was niet wat ik voor me had gezien. Het was recht en vierkant en leek een nieuw stuk hout.

Als je iemand vraagt iets te maken, iets wat niet standaard is, kom je al snel uit op het grote verschil in smaak. Dat had de kasteelvrouw al jaren. Ze vertelde me een keer dat ze een douche had laten maken in een inloopkast in het kasteel. Het was voordat Ian haar factor werd. Blijkbaar had de vorige factor niet zo'n studie gemaakt van aannames en verwachtingen.

'*I explained what I wanted: plain and simple, straight lines and robust tiles,*' zei ze nadenkend. 'En toen ik terugkwam liet de loodgieter me een soort ruimteschip zien met ronde wanden met in plaats van een douche een rij knoppen en hendels voor experimentele waterwerken. Hij dacht dat ik er heel blij mee zou zijn. "Het is het nieuwste van het nieuwste," verzekerde hij me.' De kasteelvrouw zuchtte. '*It was all there, fitted and finished. So, what could I say? "Thank you very much." Well, I seldom have a shower,*' voegde ze er filosofisch aan toe, '*I am a bath girl, so I do not have to look at it often.*'

Na deze anekdote dacht ik te begrijpen waarom de kasteelvrouw het leuk vond om mij bij het appartementenproject te betrekken. Het rondje met de factor en de werkmannen was verhelderend geweest. Al haar interieurideeën waren gesneuveld onder een 'Dat kan niet'. Haar beeld van een keuken met open planken in plaats van kastjes wuifde Ian weg: 'Nee, we nemen zoiets als wat jij hebt in jouw huis,' legde hij uit omdat hij dacht dat ik niet begreep wat hij had beschreven in het Engels.

'Ja,' zei ik ongelukkig, want we praatten niet een andere taal maar een andere stijl.

'Vind je jouw keuken niet mooi?'

Door hoe hij het vroeg, kreeg ik het vermoeden dat hij hem er zelf in had laten zetten. Of dat hij er zelf zo een had thuis. Wat kon ik zeggen? 'Nee, ik houd er helemaal niet van, het is de lelijkste keuken die ik ooit heb gezien'?

'Hij is heel functioneel,' zei ik laf, 'maar ik kan me voorstellen dat in deze kleine keuken al die kastjes wat oppressief zijn. Een paar mooie planken kan best goed werken.'

We keken elkaar aan over de afgrond.

'We moeten te weten zien te komen of dat is wat mevrouw wil,' zei Ian.

Thuisgekomen ging ik aan mijn bureau zitten. Het gat tussen de opdracht en de verwachting werd door Ian en mij voor het eerst compleet anders ingevuld. En dan kwam daar nog een interpretatie van de werkmannen bovenop. En hoe zeker wist ik eigenlijk of ik precies hetzelfde voor me zag als mevrouw? Tot in alle details?

Ik nam papier en een potlood en begon te schetsen, mijn aanname van haar aanname. De badkamer met het bad, de zitkamer met de bank van tweed, de keuken met een paar strakke hanglampen. Eenmaal bezig was ik totaal geabsorbeerd door het plezier van papier, inkt en kleurtjes, maar toen ik klaar was, had ik toch een paar impressies die ik kon laten zien. Die scande ik en ik stuurde ze op naar her ladyship. Net als bij de foto van de balk reageerde ze weer direct, wat nogal ongewoon was, met een mailtje: '*Great, love it! Costing?*'

Dat leek erop te wijzen dat ze wilde dat ik ermee naar de factor moest gaan om het te laten uitrekenen, want hoe wist ik nu wat dat kostte? Dus de volgende keer dat ik Ian zag, liet ik hem de tekeningen zien. Een beetje gegeneerd. Het was meer een check geweest en niet iets om in een serieuze vergadering aan te bieden. We hadden rekeningen en lijsten uitgewisseld en hij dacht dat we klaar waren toen ik uit mijn map de paar A4'tjes haalde.

De factor was veel te beleefd om verbazing te laten blijken maar leek enigszins uit het veld geslagen door de fleurige plaatjes met krullerige kroonluchters in het trappenhuis en keukens met open planken en rijen pannetjes die aan een spijker aan de muur hingen. Ik legde hem uit dat ik bang was dat we niet allemaal op één lijn zaten en daarom had uitgetekend wat ík dacht dat mevrouw wilde. Een moodboard, gewoon om de neuzen dezelfde kant op te krijgen.

'En dit is wat zij voor zich ziet?' vroeg hij, naar de krabbels kijkend.

'Eh, ja.'

Hij stelde nog een paar vragen over de precieze soort van bevestiging die ik van haar had gekregen. Ik liet hem het mailtje zien met '*Great, love it! Costing?*' Ian keek er een tijdje zwijgend naar, nam toen een tekening tussen duim en wijsvinger en bestudeerde hem geconcentreerd.

'Mag ik dit even kopiëren?'

Hier ging het mis. Een paar hectische maanden later bleek dat hij de tekeningen aan de werkmannen had laten zien als bouwtekeningen. Ik protesteerde postuum: 'Maar Ian, het was bedoeld als moodboard!', waarop hij me aankeek en vroeg: 'En wat is dat?'

Het was nog veel misser gegaan aan de andere zijde. Bij de inspectie aan het eind zei de kasteelvrouw: 'Waarom hangt er geen elektriciteitsdraad tussen de hanglampen?'

Ik staarde naar de hanglampen in de zitkamer en herinnerde me toen dat ik een paar hanglampen met daartussen inderdaad een draad had getekend. Dat tekende lekker, zo'n speels lijntje tussen twee lampen. Daaruit en uit volgende opmerkingen maakte ik op dat ze had verwacht dat alles tot op het laatste detail van mijn verkennende tekeningen zou zijn uitgevoerd. Die aanname had ik dus niet helemaal goed ingevuld. Het was al een sisyfusarbeid geweest om de elektricien überhaupt warm te krijgen voor iets anders dan tl-buizen. En ik had persoonlijk alle 100 watt-peertjes vervangen door lampen van een iets minder functionele sterkte. Er was een moment dat ik nog even een lans probeerde te breken voor een iets luchtiger ophangsysteem, maar dat was op de dag dat ik hem ook moest melden dat er een kroonluchter in de hal moest komen waar hij zojuist op verzoek van de factor een rail met spotjes had geïnstalleerd. Hij had alleen maar gesnoven. Ik moest toegeven dat het een gebrekkige timing was van mijn kant.

Maar goed, vanaf de dag dat ik mijn krabbels had laten zien, was ik betrokken bij de bouw en ging ik dagelijks kijken of wat er gedaan werd in de visie van de kasteelvrouw paste.

Met Callum besefte ik dat het moeilijk werd om over een rustieke schouw te praten. Je hebt rustiek en rustiek. We hadden al een klein probleem gehad in het begin.

De schouw had rode bakstenen en ik had daar een foto van gemaakt en naar de kasteelvrouw gestuurd, samen met een plaatje uit een interieurtijdschrift dat precies dát had: een haard met ruwe rode bakstenen en een robuuste houten schouw. Ik legde het Callum uit. De volgende keer dat ik in het appartement kwam, vond ik Callum naast de schouw met een pneumatische boormachine in zijn handen. De bakstenen lagen verbrijzeld op een hoop in de hoek en er was een groot gat waar de haard was geweest. De factor had hem opdracht gegeven om te kijken wat er achter de stenen verstopt zat. Hij vermoedde een oude boiler, maar dat bleek niet zo te zijn. Het enige wat er nu zat was een gat.

Callum had alle stenen weggebikt maar hij verzekerde me dat hij een adresje wist waar ze authentieke bakstenen hadden. Ik kon het niet over mijn hart verkrijgen om oude bakstenen uit een ander Schots kasteel te laten komen terwijl we ze hier net kapot hadden geslagen. Ik meldde de kasteelvrouw dus dat de leuke bakstenen in de haard niet doorgingen. Nu waren we terug bij de haard met een nieuw plan en was ik iets meer op mijn qui-vive.

'Ah, je wilt iets ruigers, ja,' knikte Callum toen ik zei dat de balk zo nieuw leek, 'ik kan met een bijl de randen kleine inkepingen geven.'

'Wat inventief,' zei ik. 'Kun je me misschien ook het stuk laten zien dat je eraf gezaagd hebt?' We liepen samen naar de schuur met de zagerij. Ik wist van het bestaan van een zagerij maar was er nooit geweest. Nu volgde ik Callum langs de buitenmuur tot we bij een lage deur kwamen. Hij hing uit zijn hengsels en Callum duwde hem voorzichtig met zijn schouders open. Mijn ogen moesten even wennen aan het donker en toen zag ik de lange werkbank die de hele lengte van de schuur in beslag nam. Er waren brede schuifdeuren tegenover de werkbank waar de grote bomen vroeger werden binnengedragen. Tot vijftig jaar geleden was al het hout waarmee op het landgoed werd gebouwd, in het eigen bos gekapt en hier verwerkt. De zagerij werd nu nog gebruikt, maar alleen door de boer, Shaun, en af en toe door Callum. Die wisten nog hoe je van een boom naar een kast komt.

Een gelijkmatig patroon van vierkante vlakjes licht scheen tussen de leisten van het dak door. Het gaf een warm licht over de stukken hout die op de werkbank verspreid lagen. Het staal van de grote ronde zaagschijf die met scherpe tanden uit de bank omhoogstak, lichtte blauw op in het halfdonker. Naast de zaag lag een balk.

'Dat is de slechtere kant,' wees Callum.
'O, maar dit is mooi!' zei ik ongewild iets te enthousiast.
'Het is verrot,' zei Callum, 'dat houdt het geen maand uit.' Ik voelde me een puber die naar de spijkerbroek met gaten grijpt terwijl er een degelijke broek naast ligt.
'En dit dan, wat is dit?' Even verderop op de werkbank lag een verweerd stuk hout met knoesten en randen. Ik kon me zo voorstellen dat het een mooie schouw zou worden.
'Dat? Dat is een stuk afval dat Shaun hier heeft laten liggen.' Callum boog zich er even over: 'Hij heeft waarschijnlijk het kernhout ergens voor gebruikt.' Hij keek over het knoestige geval naar mij en ik zag dat zijn kin naar voren ging. 'Wat wil de kasteelvrouw nou eigenlijk? Dit is niks, dit verkruimelt waar je bij staat. Ik dacht dat ze iets goeds wilde.' Hij deed een stap naar achteren. 'Als ze mijn schouw niet wil, dan niet. Ik heb nog genoeg andere dingen te doen.'

Ik verzekerde Callum dat ik blij was met zijn werk maar dat ik nog een beetje aan het zoeken was naar iets dat meer, nou, meer liet zien dat het oud was. We liepen terug naar het appartement. En de keurige balk. Callum probeerde het me nog een keer uit te leggen: '*Like iron it is, this wood is so strong.*'

Toen ik laat die middag terugkwam om de ramen op te meten voor de tweed rolgordijnen, was Callum al naar huis. Finlay kwam binnenlopen met het werkblad voor de keuken. Hij was ook erg tegen een keuken met planken in plaats van kastjes geweest maar hij leek zich erbij neergelegd te hebben. Nu gaf hij een knikje over zijn schouder naar de balk boven de haard. '*Callum has finished?*'

Ik had ondertussen precies het antwoord gekregen van de kasteelvrouw dat ik had verwacht: voorzichtig, niemand tegen het hoofd willen stoten, maar niet kunnen ontkennen dat het anders was dan wat ze in haar hoofd had gehad, wist ik ondertussen feilloos te destilleren uit: '*Perhaps we can discuss it when I come over in the summer.*'

'Nee, nog niet,' zei ik dus.
'Nogal strak geworden.'
Ik keek op en zag dat Finlay het begreep.
'Ja,' gaf ik toe, 'ik moet zeggen dat ik had gedacht dat het een wat organischer vorm zou hebben.'
Finlay was ook enthousiast over hout. Hij kwam uit een familie van bosbouwers en deed het timmermanswerk op het landgoed. Hij liep naar het blok toe.
'Ik heb nog een verweerd stuk beukenhout, dat zou hier passen. Als ik de boven- en onderkant recht afzaag, hou je een knoestig verweerde zijkant.'
'Misschien kan je het een keer meenemen en dan kijken we ernaar? Alleen wil ik Callum niet voor het hoofd stoten, die heeft hier zo hard aan gewerkt.'

Eindelijk ging me dus een lichtje op. Met één oog op de voorhamer en het andere op een ziedende Callum zei ik: 'Heb je Finlay gesproken?'
'*I don't talk to Finlay! That fucking miserable piece of shit who always thinks he knows best. He is a fucking...*' Ah, hij had dus met Finlay gesproken.
'Zei hij iets over de balk?'
'Als je denkt dat hij het beter kan, dan kan het mij niet schelen. *Call fucking Finlay for your fucking jobs.* Denk je dat ik wat geef om die klussen?'
De gezel deed een stapje achteruit.
Het kon Callum wel schelen, begreep ik. Het kon hem ontzettend veel schelen. Hij had twee maanden in de vrieskou gestaan om verrotte dakbalken te verwijderen, een stenen muur op te metselen en de laatste week had ik hem hardboard zien leggen op alle verhoogde vloeren. Om de tien centimeter een schroef. Tot het bloed langs zijn vingertoppen liep. En het schroeven zijn neus uit kwam. En nu mocht hij iets moois doen met een stuk hout. Iets waar hij zijn gevoel in kwijt kon. Zijn creativiteit. Want hij was een fucking

creatief iemand. Dat kon je zien aan de manier waarop hij het hout aanraakte.

'*You can stop shouting at me*,' zei ik met stemverheffing. Callum keek me woest aan en deed zijn mond open maar ik was hem voor: '*You don't shout at me.*' Met nadruk op ieder woord. De humor drong zich even aan me op dat ik met stemverheffing vroeg of hij niet zijn stem tegen me wilde verheffen. Maar het was niet het moment om mijn aandacht te laten verslappen. Ik keek gespannen naar de man die wijdbeens tegenover me stond en al begonnen was met gooien. Ik vervolgde op normaal volume maar met nadruk op ieder woord: 'Jij luistert nu naar mij: de kasteelvrouw heeft je een opdracht gegeven, ík heb je gezegd wat ik wilde en Finlay heeft zijn mond te houden. Finlay heeft hier niets over te zeggen. Ik heb hem wat gevraagd, maar ik heb hem niet gevraagd commentaar op jouw werk te leveren.'

'Dat was wel wat hij deed!' riep Callum. 'Hij kwam binnen en zei dat jij mijn werk niet hoefde en dat hij een schouw ging maken. Nou, en als dat zo is dan...' Daar waren we weer bij *fucking whatever*.

'Wie heeft het hier voor het zeggen?'

Callum zei niks.

'Finlay of de kasteelvrouw?'

Callum begon weer aan een reeks van zijn favoriete uitdrukkingen. Ook hier was hij creatief mee.

'Oké, dus dat is duidelijk. Jij krijgt je orders van de kasteelvrouw via mij en niet via Finlay.'

Callum pakte zijn voorhamer, maar meer om iets te doen te hebben, hij mompelde wat en zwaaide het ding luchtig heen en weer. Ik hield er een half oog op terwijl ik verder praatte: 'Duidelijk?'

'Ja, ja, het is wel oké.'

'Hand erop?'

Ik wist niet waarom ik dat zei. Misschien omdat Britten nooit handen geven, dus als je het doet, betekent het wat. Of omdat er zoveel fysieke spanning was geweest. Weet ik veel, ik vroeg het gewoon. Misschien omdat ik ruziën iets intiems vind. Dat je jezelf laat gaan, je laat kennen in je kwetsbaarheid, laat merken dat iets je echt wat doet. Dat is nogal wat. Zeker voor een vent met handen als voorhamers.

Hij keek me even vanonder zijn wenkbrauwen aan en stak toen zijn hand uit, maar hij snoof erbij om die onzin. De gezel was achter de steiger vandaan gekomen en begon met een schuine blik op zijn baas de gereedschapskist in te pakken. Ik neuzelde wat over het weer en de levering van de bedden. Om weer een beetje gewoon te doen. Toen ze weggingen, merkte ik dat mijn benen trilden. Ik keek naar de balk en deed een schietgebedje dat de kasteelvrouw hem zou goedkeuren.

Door de manier waarop Callum met het hout omging, begon ik me te interesseren voor de geschiedenis van bossen, hout en houtkap in Schotland. Ik keek naar de documentaire met Iain Stewart, *The Making of Scotland*. Daaruit leerde ik dat Schotland ooit bedekt was met oerbossen. De grove den, elzen en eiken brachten beschutting, wild, brandhout en bouwmateriaal. Een groot deel verdween door natuurlijke oorzaken, daarna waren het de groeiende boerengemeenschappen die bos kapten. Echt drastisch werd het toen de scheepsindustrie begon te groeien en Glasgow een voortrekkersrol in de industriële revolutie van Europa ging vervullen. Hout werd bezit dat je kon verkopen. Binnen een paar honderd jaar waren grote delen van Schotland kaal.

Dan is er de politieke kant van het bezit van hout. Het land en wat erop groeide en leefde was eerst bezit van de clans. Tot in de achttiende eeuw gingen die vrijwel ongehinderd hun eigen gang in de ondoordringbare Hooglanden. Het omslagpunt in de Schotse geschiedenis was de slag bij Culloden van 1746. De clans verenigden zich in hun strijd tegen de Habsburgse koning die in Engeland op de troon kwam en wilden Bonnie Prince Charlie in het zadel helpen, een Stuart die naar ze hoopten meer op hun hand zou zijn. Ze leden een vernietigende nederlaag, waarvan de naweeën tot op de dag van vandaag doorwerken. Een eerste gevolg was dat het land langzamerhand naar de landeigenaar in plaats van naar de hele clan ging. En deze eigenaren gingen manieren zoeken om hun land wat te laten opbrengen. Ze kwamen uit bij schapenteelt. Daar hadden ze alleen een paar schaapherders en jachtopzieners voor nodig, niet een hele clan. Dit is de periode die in de Schotse geschiedenis wordt beschreven als de *Clearances*. Sommige landeigenaren probeerden nog werk te creëren voor hun mensen, andere betaalden voor hen een enkeltje Amerika en er waren er ook die volstonden met een uithuiszettingsbevel.

De mensen die konden, namen de balken van hun huizen mee. Er waren onteigenaars die de cottages in brand staken om het vertrek van de clanleden te bespoedigen.

Die ene balk van Callum werd steeds groter.

Droombaan

'*This is the worst managed project I have ever been involved in on this estate.*'

And a good morning to you too, Finlay.

Het had allemaal zo leuk geleken aan het begin. Een beetje rondklungelen in het stallencomplex. Gordijnen uitzoeken, servies kopen, wat oude kastjes uit de opslag halen en oppoetsen. En nu lag ik constant overhoop met elektriciens, steenhouwers en timmermannen.

Ik keek naar Finlay en kreeg een déjà vu. We gingen dat hele circus toch niet weer opnieuw afdraaien? Eerst Callum, nu Finlay. Het was acht uur 's ochtends, de wind loeide door de kieren van het gebouw en ik had nog niet ontbeten. Ik wist niet of ik op dit uur heel veel begrip in me had.

'*What's wrong?*' vroeg ik wrevelig.
'*Everything!*' zei hij subiet.
Nou, mijn vraag was natuurlijk ook een open doeltje. Ik was sowieso een open doeltje. Ik had geen ervaring, ik was onzeker en geneigd mezelf de schuld te geven zodra er iets misging. Ik had geen idee wat de kasteelvrouw precies wilde. Ik had niet de autoriteit van de factor. En ik was er iedere dag. Een geweldig doelwit. Het kwam dus ergens goed uit dat ik een ochtendhumeur had, dat overvleugelde mijn normale 'ik zal het wel fout gedaan hebben'-reflex. En ik wist dat ik hem nooit had moeten betrekken bij een project waar ik eigenlijk met Callum aan begonnen was.
Er waren vrienden die dachten dat ik een soort droombaan had in een droomkasteel.
'Alles verandert de hele tijd, ik ben nog niet begonnen of het moet alweer anders, niemand weet wat hij moet doen', Finlay raakte op dreef, 'alles moet snel en daardoor wordt niets goed, niemand heeft overzicht.'
'Is er iets specifieks dat je niet goed geregeld vindt?' vroeg ik, om het gesprek wat richting te geven. Hij had vast gelijk, maar ik wist niet waarom hij er juist vandaag zo van over de rooie ging. Hij begon aan een vrij inclusieve lijst. Na een tijdje onderbrak ik hem omdat me iets ging dagen: 'Heb je Callum nog gezien?'
Finlay ging niet gooien, hij ging heel snel praten. Hard, bijtend praten.
'Ja, ik heb Callum gezien. Callum krijgt steeds meer werk en hij is freelancer, ik krijg steeds minder en ik ben hier vast aangenomen. Ik maak steeds overuren maar mijn contract wordt nooit uitgebreid. En nu hebben ze Duncan aangenomen.' Hij spuugde het bijna uit. 'Weet je wat ik per uur betaald krijg? En weet je wat ze zouden moeten betalen als ze een keuken op maat willen laten maken bij een gespecialiseerd timmermansbedrijf?'
Het leven in een droomkasteel. Met een overspannen timmerman.

Ik wist het even niet meer. Ik had geen idee hoeveel hij per uur betaald werd.

'Die tafel die naast de keukendeur moest komen,' wierp Finlay me toe. 'Ik heb hem opgemeten, die past daar helemaal niet!' Ik vroeg me af hóé hij wist dat daar een tafel zou komen, want ik wist nog niet van mijn inmiddels onder de werknemers verspreide moodboards, maar ik kreeg niet de tijd om er diep over na te denken. Finlay zwaaide zijn rolmaat tevoorschijn en mat vanaf de muur. 'Die zou tot hier uitsteken.' Zijn meetlat kwam tot ongeveer het midden van de deuropening.

'O, dat gaat dus niet,' zei ik uilig.

'Nee,' triomfeerde Finlay. Het was even stil.

'Heb jij een idee wat we er dan moeten zetten?'

'Er staat een buffetkast in de opslag,' zei hij nors.

'Echt? Denk je dat die wel past?'

Gek genoeg fleurde Finlay opeens op. Hij stelde voor om meteen te gaan kijken. Over de binnenplaats met de ronde keitjes, door de donkere zijgang waar het sterk naar paarden rook, langs de lege schuur waar vroeger de koeien stonden. De halfhoge muurtjes gaven aan hoe ze ieder in hun eigen plekje hadden gestaan. *The byre* noemden de Schotten het, *the standings*, zeiden de Engelsen. Wat bij mij een tijdje voor verwarring zorgde, zodat ik me een ons zocht naar haardhout in de verkeerde schuur. In het halfdonker van de gang tastte Finlay naar de deurklink van de ruimte waar meubels werden opgeslagen, zwaaide de bovendeur open en tastte vervolgens naar de grendel van de onderdeur. Samen stommelden we naar binnen en zochten langs de muur naar de lichtschakelaar.

In het schelle licht van de tl-buis stonden de meubels met hun ogen te knipperen. Een stel gietijzeren tuinmeubels, een staande klok in twee helften, een houten bijzettafel met twee vrouwenfiguren die zich langs het tafelblad strekten, naakte borsten vooruit en hun armen overgaand in vleugels. Het was uitgevoerd in een soort Etruskische stijl en gaf wat afleiding tussen de rechte mahoniehouten kasten en zware stoelen. Ik had ze er zelf allemaal laten neerzetten tijdens de grote opruiming een halfjaar geleden, maar de buffetkast was er later bij gezet, die kende ik niet.

'Deze stoelen zouden we ook moeten gebruiken voor ze hier verrotten. Kijk, daar staat de buffetkast.' Tegen de achtermuur stond zo'n kast waar ik me jarenlang aan had vergaapt bij de Dille en Kamille. En dan nog mooier, want hij was oud en verweerd. Een opstaande achterkant met planken, een blad halverwege en dan laatjes en deurtjes eronder. Ik trok een van de laatjes open en vond een verzameling koffiekopjes. Met een decoratie van gestileerde bladranken en oranje bessen. Servies voor het appartement hadden we dus ook al, dacht ik tevreden. Finlay haalde zijn rolmaat weer tevoorschijn: 'Ja hoor, past precies.'

'Nou, als jij en Duncan als we klaar zijn die naar het appartement kunnen brengen, zou dat fantastisch zijn.'

'Hij moet wel gerepareerd,' zei Finlay en hij legde zijn handen tegen de kast en keek langs de achterkant. Hij voelde de deurtjes en schoof de laatjes uit. Net als bij Callum leken zijn handen te praten met het hout. 'Beetje uit het lood. Ah, kijk, aan deze kant is een stuk van de poot afgebroken.'

Ik keek omhoog naar het plafond, dat gestut werd door een brede ijzeren staaf. Finlay volgde mijn blik.

'Wat is er boven?' vroeg ik.

'Ben je nog nooit boven geweest?'

'Nee, de trap is afgesloten met een deur en een hangslot.'

'Dat komt omdat het gevaarlijk is om er te lopen. Je kunt door de vloer zakken. Ik heb even geen sleutel bij me, maar je kunt er wel langs.' Hij stapte naar de trap, trok zich op aan de deur en slingerde zijn benen wat hogerop over de leuning. De trap was open, met de deur er gewoon voor geplaatst. Ik was nieuwsgierig en besloot hem te volgen.

Even later stonden we op de zolder. Het was ondertussen

halfnegen en het werd al lichter. Door de dakramen scheen licht naar binnen. Het was hier nog kouder. Finlay stapte met grote stappen naar een verzameling objecten die ik net kon onderscheiden in het halfduister.

'Als je op de dwarsbalken loopt, is het veilig,' zei hij over zijn schouder. In de vloerplanken zaten omineuze gaten. Ik probeerde me niet te herinneren hoe hoog de ruimte onder ons was.

'Kijk, deze klok kunnen we misschien weer aan de praat krijgen.' Eindelijk begreep ik dat ik de dakbalken kon lokaliseren door naar de schroeven in de vloerplanken te kijken en ik begon me met lange stappen naar Finlay te bewegen.

Het was het waard. Onder het schuine dak was een uitstalling van voorwerpen die ik niet had willen missen: eerst stond er een rij oud sanitair. Wc's van de oertijd tot modern, wasbakken met lange keramische onderstellen en koperen kranen. Dan een antieke racefiets, landbouwwerktuigen met houten hendels en koperen banden, rieken, kasten met ingelegde panelen, krukjes van dik hout met uitgesleten zittingen. En uiteindelijk een uurwerk met lange kettingen en tandraderen.

'Het komt uit de toren, misschien kan het weer teruggeplaatst worden,' zei Finlay.

'Die wasbak past mooi bij het antieke bad,' dacht ik hardop. 'Ik zal Duncan vragen er eens naar te kijken, zien wat er nog past op de moderne aansluitingen.' We liepen van voorwerp naar voorwerp en probeerden te bedenken waar het vandaan kwam en bij de landbouwwerktuigen waar het voor diende.

Na een tijdje klommen we weer naar beneden.

'Bedankt, Finlay. Ik heb een foto van de kast genomen en zal vragen of de kasteelvrouw hem wil. Sorry dat er steeds dingen veranderen; ik probeer alles zo goed mogelijk te communiceren, maar blijkbaar niet goed genoeg. Het spijt me.'

'Het is oké.' Finlay knielde weer neer in de keuken, waar hij bezig was geweest de achterwand met gipsplaat te bedekken. Ons uitstapje had ons allebei in een beter humeur gebracht.

De boommarter

'*Please come and keep me company,*' zei Toots, 'het zijn verder allemaal vriendinnen van Emma. Dat kan van alles zijn, dat weet je nooit bij haar. Ze heeft de meest geweldig interessante vriendinnen om zich heen en de meest stijve mensen.' Emma had de helft van de bioscoop afgehuurd om met haar vriendinnen naar de première van *Mamma Mia 2* te gaan, vooraf zou er thee zijn bij haar thuis.
Toots hoefde niet veel te zeggen om me over te halen. Tjibbe hoefde niet zo nodig naar *Mamma Mia 2* en bleef bij de jongens, ik haalde de buurvrouw eind van de middag op bij haar huis en samen maakten we de tocht naar het Geheime Paradijsje van de Ravenscars. Toen we anderhalf uur later de draai namen naar hun oprijlaan, schoot mijn vriendin overeind in de auto.
'Zag je dat? Dat was de boommarter!'
Ik keek en zag hem; het silhouet van een boommarter tekende zich af onder de laaghangende takken van een grove den. Even kon ik het kleine kopje zien met de karakteristieke lange hals en kleine snuit, toen schoot hij weg.
'Andrew zit al tijden achter hem aan, hij eet al hun kippen op. Komt steeds voor een volgende.'
Het gazon met de border met rozenstruiken was vol kinderen die op een verzonken trampoline sprongen. De parkeerplaats voor het huis was gevuld met Range Rovers. Omdat er verder geen plaats meer was, parkeerde Toots pal voor de deur.
Andrew stond in de deuropening en begroette ons har-

telijk maar een beetje gepreoccupeerd.

'Ik heb mijn autosleutels verloren.' Hij keek in een zak kippenvoer die naast de deur stond. 'Emma is binnen.'

We liepen de hal in en ik keek even naar Mary Queen of Scots, die nog steeds boven de haard hing. Er stond een lange rij kaplaarzen op het Perzische tapijt, van alle kinderen die we net met blote voeten op het grasveld hadden gezien. We dwaalden door de lege hal, een gang, de keuken en stonden toen in de eetzaal. Daar vonden we iedereen verzameld rond de eetkamertafel.

De tafel was duidelijk ontworpen voor een grotere kamer. Dat was het verhaal van de familie Ravenscar: ze waren sinds eeuwen de bezitters geweest van een van de meest voorname landgoederen van Schotland, maar vlak voor de achttiende verjaardag van zijn zoon had vader Ravenscar het landgoed met het kasteel verkocht. Hij wilde zijn zoon niet belasten met zo'n erfenis. Andrew betreurde die beslissing van zijn vader in hoge mate, maar in stilte. Alleen Toots wist van zijn hartzeer omdat Emma het haar had verteld. Ze verhuisden naar het landhuis aan de rand van het landgoed, de vader, zijn zoon en zijn schoondochter. Met heel veel van het interieur en de erfstukken, zoals deze oude tafel.

Emma stond loom en gracieus op toen we binnenkwamen, rolde er een reeks *fabulous, marvellous, so long agos* uit en omhelsde ons hartelijk. Ze stelde ons voor aan wat vriendinnen die links en rechts van haar zaten en daarna begaven we ons naar het hoofd van de tafel, waar haar schoonvader het theeschenken presideerde.

Ook de zilveren theepot leek wat te groot voor de kamer. Hij was twee keer zo groot als die op het kasteel. Ernaast stond een kleinere theepot, ook van zilver. Ik had me altijd afgevraagd waarom de pot die ik in de Strong Room had zien staan op een onderstel met een scharnier bevestigd was. Nu zou ik zien wat de bedoeling was.

Nadat Emma's schoonvader ons had begroet en gezegd

hoe vriendelijk het was van ons om te komen, concentreerde hij zich op het theeschenken. Eerst keek hij in de kleine pot en zag dat deze bijna leeg was. Toen nam hij het hengsel van de grote theepot en kantelde hem, waarmee hij heet water in de kleine pot overschonk. Die grote pot moest een voorloper van een waterkoker zijn, want er bleek een klein komfoortje onder te zitten. Ik nam aan dat er lampenolie in ging om het kleine vlammetje te voeden dat het water heet hield. Met een ervaren gebaar leidde hij de grote pot terug en keek of de losse theebladeren in de kleine pot nog genoeg kracht hadden. Ik sloeg al deze informatie op in de hoop dat de kasteelvrouw me ooit zou vragen de thee te schenken. En ja, op een dag dat Earnest handen tekortkwam, mocht ik al deze kennis in de praktijk brengen.

Ravenscar overhandigde ons twee ruime koppen geurige earlgreythee van precies de goede kleur en hij wees behulpzaam op de buitenmodel porseleinen kan voor de melk. Gelukkig wist iedereen dat je geen melk in je earlgreythee doet. We zochten een plaatsje aan de lange tafel. De aanwezigen zaten rondom het hoofdeinde geschaard, bij Ravenscar en de theepot, dus wij zakten af naar het lagere deel. Toen alle borden en kopjes daar gebruikt bleken te zijn, met restjes cake en verfrommelde servetten, kreeg ik een sterk *Mad Hatter's Teaparty*-gevoel. Hoelang zaten ze daar al, en hoeveel plaatsen waren ze al opgeschoven?

Na even zoeken vonden we een plaats met een schoon bordje en de vriendin van Emma aan mijn andere kant schoof ons een schaal scones toe. Behulpzaam stond ze even later op om de *clotted cream* en jam voor ons te halen. Verder stonden er drie nog onaangeroerde *Victoria sponge cakes* op tafel. Op de serveertafel achter ons stonden nog een paar taarten.

'Ik denk dat ik me ga opgeven voor *The Great British Bake Off*,' verkondigde Emma. 'Maar dan moet ik eerst wat minder snel huilen. Ik zou meteen gaan huilen bij de stress.' Ze keek met haar grote blauwe ogen om zich heen. 'Dat lijkt me zo lastig.'

Emma's schoonvader, tronend aan het hoofdeinde, leek zelf ook wat te groot voor de kamer. Niemand zou hem dik noemen, maar hij vulde zichzelf en zijn stoel met ruime voornaamheid. Links van hem, over de schouw, hing het portret dat van hem was geschilderd toen hij achttien werd. Een ernstig kijkende, knappe jongeman met een fluwelen jasje aan. Achter hem hingen de portretten van zijn achttiende-eeuwse voorouders, mannen met lange krullen en vrouwen met bleke bustes.

Marianne, mijn vriendin die de schilderijen op het kasteel had gerestaureerd, had ik hier vorig jaar mee naartoe genomen omdat ze geïnteresseerd was in een bepaald type portret dat hier hing. Ravenscar had haar rondgeleid en uitleg gegeven.

'Deze lijsten lijken wat jonger dan de portretten,' zei Marianne.

'Ja,' zei hij, 'ik heb ze allemaal laten restaureren door een atelier in Edinburgh, de oude lijsten waren uit elkaar aan het vallen.' Toen hij ons even alleen liet, zag ik een gepijnigde uitdrukking op Mariannes gezicht. Ze zei zachtjes: 'Ze hebben de oude lijsten weggegooid en er nieuwe omheen gezet.' Ze deed een stap naar voren om een wat groter vrouwenportret beter te bekijken. 'Ze hebben dit ovale schilderij zelfs kleiner gemaakt om het in een vierkante lijst te kunnen stoppen.'

Zelfs de zeventiende-eeuwse dame was niet aan deze barbarij ontkomen en keek ons met een gelaten lachje aan vanuit haar anachronistische gouden lijst.

'Willen jullie nog thee?' Ik schrok op en kwam terug in het heden. Nee ik had nog, dank u wel.

Andrew verscheen in de deuropening. Hij stond naast zijn portret, dat rechts boven de serveertafel hing, net als dat van zijn vader geschilderd toen hij een jongeman was, maar anders dan Ravenscar was hij niet gekleed in fluweel maar in het *estate tweed*. Hij had nog dezelfde blonde krullen als toen en de schilder had de humor in zijn ronde blauwe ogen goed getroffen. De levende Andrew naast de deur hield twee koperen stangetjes op: 'We zijn nu aan het zoeken met wichelroeden.' Hij glimlachte. 'Als iemand ze daarmee vindt, moet ik maar een brandstapel klaar gaan maken.' En daarmee verdween hij weer.

'Een brandstapel?' mompelde zijn vader wat verstoord.

'Om de heks te verbranden,' legde Emma uit. 'Wil er iemand nog thee?'

Ze vulden de ruimte, Ravenscar, Emma en Andrew. Hun stemmen waren niet luid maar welluidend. Hun bewegingen ongehaast maar met overtuiging. Andrew kwam zwijgend in de deuropening staan en we keken allemaal op. Met een laconieke nonchalance gaf hij een paar opmerkingen ten beste en we luisterden. Emma praatte loom over *The Great British Bake Off* en we gingen allemaal mee. De patriarch aan het hoofd van de tafel schonk thee en het gebaar zette de toon.

'Wonen jullie hier in de buurt?' De vrouw naast me had zich naar me toegewend. Ik antwoordde bevestigend. Ze bleek te werken voor een instituut dat heraldiek... doet? of geeft? misschien bewaakt? of juist bestudeert? Ik kon het niet direct in het Nederlands vertalen omdat ik er zelf niet iedere dag mee bezig ben. Heel erg mooi was ze, met een lange, rechte neus, volmaakte wenkbrauwen, alles in haar gezicht even symmetrisch en welgevormd. Wasbleek en onwaarschijnlijk slank. Ze vertelde me dat ze bezig was met acteren en ik had er geen enkele moeite mee me haar in de volgende BBC-topper voor te stellen. Het voelde nu al alsof ze niet echt tot de gewone mensen behoorde. Ik had alleen zelden iemand gezien die er zo intens moe uitzag.

Emma had de kamer even verlaten. Toots liet zien dat zij dit parcours ook op haar duimpje kende: 'O Giles, de rozenstruik die je aan mijn moeder gaf, doet het zo goed.' Ravenscar neeg zijn hoofd, verheugd dat het geschenk werd gewaardeerd. Zich tot de vrouw naast Giles richtend, vervolgde Toots: 'Jullie moeten snel weer eens langskomen, Isabel, dan kun je het ook zien.' Isabel antwoordde in stijl: 'Sinds het begin van de zomervakantie vragen mijn meisjes al of we naar jullie lodge kunnen gaan.'

'O, maar kom dan snel! We zijn de volgende paar weken gewoon thuis. Kom jij ook uit deze omgeving?' Dit tot de vrouw naast mij.

'Nee, ik woon in Londen maar ik ben hier voor een bruiloft. Van een vriend', en ze noemde de familienaam. Toots dacht even na: '*Is that Dougal? They are my cousins, twice removed, I think.*'

Ze had de hele tafel geïncludeerd in deze reeks conversatiezetten. Ik kon alleen maar in zwijgende bewondering toekijken en nam nog een hapje scone. Op dat moment zakte Toots door haar stoel.

Met een '*Euh!*' verdween ze onder de tafel en greep zich nog net aan mijn arm vast om niet helemaal op de grond te belanden. Ik keerde me snel om en hielp haar overeind.

'Dat was net een scone te veel,' fluisterde ze me toe en wendde zich toen tot de anderen die waren toegesneld: '*Oh, I am so sorry!*'

'*Are you okay?*'

'*Take another chair!*'

Stoelen genoeg, iemand droeg de gebroken stoel weg en wij schoven een plaatsje op. Emma kwam weer terug en werd ingelicht dat een van de gasten door een stoel was gezakt.

'*How horrible*,' zei ze vriendelijk, 'het waren de oude stoelen van aunt Lucy.'

Ik begon me ondertussen af te vragen waar alle andere gasten waren gebleven, er leken er steeds minder aan tafel te zitten. Door de openslaande deuren die uitkwamen op de eetzaal zag ik Andrew lopen.

'Hij zoekt nog steeds naar zijn sleutels,' zei Emma gelaten.
'Ze gaan morgen op vakantie,' verduidelijkte Ravenscar.
'Niet met de auto,' zei Emma mild.
'Zitten ze niet nog in het contact?' vroeg Isabel.
'Nee, want hij heeft de auto nog op slot gedaan, daarna liep hij het huis in en toen waren ze weg.'
Toots stond vastberaden op. 'Ik ben heel goed in zoeken, ik zal Andrew helpen,' zei ze. Ik volgde haar naar de keuken.
'Als ik de sleutels vind, zou het 't een beetje goedmaken dat ik door hun stoel ben gezakt. Ik schaam me dood,' fluisterde ze me toe.

We liepen door de hal naar buiten en daar vonden we de rest van het gezelschap tussen de Range Rovers, zoekend naar de sleutel. De kinderen rumoerden op het veld, de meisjes in ABBA-outfits met sjaals en glitters, de jongens vooral niet in iets anders dan een gewoon T-shirt en een korte broek.

We zagen Andrew met gefronste wenkbrauwen naast een klassieke vaas met een olijfboom erin en waren net op tijd om de vrouw die naast hem stond te horen vragen: 'Wat deed je toen?' Andrew tuurde nadenkend in het grind.

'Ik liep naar de deur, liet de honden naar buiten en liep met ze het bos in.'

'Deed je een plas in de bosjes?' vroeg de vrouw verder. Ze had een tweedjasje aan en golvend wit haar. 'Dat je je handen even vrij moest hebben en je sleutel op een boomstronk hebt gelegd?'

'Nee,' zei Andrew, 'ik ging naar binnen en liep naar mijn studeerkamer.'

De vrouw keerde met een resoluut gebaar naar de voordeur en marcheerde naar binnen. Ik volgde. Ik was nu deel van het zoekteam. We liepen een lange gang door en Andrew stapte zijn studeerkamer in: 'Hier is nogal veel kans om iets kwijt te raken.'

Dat was zo. In het vertrek van bescheiden formaat stonden boekenkasten tot aan het plafond. De zware, donkere gordijnen maakten het een beetje schemerig maar ik kon dozen onderscheiden naast, op en onder het bureau. In de doos direct naast me zag ik een verzameling deurknoppen. Ik keek er met interesse naar, want ik was juist bezig antieke deurknoppen te zoeken voor het kasteel.

De vrouw met het golvende witte haar had een ring aan een touwtje dat ze voor zich uit hield. Ze pendelde.

'En, wat zegt het?' vroeg ik na een tijdje zachtjes.

'Het zegt "nee".'

'Dus de sleutels zijn niet hier,' zei ik tegen Andrew, die in een lederen stoel achter zijn bureau was neergezegen.

'Misschien niet hier,' corrigeerde hij en sloot zijn ogen.

'Waar ging je daarna naartoe?' vroeg de vrouw.

'Naar mijn slaapkamer.'

Ik verwijderde me. De stijl van de ondervragingen van de vrouw maakte dat ik me een beetje gegeneerd voelde om erbij te blijven. Als ze vroeg of hij ging wildplassen in zijn bos toen hij de honden uitliet, waren er nog genoeg dingen die je kon vragen als iemand naar zijn slaapkamer ging. Uit de studeerkamer stappend zag ik rechts van me de Drawing Room. In het licht van de hoge ramen zag ik een andere gast met gesloten ogen en een wichelroede in haar handen staan. Ze had een elegante jumpsuit aan met een zwart-witmotief. Stijlvol, zo naast de zwarte vleugel.

Ik besloot haar niet te storen en liep de andere kant op. In de hal vond ik Toots die in Emma's tas stond te kijken: 'Ik wed dat zij ze gewoon heeft, ik vroeg haar of ze ze in haar tas had en ze keek zo wazig dat ik voorstelde om even te checken.' Maar ze zaten niet in Emma's tas. We liepen de eetkamer weer binnen.

'Mijn theepartij is een zoektocht naar Andrews sleutels geworden,' zei Emma klagend. Er waren inderdaad nog maar twee vriendinnen over aan tafel.

'Jullie moeten ook gaan, als jullie niet te laat bij de bioscoop willen aankomen,' zei haar schoonvader.

Toots begon bordjes en kopjes van de tafel te halen en ik hielp haar. Emma ruimde de afwasmachine in. Nu ze stond, zag ik pas dat ze een wijde batik rok aanhad, kobaltblauw met spiegeltjes, heel erg *Mamma Mia*. Door een halfopen deur konden we in de bijkeuken kijken, we zagen hoe Ravenscar zich over de kapotte stoel boog.

'Hij rouwt over de stoel,' zei Toots, 'ik voel me er zo afschuwelijk over. O, Andrew, ik ben door jullie stoel heen gezakt.'

'Die van tante Lucy? Goed zo.' Aan zijn tevreden gezicht te zien was tante Lucy niet een favoriet van Andrew. Hij was maar even in de kamer, want de zoektocht naar de sleutel was duidelijk nog niet afgelopen.

Zijn vader kwam weer binnen. 'Laat dat nu allemaal maar staan, Emma, anders kom je te laat, ik zorg hier wel voor.' Hij nam het inruimen van de afwasmachine over.

Emma gaf hem een kus. 'Je bent een schat, dan gaan we nu maar.'

Emma verdween en ik nam afscheid van Ravenscar. Ik vroeg me af of het een goed teken was of juist niet, dat we simultaan zeiden: '*It was so nice to meet you again.*' Goed omdat ik blijkbaar de tekst had geraden, niet goed omdat ik door hem heen praatte.

'Ga je mee naar *Mamma Mia*?' vroeg Toots aan Andrew.

'*Not if I can help it*,' zei die.

Alle vriendinnen en kinderen rolden in de auto's en we vertrokken. Uitgezwaaid door Andrew die in zijn tweedjasje op het bordes stond. In de bioscoop was het achterste deel afgezet.

'Zijn jullie met Emma? Dan mogen jullie daar plaatsnemen.'

We gingen zitten in de zachte stoelen en zetten onze drankjes in de houders van onze stoel. De lichten gingen uit. Toots pakte haar tas om haar telefoon uit te zetten. In het donker hoorde ik haar verheugd een kreetje slaken: 'O!

Andrew sms't me net: hij heeft de boommarter geschoten, op heterdaad betrapt bij het kippenhok.'

Ik zag het voor me, alle dames en drukte eindelijk voorbij, vader en zoon alleen thuis en terwijl paps de afwasmachine inruimde, ging zoonlief met zijn geladen geweer een rondje door de tuin doen en bevrijdde eindelijk zijn kippen van de boommarter. Zoals dat gaat op een vrijdagmiddag.

Popster

De kasteelvrouw parkeerde voor de poort van het stallencomplex. Het was nog chiquer geweest als haar chauffeur dat had gedaan, maar die bestond dus even niet. Dat leek echter zo toepasselijk toen ik achter mevrouw en de factor aan het kasteel uit was gelopen dat de gedachte zich opdrong dat ik moest voorstellen haar in de personeels-BMW te rijden. Die lag echter vol boodschappenlijstjes en appelklokhuizen. En het leek me ongepast om aan te bieden dat ik haar Range Rover zou besturen. Ik had er ondertussen al wel in gereden, om hem naar de garage te brengen of terug te halen van een station of vliegveld waar mevrouw hem achter had gelaten, maar nooit met mevrouw als passagier. De kasteelvrouw stapte echter met een vloeiende beweging in haar eigen auto op de bestuurdersplaats en haar factor en PA haastten zich om haar te volgen. Ik nestelde me in het zachte leer van de bekleding en we zoefden over de slingerende weggetjes. De auto gaf murmelende aanwijzingen. Zelfs het signaal dat mij erop moest attenderen dat ik mijn riem niet om had, was een melodieus gezoem.

Bij de boerderij aangekomen stapten Ian en ik uit en keken op naar het appartement. De ramen waren eruit gesloopt en een spoor van puin voerde naar de voordeur. Er liepen heel wat mannen voor het gebouw en op de binnenplaats. Hun busjes en pick-uptrucks stonden overal verspreid. Callums

hond liep tussen de bouwmaterialen te snuffelen.
Toen de donkere Range Rover zich aandiende, veranderde de dynamiek. Eerst bewogen de mannen doelgericht over het terrein, nu bleven ze een beetje staan, scharrelden wat rond onder de poort, maar niemand ging weg en alle aandacht was geconcentreerd op één punt.

Ik vroeg me af waarom de kasteelvrouw nog niet was uitgestapt en weerhield mezelf ervan om naar voren te stappen en in de auto te gluren. Ik volgde het voorbeeld van Ian, die neutraal voor zich uitkijkend stond te wachten. Met de meeste aanwezige werklui had hij genoeg te bespreken, maar anders dan normaal stapte geen van hen op hem af. Iedereen stond zo'n beetje te dralen en te wachten.

Het portier ging open en de kasteelvrouw stapte uit. Ze had stevige wellington boots aan en een robuuste jas. Dit was het moment waarop ik het gevoel kreeg dat ik achter een popster aan een scène in liep. De werklui stonden in een haag om haar heen en ze maakte met iedereen een praatje of had een opmerking.

'En John, ben je er weer draad door aan het jagen?' De elektricien had al enkele kilometers elektriciteitskabels aangelegd op het landgoed.

John grinnikte en wuifde met een kleurige haspel.

'*As usual, as usual*,' riep hij.

'Zo, Callum, was stenen slepen niet genoeg voor je?'

Callum leidde haar naar de schouw en liet haar zijn project zien.

Ik nam aan dat de kasteelvrouw zich in de auto even had zitten voorbereiden op deze ontmoeting. Iedere aanwezige had een verhaal, een vraag, had een klus voor haar geklaard of was daar nog mee bezig. Van haar verwachtten ze aandacht, begrip en waardering. En de kasteelvrouw had aandacht, begrip en waardering en wilde dat graag goed overbrengen. En omdat ze allemaal Brits zijn, ging het met vaart en humor. Zoals gewoonlijk stond ik versteld van de ad remme opmerkingen die over en weer gingen. Iedereen leek een gekwalificeerde stand-upcomedian.

Callum was klaar met het luchten van zijn hart en de kasteelvrouw liep verder. De boer kwam eraan en vertelde dat de eerste kalveren geboren waren. De dakdekker liet haar de windvaan zien die hij onder het puin had gevonden.

In het gebouw liepen de factor en ik een paar passen achter haar aan en zagen hoe de dakdekker uitlegde wat de problemen waren met het dak, en hoe de loodgieter haar wees op de beperkingen van wat zij graag wilde: een groot gietijzeren bad in het midden van de badkamer.

'Maar dat moet toch mogelijk zijn?' straalde ze vrolijk.

Hamish zag voor zich hoe hij een paar dagen lang in dit ijskoude huis op zijn knieën tussen de vloerbalken pijpen probeerde door te trekken en een loodzwaar bad door een nauw trappenhuis probeerde te tillen en zei: 'Natuurlijk, het is mogelijk.'

Ik wierp geen triomfantelijke blik op de factor. We stonden naast elkaar in de deuropening en voerden niet het gesprek: 'Ik zei het toch?' 'Het blijft te duur en onmogelijk.' 'Maar zie je nu dat ze het echt wil?' 'Zie jij hoe erg de loodgieter níét staat te zeggen wat er werkelijk voor nodig is om dat bad daar te krijgen?'

Nee, dat zag ik niet en ik nam aan dat de kasteelvrouw het evenmin zag in het bedeesd lachende gezicht van de oude man. Maar ik kreeg meer inzicht in de problemen van dit spel.

We waren rond en stonden weer onder de poort. Finlay kwam juist aanlopen en de kasteelvrouw vroeg hem naar zijn vrouw en kinderen. Ze praatten over kinderen zo vroeg mogelijk leren zwemmen en de voor- en nadelen van zwembandjes.

Duncan stond op het voorplein en wachtte. Ik nam aan dat hij de factor nog wilde spreken, maar die wisselde wat korte zinnen met de verschillende werklui, steeds met een half oog op her ladyship. Duncan woonde nog maar kort op het landgoed. Toen hij aankwam met zijn gezin, werkte hij op een booreiland. Zijn vrouw kwam ik iedere dag tegen als ze hun dochter naar school bracht, zij ging nog naar de *nursery* en dan maak je geen aanspraak op een ritje met de schoolbus. Ze hadden maar één auto en die had haar man mee. Alle buren gaven haar een lift als ze die kant op gingen, maar meestal moest ze met haar baby en het vierjarige meisje een uur lopen. Duncan zag er in die tijd niet gezond uit. Hij zag grauw in zijn gezicht en als ik hem al ontmoette, zei hij niet veel. Nu hij op het landgoed werkte, kwam ik hem vaak tegen in zijn pick-uptruck en bleek hij een prater te zijn. Hij had een normale kleur, had altijd een lach en een grap en pakte alle klussen met verve aan. Iedere ochtend bracht hij zijn dochter naar school en hij kwam naar de liefdadigheidskoffieochtenden en de toneelstukjes.

In het begin kostte het me enige moeite hem te verstaan, maar ik raakte snel gewend aan zijn onversneden Glaswegian accent. Ook al had hij de uren gekregen die Finlay had willen hebben, de twee mannen waren binnen een paar weken een onafscheidelijk duo.

Duncan wachtte op een afstand tot de kasteelvrouw was uitgepraat met Finlay en deed toen een paar stappen naar voren: 'Ik wil u bedanken,' zei hij.

'O?' zei mevrouw. Ze was bezig de deur te openen van haar auto maar keerde zich weer om naar Duncan.

'Ja, voor de baan. Het maakt een groot verschil voor ons. Ik waardeer het erg.'

'Ja? Wat fijn,' zei mevrouw. Ze stond een fractie van een seconde besluiteloos, hij zei niets meer, dus ze knikte hem nog eens vriendelijk toe en stapte toen in. De factor en ik volgden haar en we reden van het terrein af.

'Wie was die man?' vroeg ze aan de factor.

Onderonsje

De twee toeristen die scones aten in het postkantoor zagen de dorpelingen elkaar vrolijk begroeten.
'Hi Laura, hoe gaat het? Mag ik de *parsnip stilton soup* met *oatcakes*?'
'*With Dutch tea?*'
'Ja graag. Hi Finlay, hoe gaat het?'
Aileana kwam even later uit de keuken aanlopen met mijn thee en soep. Ze zette het op tafel voor me neer.
'Waarom zit je eigenlijk hier te werken?' vroeg ze, wijzend op mijn laptop en de stapel papieren.
'O, ik was vergeten lunch mee te nemen naar het kasteel en ik had niets in huis. Nu ik hier toch zit, kan ik net zo goed doorwerken. Hallo Muireal, hoe gaat het?'
De toeristen bezagen gecharmeerd het dorpsleven in actie. Ze kregen geen ondertiteling.

'Komt de familie al snel?' vroeg Laura.
'Nee, pas in juli. Eind juli,' antwoordde ik. 'De kasteelvrouw komt een paar dagen over met haar nicht in mei. Maar alleen drie dagen of zo.'
Zoals alles in ons gehucht is ook het huisje waarin het postkantoor is gevestigd eigendom van het kasteel. Ik wist dat Laura problemen had met haar dak dat op verschillende plaatsen lekte, maar tot nu toe had de factor niemand kunnen regelen om ernaar te kijken. Alle mannen werkten namelijk aan het appartement. Het moest af zijn voor de koks arriveerden, want die gingen daar bivakkeren omdat het andere onderkomen te ver in verval was geraakt. Zij kwamen in de zomer een paar dagen vóór de familie. De vraag die Laura me glimlachend stelde, was dus iets gelaagder dan hij leek. De datum dat de familie kwam, was de datum dat er misschien iemand tijd had om naar haar dak te komen kijken.

'De schilder was hier en die zei dat hij niet dacht dat het appartement op tijd af zou komen,' vervolgde ze. Laura stond stevig achter de toonbank met haar zwarte krullen opgestoken. Ze werkte jarenlang als piloot bij Médecins Sans Frontières tot ze had besloten dat ze het wat rustiger aan wilde gaan doen. Nu runde ze in haar eentje de post office-lunchroom-shop. Haar mond glimlachte, maar haar ogen bleven scherp en oplettend. Ik wist niet precies waarom ze dit zei, had het een bedoeling of was ze gewoon benieuwd wat ik hierop te zeggen had?

Naast mij stond Finlay, zijn zwarte werkkleren van onder tot boven met wit stof bedekt. Hij werkte lange dagen in de bouwval die over een kleine twee maanden het verblijf van de koks moest zijn. Hij had duidelijk zijn mening gegeven over mijn inbreng in het project. Ik wist niet of hij na ons vorige uitje in de schuren wat was bijgetrokken of niet. Ik hoopte het, ik mocht Finlay en Aileana graag. Maar sinds ik PA was, kreeg ik de indruk dat mensen niet meer tegen me praatten zoals daarvoor. Ik was niet meer helemaal een van hen, ik was een stuk opgeschoven richting kasteel.

'Nee, ik kreeg ook de indruk dat Percy MacLean er niet zoveel in zag,' zei ik neutraal. De schildersbaas had duidelijk minder trek gehad in het oplappen van het oude appartement dan het schilderen van de kamers in het kasteel.

Nu mengde Muireal zich in het gesprek: 'Het lijkt me ook een hele klus om dat weer bewoonbaar te maken. Die stalgebouwen waren een paar jaar geleden al zo lek als een mandje.'

Nog steeds was er op het oog niets gebeurd, maar de intriges werden dieper en dieper. Op dit punt zou ik zelf wel wat ondertiteling kunnen gebruiken, want ik wist dat Muireal voor het kasteel had gewerkt en ik wist dat ze dat nu niet meer deed, maar waaróm dat zo was, wist ik niet. De kasteelvrouw noch de factor hadden zich er ooit over uitgelaten en het feit dat Muireal, die meestal nogal open was, er ook nooit iets over zei, gaf me te denken. Als twee mensen elkaar niet liggen en niet meer met elkaar willen werken, is dat natuurlijk altijd jammer en pijnlijk. Als ze dat in zo'n kleine gemeenschap moeten ontdekken is dat zeer ongemakkelijk. Het feit dat het werkverband toch was beëindigd, wees op meer dan een lichte onverenigbaarheid van karakter.

Dat ze nu refereerde aan de erbarmelijke staat waarin de stallen verkeerden, was de eerste keer sinds ik haar kende dat ze liet merken dat ze vertrouwd was met dat deel van het landgoed.

'Callum heeft de meeste problemen met het dak nu verholpen,' zei ik en kon me toen wel voor mijn kop slaan. Laura gaf achter haar toonbank een klein, nauwelijks hoorbaar snuifje. Juist, de gaten in het dak van de stallen waren gedicht, maar zij mocht ondertussen iedere avond tussen de emmers en de pannetjes zitten.

'En Percy is geneigd alles pessimistisch te bekijken, vind je niet, Finlay?' zei ik.

'Percy is een snob, als het geen kasteel of landhuis is wat hij moet schilderen, dan voelt hij zich er te goed voor.' De aanwezigen grinnikten, omdat we wisten dat het waar was. Percy was heel zichtbaar een enorme snob. Maar wel een heel charmante.

'Moet je je soep niet eten? Hij wordt nog koud!' zei Aileana.

'Ik moet naar huis, onze nieuwe hond kan ik niet te lang alleen laten.' Muireals vrolijke opmerking werd in stilte opgevangen. Het litteken op mijn arm stak. Ik kon mijn arm nog steeds niet gebruiken zoals vroeger, vandaag had ik een tafel opgetild en als ik dat deed, had ik de rest van de dag pijn.

'Hoe oud is hij?' vroeg Laura uiteindelijk.

'Drie jaar,' straalde Muireal. 'Het is de zoetste hond die we ooit hebben gehad. Echt een sul. Hij vindt alles goed.'

We knikten en wisten allemaal niet goed wat we moesten

zeggen. 'In zijn vorige verblijf kon hij alleen in zijn kennel zitten, dus onze grote tuin is hemels voor hem. Hij wil niet eens gaan wandelen, hij is al blij met zoveel ruimte.'
'Dat is fijn,' zei Laura neutraal. 'Josephine, reken je af of wil je dat ik het opschrijf?' Ik greep snel naar mijn tas.
'Ach, ik heb niks bij me, schrijf je het even op?'
'Dat is goed.'
Muireal en Finlay verlieten de winkel en Laura en Aileana verdwenen in de keuken. Met een diepe zucht ging ik achter mijn bord soep en mijn laptop zitten. Finlay en Aileana waren zich doodgeschrokken omdat hun kinderen de week voor de vorige hond van Muireal mij aanviel nog uitgebreid onder en over die hond heen waren gekropen toen we daar met alle buren in de tuin bij het kampvuur zaten. En hij had Laura's hond zo erg gebeten dat hij naar de dierenarts moest om gehecht te worden. Niemand was dus bijzonder blij met een nieuwe, net zo grote hond die nu weer in de tuin van Muireal en Seamus zat. Maar niemand wilde er iets van zeggen, want het hebben van een hond was hier even vanzelfsprekend als het hebben van een auto. Iedereen had een grensverdediger op zijn erf staan. Ik wist niet of die in de lange winters de angst buiten de deur moest houden, of de eenzaamheid.

Ik at Laura's zelfgemaakte soep met het geurige wittebrood en keek naar buiten. Tussen de bomen zag ik net mijn huis met ernaast de cottage van Muireal. Ik zag haar de weg af lopen en het witte stipje dat haar hond was naar het hek toe rennen. Muireal was dol op dieren en ze verzorgde altijd onze katten als we voor een paar weken naar Nederland gingen. Ik zag Finlays kleine bestelbus achteruitsteken en naar het kasteel rijden. In de eerste winter dat we hier waren en Tjibbe in de sneeuw vast was komen te zitten, was Finlay de heuvels in gereden om hem te helpen redden. Ik keek naar de klok en zag dat het bijna tijd was om naar het schooltje te lopen en, naast mijn eigen zoon en de buurkinderen, de tweeling van Finlay en Aileana op te vangen om ze hier bij het postkantoor af te leveren. Ik keek langs de toonbank de kleine keuken in en zag de rug van Laura die me midden in de nacht naar het ziekenhuis had gereden nadat de hond mij had gebeten. Dat was de ondertiteling die ik kon geven bij mijn buren.

Ik vroeg me af of ik de reparatie van Laura's dak bij de kasteelvrouw ter sprake kon brengen. Het was niet mijn taak en ik had niet het idee dat mevrouw het prettig zou vinden als ik haar zou lastigvallen met dat soort akkefietjes, daar had ze een factor voor. Ik had het al aangeroerd bij hem, maar hij had daar vrij kortaf op gereageerd. Ik besloot toch om het nog eens onder zijn aandacht te brengen.

Ik nam mijn laatste hap brood, pakte mijn spullen bij elkaar en liep naar de deur.

'*See you later, Laura*,' riep ik.

'*Bye Josephine*,' kwam het uit de keuken.

De toeristen knikten me vrolijk toe toen ik langsliep, ze hadden een genoeglijk dorpstafereel aanschouwd.

Pretenties

De jongeman die ik met enkel een handdoek om boven in de gang vond, bloosde. Terecht, wat deed een vreemde jongeman halfnaakt op de bovenste verdieping van de East Wing?

'*Excuse me*,' verontschuldigde hij zich. 'Ik ben niet gewend om in dit soort huizen te logeren. Waar kan ik een badkamer vinden die ik mag gebruiken?'

Dat was natuurlijk het beste wat hij kon doen, meteen toegeven wie hij was en wie hij niet was. In *The Butler's Guide* staat:

Als je te maken hebt met personeel, wees gewoon jezelf. Doe niet alsof je van adel bent als je dat niet bent.

Zoals zo vaak bij Stanley Ager werd het *common sense*-advies daarna een beetje obscuurder:

The real people don't regard servants as servants; they regard them as human beings – same as themselves, near enough.

De echte mensen. Echt, dat je dat uit je pen krijgt.

Maar ik begreep dat ik tegenover de optimist stond die het zonder duidelijke achtergrond had gewaagd een van de dochters het hof te maken. Ik had al menig gesprek daarover tussen de bezorgde familieleden proberen niet te horen. Het was nu zelfs onvermijdelijk geworden om de ouders uit te nodigen, werd me duidelijk toen de kasteelvrouw mij op een dag vroeg om wat extra boodschappen te doen voor het diner. Er waren geen koks, het was nog niet het seizoen en de familie was maar voor een paar dagen thuis.

'Kip, denk ik,' zei de kasteelvrouw. 'We willen ze niet intimideren bij onze eerste ontmoeting.' Ik maakte een aantekening en keek verwachtingsvol op om de rest van het menu te ontvangen: 'Kip uit de oven, bestel er drie bij de poelier die alleen biologische scharrelkip verkoopt, graag, Josephine. Met aardappels en, tja, met wat... o, met erwten.'

'Ik kan de dag erna friet maken,' zei de kasteelheer behulpzaam.

'Wat een goed idee!' zei de kasteelvrouw verheugd. 'Met boontjes en... kippenpootjes.' Ze trommelde nadenkend op de tafel. 'En dan de derde dag...'

'Aardappelpuree?' suggereerde de kasteelheer.

'Ja, aardappelpuree met een salade en kipfilet.' Ze keek me tevreden aan.

'Dus: een hele kip, kippenpootjes en kipfilet,' zei ik. Om

zonder kritisch te zijn toch een licht te laten schijnen op de feiten.

'Ja,' knikte ze, 'we willen dat iedereen zich op z'n gemak voelt.'

Haar echtgenoot zou zich zeker op zijn gemak voelen, want dit was wat hij zichzelf voorzette als hij alleen thuis was en er geen chef was om hem te vermoeien met gestoomde groenten en eendenborst.

Ik zorgde ervoor dat alles in huis was voor deze nivellerende diners en maakte de beste gastenkamers in orde voor het bezoek. De eerste morgen voelde ik een licht sensatiebeluste nieuwsgierigheid. Hyacinth Bucket kwam zeker langs in mijn hoofd.

Dus stapte ik de ochtend na hun aankomst de keuken binnen om te zien of ik iets kon bijdragen aan het goede verloop van het ontbijt. Maar er was geen Mrs Buckét te bekennen. Teleurgesteld keek ik naar een meer dan keurig echtpaar, dat niet eens zichtbaar ongemakkelijk of overdressed aan de keukentafel zat. Ze zagen er precies zo uit als alle gasten van het kasteel.

'Goedemorgen,' knikte ik dus. Ik verwachtte een goedemorgen terug, dat kreeg ik altijd, met oogcontact. En als het reguliere gasten waren, herinnerden ze zich meestal mijn naam en vroegen hoe het met mij en mijn gezin ging. Dan volgde er een kleine uitwisseling van beleefdheden en opmerkingen over het weer, meestal op een afstand van ongeveer vijf meter. Net niet zo ver dat je gek staat te schreeuwen, maar ook niet zo dichtbij dat je in elkaars persoonlijke ruimte stond.

'Goedemorgen,' zei de heer, 'hoe gaat het? Ik ben...' Dat kwam ook weleens voor, dat een gast zich voorstelde. Maar het kwam nooit voor dat hij zijn hand uitstak. Ik stond heel even perplex, maar natuurlijk niet te lang, dat zou heel onbeleefd zijn. Hij was ook half overeind gekomen van zijn stoel en dat is een heel ongemakkelijke houding, half overeind staan. Snel stapte ik dus naar hem toe, maar op dat moment stond zijn vrouw ook op en stak ook haar hand uit.

Ja, ik kon nu wel iets geleerd hebben in deze jaren, maar ik was natuurlijk nog helemaal nergens in een serieus Reinildis van Ditzhuyzen-hindernisparcours. Ik keek naar de twee mensen die hun bovenbeenspieren oefenden en de twee handen die naar me uitgestoken waren. Ik besloot toch maar dat dames altijd voorgingen en reikte voor de heer langs naar de hand van zijn vrouw. Dat had hij niet zien aankomen, want hij had haar actie niet opgemerkt, dus het werd een rare ontmoeting van handen en armen vlak voor hem langs. Het was allemaal tranentrekkend fout en natuurlijk kwam de kasteelvrouw juist op dat moment binnen en zag mij in een veel te nabije ontmoeting met haar gasten.

'Ah, onze onnavolgbare Josephine, ik zie dat jullie al kennis hebben gemaakt.' Ik wist niet of ik iets berustends in haar stem hoorde. Ik stapte snel achteruit, maar na haar korte doch duidelijke beschrijving van de situatie was de kasteelvrouw de keukendeur uit gestapt om Napoleon naar buiten te laten.

'Wat ruikt het hier heerlijk,' zei de dame.

'Ja, iets te heerlijk,' zei ik, in de lucht snuivend. 'Volgens mij staat er iets aan te branden.' De heer en dame keken enigszins onthutst naar de struise, uitgesproken vrouw die achter het kookeiland dook en uit de AGA een bakplaat halfverkoolde worstjes viste.

De kasteelvrouw kwam weer binnen. 'O, de saucijzen! Ik was ze helemaal vergeten. Dank je, Josephine.'

Ze inspecteerde de worstjes en haalde er nog wat eetbare exemplaren tussen vandaan. 'Hebben we nog meer?' Ik haalde er nog wat. Het idee was dat als de kasteelvrouw zei dat zij het ontbijt zelf zou verzorgen, ik de vorige avond de worstjes uit de diepvries haalde, de sinaasappelpers klaarzette, de boter in de botervloot deed, al dat soort details. Natuurlijk was ik de eerste keer dat ze me verzekerde dat ik niets hoefde te doen voor het ontbijt ervan uitgegaan dat ik dan niets hoefde te doen voor het ontbijt, maar na die ene eerste keer wist ik wat de aanname was.

'Is je jasje al af?' vroeg mevrouw toen ik haar wat nieuwe saucijzen overhandigde.

'Ja, gisteren heeft Nora het gebracht.'

'*How exciting!* Kom, trek het eens aan, ik ben zo benieuwd!'

Ik liep naar de kapstok bij de Staff Entrance en hoorde mijn werkgeefster de gasten van een verklaring voorzien: 'Josephine heeft zich zo ingezet tijdens de diverse verbouwingen, echt buitengewoon.'

Met het jasje van Cliffrock Estate-tweed aan kwam ik even later weer binnen.

'Prachtig, wat heeft Nora dat mooi gemaakt! Ze is echt een wonder,' zei her ladyship enthousiast.

De gasten keken nieuwsgierig naar het tweed, dit was dus de stof van dit landgoed met een patroon dat zich van alle andere landgoederen onderscheidde. Alleen het gezin van de landgoedeigenaren en hun jagers dragen kleding met deze combinatie van kleuren in strepen en banen. Een estate tweed is gemaakt om op te gaan in de omgeving, dus het verschilt sterk per regio. Een bosachtig gebied heeft een matgroen palet, bij heidegebieden komt het paars van de bloemen terug, in rotsige streken is er grijs en zwart dat de boventoon voert.

Terwijl ik in de kleuren van mijn werkgever stond te pronken, moest ik aan de passage van *Bambi* denken waarin een van de hertenkalfjes een halsband om heeft. In het boek dan, niet in de film. Ik weet ook niet waarom mijn moeder dit uiterst treurige boek over eenzaamheid en verlies in de kinderboekenkast had gelegd. Als je denkt dat de film zielig is, dan moet je vooral het boek eens gaan lezen, geschreven door een fervent jager die de weekhartige Bambivisie op de dierenwereld wilde rechtzetten en een lans wilde breken voor de jacht. Het hertje dat in het boek door mensen is opgevangen en een halsband om heeft gekregen is er trots op om bij de mensen te horen, maar de andere dieren vinden dat hij zijn waardigheid als zelfstandig wezen heeft verloren.

Ik stond dus in her ladyships estate tweed voor haar en vond het een vreemd moment. De eerste huishoudster aller tijden in het tweed van het landgoed. Een eer om ingelijfd te zijn. Vond ik het fijn om hun livrei te dragen? Ik wist dat het als een gunst was bedoeld en ik was verliefd op tweed, de prachtige wollen stof die in Schotland wordt geweven en waar nog zoveel handwerk bij komt kijken. Nora had het jasje voor mij gemaakt, het was ook voor het eerst van mijn leven dat ik op maat gemaakte kleding had. Het bleef allemaal dubbel, want iedere gunst was ook weer een verwijzing naar de onbetwiste machtspositie van de familie. Ik als import droeg tweed, maar mijn Schotse buren niet.

Venster op de wereld

'En als je denkt dat het een goed moment is, kun je proberen over de hoge weg terug te rijden.'

'*Eh?*' zei ik in mijn meest sophisticated Brits. Haastig corrigeerde ik mezelf: 'Ik bedoel, wat bedoel je, Ian?' Want zijn laatste instructie leek voor mij kant noch wal te raken. We waren bezig een lijst door te nemen van dingen die ik onder de aandacht van de kasteelvrouw moest brengen. Allemaal zaken die de factor normaal zelf met haar zou bespreken, maar ze had hem niet ontboden. Hij had dringend haar fiat nodig over allerlei zaken om verder te kunnen. Als het antwoord op zijn e-mails uitbleef, werd het lastig voor hem. Hij kon niet het risico nemen dat hij iets deed waar ze achteraf toch niet blij mee was, maar alles moest wel af zijn voor zij in de zomer met gasten zou aankomen. Voor het eerst schakelde hij mij nu in om antwoorden te krijgen op de meest urgente kwesties. Nauwkeurig spelde hij ze voor me uit aan de telefoon.

'Moet het oude hek bij de rozentuin worden weggehaald?'

'Moeten de sneeuwvlonders op het dak van het hoofdgebouw worden vernieuwd?'

'Was ze tevreden met de nieuwe radiatoren waarvan hij een voorbeeld had gestuurd?'

'Mochten Finlay en Aileana een heg planten om hun tuin?'

Geduldig schreef ik in mijn aantekenboekje terwijl de factor mij zijn vragen overdroeg. Uit de korte stiltes die vielen, dacht ik te kunnen afleiden dat hij zijn lijst langsliep en afwoog hoeveel haast hij had met het krijgen van het antwoord en hoeveel vertrouwen hij had in mijn inzicht in de materie. Ik had alle begrip voor zijn terughoudendheid. Na mijn paar jaar ervaring in deze wereld wist ik dat het bij de meeste vragen niet alleen ging om de inhoud maar vooral om de verwoording.

De vraag over het oude hek bij de rozentuin was een simpele. Daar mocht het antwoord 'ja' of 'nee' op zijn. De voorkeur van de eigenaresse was het enige dat telde.

De vraag over de vlonders die het gewicht van de sneeuw moesten dragen en het smeltwater moesten afvoeren, was complexer. Het enige passende antwoord was 'ja'. Het was dus geen vraag maar een feit dat verwoord moest worden als vraag, maar niet op dusdanige wijze dat de eigenaar kon denken dat het ook tot volgend jaar kon wachten. Of dat de factor haar een bevel gaf, dat natuurlijk al helemaal niet.

Als ik de factor aan het werk zag, moest ik denken aan generaal Koetoezov uit *Oorlog en vrede*. Tot vorst Andrejs verbijstering en verontwaardiging valt de man die het Russische leger moet aanvoeren in de slag tegen Napoleon, in slaap tijdens de voorbesprekingen. Later verklaart Koetoezov tegen Andrej dat het dwaasheid is te denken dat je de hele wereldgeschiedenis kunt beïnvloeden. Je kunt hooguit het juiste moment afwachten en dan een klein duwtje in de richting geven waarvan jij denkt dat het de goede is. Dat leek de rol die de factor zichzelf toebedeelde, af en toe een klein duwtje geven. Niet dat hij verder in slaap viel, maar enige gelatenheid bij het onvoorkombare dacht ik af en toe wel te bespeuren.

Hij deed een overtuigende generaal Koetoezov bij onze inspectie van het appartement, een paar maanden geleden. De kasteelvrouw keek naar de kozijnen en zei luchtig: 'We kunnen natuurlijk die mooie oude kozijnen behouden, nietwaar, Ian?'

De 'nietwaar'-toevoeging was half defensief, half vragend. Ik zag de factor van opzij en zijn uitdrukking terwijl hij naar het verrotte kozijn keek, was volmaakt ondoorgrondelijk. Er was een korte stilte, die hij verbrak met zijn zachte stem. Ik vind het Schotse accent bijna ouderwets afsteken tegen het rappe, luide Engels: '*I can imagine we would have to think in the direction of another solution.*'

'Kunststof kozijnen?' zei mevrouw met onverholen afschuw. Ze wendde zich nu volledig naar de kleine figuur die naast een zak puin stond. Hij nam weinig plaats in, maar hij stond zich niet klein te maken. Ian glimlachte verontschuldigend en met sympathie voor de belediging van haar stijlgevoel, maar ook met een boek vol cijfers met inkomsten en uitgaven van het landgoed achter zich: '*I think we will have to consider that possibility.*'

Ik denk dat we die mogelijkheid moeten overwegen. Hij gebruikte geen enkel woord dat aanstoot kon geven, het lelijke woord 'kunststof' of het nog vulgairdere 'dat is te duur' liet hij ongezegd. Zonder dat het aan duidelijkheid te wensen overliet. Een klein tikje in de richting waarvan hij dacht dat het de beste was voor het landgoed.

Door het observeren van dit soort partijen was ik natuurlijk gaan denken dat ik er wat van af wist. En nu zou mijn spelinzicht op de proef worden gesteld.

Ik nam me voor om met het hek te beginnen, ik vermoedde dat de factor de vragen met opzet in de beste volgorde aan me had gegeven. Dan zou ik daarna de sneeuwvlonders naar voren brengen. Ik dacht even na over de toon: niet dwingend maar wel *matter of fact*, met een laconieke het-moet-nu-eenmaal-gebeuren-inflectie in mijn stem. Ik dacht dat dat wel moest lukken. De vraag over de heg was lastiger, want ik wist hoe graag Finlay en Aileana het wilden. Daarvoor was het belangrijk om mijn stem volledig neutraal te houden, enige sociale druk was uit den boze voor een goede uitkomst. Ik zou misschien een argument kunnen bedenken, een neutraal argument. Ik haalde me hun cottage voor de geest. Er was al een heg aan de andere kant van het pad. Eigenlijk was het meer een verlenging dan een nieuwe heg. Ja, zo kon ik het vragen: vindt u het goed als de nieuwe bewoners de heg verlengen?

Maar Ians laatste vraag, of ik haar wilde vragen over de hoge weg te rijden? Waar ging dat over? Beducht dat ik over mijn diplomatieke kunnen getild ging worden, luisterde ik geconcentreerd naar zijn uitleg. Zijn stem was een beetje hoger dan anders, dat vertelde me dat hij deze laatste opdracht ook niet helemaal met volle overtuiging aan mij gaf. Ik vroeg me af waarom hij het dan toch deed.

'Als de kasteelvrouw in een goede stemming is, kun je haar vragen om na de inspectie van de voortgang in het appartement terug te rijden over de hoge weg. Je rijdt dan door na de boerderij waar de weg steil omhooggaat, dan ga je met een scherpe bocht naar rechts zodat je over de heuvelweg rijdt in plaats van langs de rivier.'

'Ja, ik weet waar je bedoelt.'

'Daar passeer je een veerooster en daarna heb je nog een passeerplek aan de kant van de weg.'

'Jaha,' zei ik en probeerde me de plek voor te stellen. Het was op dit soort momenten dat ik besefte hoezeer de mensen die hier werken met iedere centimeter van het landgoed vertrouwd waren.

'Nou, bij de tweede passeerplek na het veerooster moet je vragen of de kasteelvrouw even stopt.'

'Vragen of ze stopt?' Dat was nou nog nooit in me opgekomen, om haar te dirigeren tijdens het autorijden, maar blijkbaar waren we nu in een ander kader beland.

'Ja.' Ik hoorde de nauwverholen zucht van Ian, hij begon zich waarschijnlijk hard af te vragen of hij deze missie wel aan mij moest toevertrouwen. Hij ging stug door.

'Dan, als je daar staat, heb je uitzicht over de vallei.' Hij gaf me even tijd om dit te laten bezinken. 'Vraag haar om naar het uitzicht te kijken.'

'Ja.'

Ik zag niets voor me bij dit uitstapje. 'Eh, Ian, is er iets speciaals waar ik op moet letten?'

'Als ze daar staat en voor zich uitkijkt, ziet ze op de helling direct onder zich de pony's, die nu eindelijk staan op de plek waar ze moeten zijn. Dan, voorbij de weg, zijn er de weides met de schapen en lammeren van dit jaar. Voor het eerst zonder de pony's, dus de velden zijn deze keer mooi groen in plaats van een doorploegde modderpoel. Voorbij de schapen is een veld met de hooglanders, die nu weer bruine kalveren hebben en niet alleen maar blonde.'

Ha, dat wist ik, we hadden een nieuwe fokstier, want de vorige bleef maar lichtgekleurde kinderen verwekken, waardoor de kudde meer op een verzameling snoezige knuffeldieren begon te lijken dan op de rossige ruige massa die je in een Schots landschap verwacht. Dat was dus verholpen door een nieuwe pater familias.

'Daarachter is de rivier en als je op die plek staat en er is wat zon, dan kun je het water zien glinsteren.' Ik verbaasde me over dit lyrische intermezzo. 'Dat komt omdat de jachtopziener met zijn mannen de bochten van de rivier heeft gedregd,' voegde hij er broodnuchter aan toe. Ah, ik was weer op vaste bodem.

'Daarachter is de nieuwe aanplant van het bos te zien die nu echt goed opkomt.' Hij liet een pauze vallen. 'Als je daar staat op die dag dan zie je dat allemaal in één oogopslag.'

'Wauw,' zei ik, 'dat is nogal wat.'

'Het is jaren en jaren werk dat nu samenkomt.' Zijn stem klonk ernstig. 'En als we de kasteelvrouw daar op die dag in een goede stemming krijgen, dan kan ze het zien. Maar als ze niet in de juiste stemming is, dan zal ze wel kijken, maar niet zien.'

'Wil je het niet liever zelf met haar bekijken?' opperde ik. 'Het is jouw werk en jij weet er zoveel meer van.'

'Nee,' zei Ian, 'ze heeft niet om een onderhoud met mij gevraagd tijdens dit bezoek. We weten niet wanneer ze weer komt en over een maand zijn de hooglanders al naar de zomerweides. De schapenhandelaar is dan ook al geweest. Dus dan krijgt ze niet het hele plaatje.'

Dus alleen op die dag zou alles samenkomen en in één blik te zien zijn.

Op de bewuste morgen vergde de inspectie van de bouwwerkzaamheden in het appartement al mijn aandacht. Pas toen we op de terugweg halverwege de weg langs de rivier reden, herinnerde ik me Ians opdracht.

'O! Mevrouw, kunt u even omkeren? Ik dacht dat we even langs de hoge weg terug konden rijden.'

Oei, wat een slecht begin, ik beet op mijn lip, dit ging niet helemaal volgens plan. Als we spontaan van de boerderij omhoog waren gereden had het nog wat geleken, maar ik zat hier natuurlijk op het randje tussen PA en manager te balanceren. En ik was niet de manager. Maar de kasteelvrouw reageerde goedgehumeurd en keerde de auto. Ze was in het gezelschap van haar nicht, die een week kwam logeren, vandaar het onverwachte bezoek en vandaar ook dat ze geen vergadering had gepland met de factor.

Het was leuk om de kasteelvrouw met dit familielid te zien. De nicht leek op haar qua uiterlijk maar helemaal niet qua gedrag, ze was luidruchtig, vrolijk en spontaan. Alles wat ze wilde flapte ze eruit en dan lachte ze dreunend. Ergens leek ze misschien wel op de kasteelvrouw, maar dan op hoe die geweest zou zijn als ze niet landeigenaar was geweest en wist dat alles wat ze zei op een goudschaaltje gewogen zou worden. Als ze met haar nicht was, zag ik haar zachter en zorgelozer dan ik haar ooit meemaakte.

'*Oops, Bobby, you know how to take a corner in that outrageous Range Rover of yours!*' lachte Sally luid. De nicht kon het niks schelen, die Range Rover, Bobby was altijd rijker geweest maar ze was ook het meisje met wie ze vroeger bibberend in een bedje in de toren had geslapen. 'We hadden elkaar zoveel spookverhalen verteld dat we niet eens meer naar beneden durfden te rennen om bij mijn tante in bed te kruipen!' vertrouwde Sally me lachend toe. Ik zag de statige kasteelvrouw als een klein meisje met vlechtjes, griezelend in bed met haar nichtje.

Ook lachend keerde mevrouw de auto en even later waren we op de hoge weg.

'Hier, o nee, ik denk de volgende.' Het zweet brak me uit, ik kon de juiste passeerplaats niet vinden, wat had Ian nu gezegd, na het eerste of tweede veerooster?

'Eh, hier, als u in deze passeerplaats even kunt stoppen?'

Gehoorzaam draaide mevrouw in de rotsige uitsparing aan de kant van de weg. Het was opeens heel stil in de auto.

'En nu, Josephine?' vroeg ze.

Ik keek naar de rug van de vrouw voor me. Mijn mond voelde opeens heel droog.

'Ja, zo, dus als u nu uit het raam aan onze rechterkant kijkt?'

Ze drukte op een knopje en het raam aan haar kant zakte geluidloos naar beneden. Sally was ook stil en ik zag de twee hoofden voor me zich naar rechts wenden. Het was mooi weer. De zon scheen en witte wolken dreven over een gladde zee.

'Zoals u ziet, staan de pony's nu allemaal op deze heuvel.' Ze zweeg. Ik haalde diep adem en vervolgde: 'Dat is waar ze horen, maar waar ze dit jaar voor het eerst staan.' Ik had geen idee of ik nu beledigend neerbuigend voor de hand liggende zaken uitspelde of dat het juist nuttig was de aandacht daarop te vestigen. Ik had de vergaderingen de afgelopen twintig jaar niet meegemaakt. 'In de weide daaronder ziet u hoe het gras zich volledig hersteld heeft. De schapen staan met de nieuwe lammeren. Het was een goed lammerjaar.' Nog steeds waren ze stil en ik vervolgde het lesje dat ik uit mijn hoofd had geleerd. Bij alles wat ik opnoemde, checkte ik of het er ook echt was, en goddank stonden de paarden er en was de weide groen.

'De hooglanders staan in de wei daarachter,' strompelde ik onbeholpen voort, dat zag ze toch zelf ook wel? Maar goed, ik moest erdoorheen.

'En dan ziet u de rivier. Het, eh, het water schittert meer omdat het helderder is, de jachtopziener en zijn mannen hebben het hele voorjaar gedregd en de bochten verdiept.'

In de stilte die daarop volgde, wierp ik mijn laatste troefkaart: 'Het bos staat er ook mooi bij en de nieuwe aanplant is goed aangeslagen.'

De auto was stil, in de auto was het stil en door het raam hoorden we het roepen van de buizerds hoog in de lucht. Het doordringende geblaat van een lammetje was te horen en een van de paarden wierp hinnikend zijn hoofd omhoog en ging toen weer door met grazen.

Ik zag alleen het achterhoofd van de vrouw voor me en vroeg me af of ze alleen keek, of ook zag.

'Ian vroeg me om u dit te laten zien.' Ere wie ere toekomt.

'Hij zei dat u dan het resultaat kon zien van heel veel jaren werk en investeringen.'
'Heb jij dat bos laten aanleggen, Bobby?' vroeg Sally.
Toen begon de kasteelvrouw te vertellen, hoeveel moeite het had gekost om subsidie los te krijgen voor de aanplant, hoe de mannen van de commissie ervan uit waren gegaan dat ze niet wist waar ze het over had, en de duizend-en-een details die het beheren van een landgoed uitmaken. Sally luisterde aandachtig, de zon scheen, het venster op de wereld bood uitzicht op grazende dieren en groene weiden en ik leunde achterover in de lederen bekleding. Ze keek niet alleen, ze zag.
En ik keek ook en zag veel meer dan ik ooit had gezien in dit landschap. Al het menselijk ingrijpen. Ten goede en ten kwade, voor eigen gewin of om de natuur te helpen herstellen. Alles in dat ene venster. En alles eigendom van de ene vrouw die nu voor me zat in de auto. Ik moest denken aan de uitspraak van het indianenstamhoofd: hoe kun je de aarde bezitten? Ik wist niet hoe het kon, maar het was zo. En de vrouw die voor me zat, was de bezitter. Ik was blij met de warmte die ik in haar stem hoorde.

DEEL 4

Here come the Clearances again

Vakantiehuisje

'We moeten eruit,' zei mijn buurman Seamus. Hij stond in de deuropening van hun cottage.

'Ze willen het gaan verhuren als vakantiehuisje.' Hij keek om zich heen, naar het rotstuintje, het glooiende veld achter het huis en de rivier die langsstroomde. 'Het is natuurlijk een mooie plek. Er zullen zeker mensen zijn die hier vakantie willen houden.'

Maar het was zijn huis. Geweest.

Er viel niet zoveel te zeggen.

'*I am so sorry.*'

'*Thanks.*'

We stonden nog even. Hij op de plek die hij niet meer zijn thuis kon noemen, ik op de stoep van het huis dat niet meer van mijn buren was maar voortaan een vakantiehuis zou zijn. Seamus en ik luisterden naar de bekende geluiden, de rivier, het ruisen van de wind in de bomen, het geklok van hun kippen.

'Ik moet maar weer eens verder,' zei ik.

'Natuurlijk,' zei Seamus, 'ik heb ook nog heel wat hout te hakken.' Maar niet voor hier, dachten we allebei.

Toen ik me omdraaide, bedacht ik iets: 'Hoe hebben ze het eigenlijk aangekondigd?'

'Ian belde ons.'

Ik stond in mijn tuin en voelde me verdoofd. Toen ik hier net werkte had ik me voorgenomen om niet te vervallen in een oordeel, in wij en zij, arm en rijk, goed en slecht. Kon ik dat nu nog? Was hier nog enige nuance mogelijk of was het zo klaar als een klontje? Kon ik het nog voor mezelf verantwoorden om voor dat soort mensen te werken?

Ik was naar de overkant gelopen om een ijzeren staaf te lenen voor mijn zoons, die het hek probeerden te repareren. De schapen duwden er zo hard tegen aan dat de palen die in de rotsige bodem waren gestoken, waren omgevallen. Ze moesten een dieper gat maken voor de palen en met een staaf kon je de stenen eruit wippen in plaats van je schep er steeds op te breken. Een hele ervaring voor wie op zand is opgegroeid.

'Probeer het toch maar met de schep,' zei ik tegen mijn zoon. Want ik was na de mededeling van Seamus vergeten om de staaf te vragen. Verwoed hakten de jongens nu in de rotsige grond. 'Hij breekt bijna,' zei Wolf tevreden. 'Hier, laat mij maar,' zei Raaf en nam als oudste de schep over. Ze stonden in hun joggingbroek met blote voeten in het gras. 'We moeten snel eens naar het dorp, jullie haren worden veel te lang,' zei ik.

'Maar niet vandaag!' riep Raaf. Ze wilden veel liever bij ons huis blijven en aanklooien. Ons huis. Ik zei niets over de buren die uit hun huis moesten.

Ik ging verder met het gras uit het grind trekken. We hadden een fikse strook grind rond het huis en de eerste twee jaar had ik het voorbeeld van Toots en Charlie gevolgd en het gras er gewoon laten groeien en het dan gemaaid. De factor had me echter laten weten dat dat niet de bedoeling was. Het grind bij de cottages van het kasteel moest grind blijven.

'Dus dan moet ik gif spuiten?'

'Ik kan de tuinman langssturen als je op vakantie bent,' bood hij aan.

Ik begreep dat dat een gunst was, blijkbaar moesten de

andere bewoners zelf hun zaakjes op orde maken, maar ik had geen zin om mijn erf te vergiftigen met alle kippen en kinderen die hier rondliepen. Dus lag ik iedere zaterdag op mijn knieën gras te trekken. In mijn tuin. De tuin van het huis dat ik even mocht bewonen. We hadden toestemming gevraagd voor een speelhuisje, een kippenhok en een waslijn. Omdat het allemaal van hout was of uit het zicht was, hadden we voor alles toestemming gekregen. Zelfs de blauwgerande trampoline was door de keuring gekomen, omdat hij achter een heuveltje stond.

Het lukte niet erg om door te werken, juist vandaag voelde het gras trekken als uitzichtloze horigenarbeid. De gedachten tolden door mijn hoofd. Ik was bezig geweest met overleven, blij geweest met het feit dat ik werk had. De bestaande verhoudingen waren een gegeven paard dat ik niet in de bek had gekeken. Ik had me niet in de positie gevoeld om daar mijn oordeel over te hebben: ten eerste vond ik het pedant en ten tweede was ik niet in de luxepositie om mijn werk op te geven. Nu kwam echter het ongemakkelijke zinnetje bovendrijven: wiens brood men eet, diens woord men spreekt.

Ik leegde mijn laatste emmer gras en ging eens bij mijn zoons kijken.

'Dat is mooi geworden,' prees ik. Ze hadden de palen weer enigszins in de grond gekregen en met planken en veel spijkers het gat dichtgemaakt. 'Laten we een ijsje gaan eten.'

Toen we het postkantoor binnenstapten, vonden we Laura, Finlay en Roy in gesprek. Ze zwegen abrupt. Was het nu zo dat ik nu ik bij het kasteel een hogere functie had gekregen, niet meer het vertrouwen genoot van mijn buren? Of dacht ik dat alleen maar? De jongens zochten een ijsje uit en liepen naar buiten. Ik bleef even dralen.

'Wat een schok, niet? Het nieuws dat Muireal en Seamus moeten verhuizen.' Ik wilde weten of ik me had vergist in hun zwijgen. De twee mannen naast de toonbank keken een andere kant op en Laura was te druk bezig met schrijven in het boekje waarin ze bijhield wat iedereen uit de buurt bij haar op de pof meenam. Twee ijsjes en een thee vandaag voor ons.

'De thee wordt zo gebracht,' zei Laura. Nee, ik had het me niet verbeeld.

Common law

'Kan ik nu ook een telefoontje gaan verwachten?' vroeg Craig me. Hij zat buiten op het terras van het postkantoor en nodigde me uit om bij hem te komen zitten. Ik was dankbaar dat er tenminste nog iemand met me wilde praten. Hij woonde sinds kort op het schiereiland en zijn zoons waren dik bevriend geraakt met de mijne. Ze rolden nu met ijsje en al de heuvel af en ik ging naast Craig zitten.

'Een telefoontje?'

'Net als de buren.' Hij knikte in de richting van het huis van Muireal en Seamus.

'Dat denk ik niet.' Mensen namen vaak aan dat ik alles wist wat er op het kasteel speelde. Aan de ene kant wist ik veel, aan de andere kant werd ik ook buiten veel zaken gehouden omdat ik deel was van de dorpsgemeenschap.

'Ze waren in hun recht,' zei hij. Ik keek verrast op. Craig was nogal een patriot en stak zijn enthousiasme voor een onafhankelijk Schotland en vooral landhervormingen niet onder stoelen of banken. 'De landeigenaren. Omdat hun hond jou gebeten had,' verduidelijkte hij.

'Ik ben bang dat ik de huurwetgeving niet zo goed ken,' zei ik. En vervolgens gaf Craig me er een halfuur lang college over. Je had in Schotland veel meer opties voor een verhuurcontract dan in Nederland. Er was een variant die inhield dat je mensen met een opzegtermijn van een paar weken en zonder opgaaf van reden uit hun huis kon zetten.

'Maar er was hier sprake van een politiezaak, dus er was wel een reden,' zei Craig.

'Nee,' zei ik, 'we hebben de politie niet geïnformeerd.' De factor had Tjibbe de nacht van het ongeluk met de hond gebeld en gezegd dat ze de politie gingen bellen. Tjibbe had voorgesteld om Muireal en Seamus even de tijd te geven om zelf actie te ondernemen en daar had de factor in toegestemd. De volgende ochtend waren onze buren weggereden met de hond en die middag hadden ze een groot gat gegraven in de tuin. Ze hadden geen toestemming gevraagd om het kadaver in de tuin te begraven en de factor was er niet blij mee, maar wilde het beest niet weer laten opgraven. In het ziekenhuis hadden ze erop gestaan dat ik aangifte deed, maar daar was ik die nacht niet aan toegekomen en toen de hond al weg was, leek het zinloos.

'Maar het was in theorie een zaak voor de politie,' vervolgde Craig. 'En ze zijn in recidive gegaan door weer een meer dan gemiddeld grote hond te nemen, zonder toestemming te vragen. Ook als je onder *assured tenancy law* huurt, kan dat een geldige reden zijn voor de verhuurder om de huurovereenkomst te beëindigen.'

Craigs gezicht stond geanimeerd. Hij wist duidelijk waar hij het over had en citeerde soepeltjes wetten en wetsvoorstellen. Hij had het over landbezit en pachtwetten in Noord- en Zuid-Amerika en het verschil met Schotland. Normaal was hij een erg stille man en meestal kostte het me hoofdbrekens om een beetje gesprek op gang te houden, maar nu de bron was aangeboord, bleef het stromen.

We liepen langs de rivier terug naar huis en de kinderen klommen over de rotsen naast de weg. Bij zijn huis stonden we stil.

'Maak je je er zorgen over dat je eruit gezet kunt worden?' vroeg ik bij gebrek aan een handiger formulering. Hij kende de wet zo goed, hij wist dat het een mogelijkheid was. Ik had hem ervan proberen te overtuigen dat het niet iets was wat onze landeigenaar vaak zou gaan doen. Maar waarom eigenlijk? Ik dacht dat ik haar kende en wist wat ik van haar kon verwachten, maar dat was dus niet zo.

'Zorgen? Nee.' Hij lachte. 'Ik maak me geen zorgen. Ik weet hoe het gaat.'

Hij stapte zijn huis in en zijn drie zoons volgden hem. Het huis was netjes. Ze hadden er meubels in gezet maar er niets aan vertimmerd of geverfd. De tuin werd af en toe gemaaid maar ze plantten niets. Ik besefte dat hij er woonde, maar het zich op geen enkele manier eigen maakte. Hij kende de wet te goed: er was niets eigens aan een huis op een *sporting estate*.

Ik merkte dat ik de onverschilligheid waarmee hij aanvaardde dat hij geen rechten had het meest schokkend vond.

Ik las *The Poor Had No Lawyers: Who Owns Scotland (and How They Got It)* van Andy Wightman, *Soil and Soul: People Versus Corporate Power* van Alastair McIntosh en *The Highland Clearances* van John Prebble. In alle boeken vond ik het verhaal van een volk dat zijn land kwijtraakt aan een paar enkelingen. Ik dacht aan de Amazone-indianen die op dit moment vechten om hun land te behouden. Over niet al te lange tijd zou hun land eruit kunnen zien zoals Schotland nu is, ontbost en zonder mensen.

Een tijd later zaten we aan het strand en vroeg ik Craig wat Schotland anders maakte dan andere landen.

'Ik denk dat Schotland een bijzonder geval is omdat het zo lang nog een traditionele gemeenschap in Europa was. En vanwege de schaal waarop het nu in privébezit is. Ze zeggen dat 90 procent van het land eigendom is van minder dan vijfhonderd mensen.'

Van oudsher was het land in bezit van de clans. Gek, dat ik bij dat woord altijd een idyllisch gevoel kreeg van mensen die gezamenlijk een beetje aanklungelden, vee hielden en graan verbouwden op zonbeschenen heuvels. Ik wist toch beter, zeker wat dat zonbeschenen betreft. En door de geschiedenisboeken die ik las. Er was meestal wel een centrale koning, maar in de afgelegen Hooglanden waren de clanhoofden, de lairds, de werkelijke machthebbers. Er waren nauwelijks landkaarten, gebieden krompen en breidden zich weer uit in een eindeloze rij gevechten. Het grote verschil met nu was dat land dat in die tijden veroverd werd, altijd van de hele clan was en dat een andere clan het terug kon veroveren. Terwijl nu het land van de landeigenaar is, alleen van hem en voor altijd, of dat nu een clanhoofd, bankier uit Londen, oliesjeik of wat dan ook is. Wie het kan betalen, kan het krijgen. En iedereen die er al woont van zijn land af zetten.

'Wanneer verloor de clan het land en werd het bezit van een landeigenaar?'

'Dat is een lang proces geweest. Eerst ging de kerk grote gebieden tot haar eigendom maken. Daarna werden er wetten ingevoerd die landbezit voor de clanhoofden legaliseerde.'

Ik keek om me heen, het kasteel op de klif dat alles domineerde, de paar kleine cottages en de vele ruïnes van cottages. De ruïnes zijn een constante herinnering aan de Clearances van midden achttiende en de hele negentiende eeuw. Het andere woord dat werd gebruikt was *improvements*. Schapen houden was lucratiever dan een clan herbergen. Er waren weinig mensen bij nodig.

'Wat ik me altijd afvraag bij de Clearances,' zei ik tegen Craig, 'is hoe de clanhoofden het over hun hart konden verkrijgen om hun eigen clanleden van hun land te zetten.'

Craig keek ook omhoog naar het kasteel. 'Er zullen verschillende redenen zijn geweest waarom de band tussen clanhoofd en clan veranderde. Het was de tijd van de industriële revolutie, de hele wereld veranderde. Het leven hier was langer op een traditionele manier doorgegaan, omdat het zo'n geïsoleerd gebied was. Maar alle geschiedenisboeken zijn het erover eens dat toen de Schotten de slag bij Culloden van de Engelsen verloren, de macht van de clans werd gebroken.

De clanhoofden, of lairds, die hadden meegedaan aan de opstand en niet op het slagveld waren gevallen, werden door de Engelsen terechtgesteld of verbannen. Ze verboden de Schotten om nog hun eigen taal te spreken, het Gaelic, en om hun tartan te dragen. De lairds die overbleven, werd de macht die ze tot nu toe hadden gehad ontnomen. Alleen als ze met hun mannen toetraden tot het leger van de Engelse koning, kregen ze iets van hun rechten terug. Ze mochten dan ook weer hun tartan dragen. Heel slim gedaan: om een onafhankelijke laird te blijven moesten ze zich totaal overgeven aan de Engelse koning. Wat ook werd geëist was dat alle belangrijke families hun oudste zoons naar een school in Edinburgh of Engeland stuurden. Die scholen kostten ook weer veel geld, de clanhoofden moesten een manier vinden om dat te betalen.'

Ik probeerde het me voor te stellen, de clanhoofden deel van het Engelse leger, de jonge jongens die opeens werden ondergedompeld in een Engelse omgeving, met Engelse leeftijdsgenoten. Hoe was het voor hen geweest als ze na jaren terugkwamen in de ruige heuvels?

'Halverwege de negentiende eeuw kwamen Victoria en Albert op het idee om hier een kasteel te kopen en te gaan jagen. Dat voorbeeld werd enthousiast gevolgd, iedereen die iets wilde voorstellen moest en zou ook een jachtgoed in Schotland hebben. Ineens konden de verarmde clanhoofden hun kasteel voor een goede prijs verkopen. De nieuwe landeigenaren zorgden voor een nieuwe golf van uitzettingen. Zij hadden al helemaal geen band met de clanleden die daar woonden, en jagen gaat natuurlijk beter als het land zo spaarzaam mogelijk wordt bewoond. Aan het einde van de negentiende eeuw was Schotland zoals het nu is: weinig mensen en kaalgevreten door schapen en herten. Er zijn in de laatste jaren een paar gemeenschappen geweest die de landeigenaar hebben uitgekocht, twee of drie daarvan zijn zelfs heel succesvol. Maar het is duur en de gemeenschappen zijn erg klein.' Je zou denken dat gestolen goed net als na de Tweede Wereldoorlog ooit zou worden teruggegeven aan de rechtmatige eigenaren. Maar blijkbaar moeten de Schotten hun eigen land terugkopen.

De factor

De week na mijn gesprek met Craig liep ik naar mijn werk. Ik liep de laatste tijd weer vaker en liet de personeelsauto die ik nu altijd tot mijn beschikking had, staan. Sinds ik wist dat Muireal en Seamus hun huis uit moesten, had ik er behoefte aan om de paar mijl te lopen en de afstand te voelen tussen ons groepje cottages en het kasteel. Het was fris en grijze wolken joegen over de zee, de meeuwen werden door de wind voortgesleurd en doken krijsend naar beneden. Ik dacht aan de John Muir Trust, opgericht door een man die de wildernis beschermde in Amerika en Schotland door nationale parken te stichten. De mooiste toekomst die ik voor me kon zien voor deze streken was dat ze eindelijk beschermd zouden worden tegen alle exploitatiemogelijkheden die mensen erin zagen. De nieuwste voorbeelden daarvan waren de windmolenparken en waterkrachtcentrales. Het ergst waren de eindeloze rijen elektriciteitsmasten. Ik keek naar de wilde hoge heuvels die weerloos neerlagen.

Toen ik halverwege de oprijlaan was, kwam er een auto achter me rijden en stopte naast me. Het was de factor.
'*Do you want a lift?*'
Ik was een beetje laat, dus ik nam zijn aanbod aan en stapte in zijn zwarte, hoge auto. Niet zo zwart en hoog als die van

de kasteelheer, maar een stuk zwarter en hoger dan die van de bewoners van de cottages. We praatten wat over het werk. Wanneer mijn vriendin terug zou komen om schilderijen te restaureren zoals ze het jaar daarvoor gedaan had en of de koks goed aangekomen waren. Het ritje was te kort om over andere dingen te praten maar het voelde vreemd om zomaar wat te zitten babbelen terwijl er zoveel belangrijks te zeggen was.

Bij de buitenmuur parkeerde Ian en we stapten uit.

'Misschien kun je even langskomen na de vergadering met de kasteelvrouw,' vroeg ik. Dat deed hij eigenlijk altijd, maar vandaag wilde ik zeker weten dat ik nog in de gelegenheid zou zijn om hem te spreken. Hij knikte en ik draaide me om naar de Staff Entrance.

'*You are going that way, are you?*' zei Ian met een scheef glimlachje en een aarzeling.

Ik keek op en niet voor het eerst verbaasde ik me over het beeldende vermogen van het kasteelleven. Ja, ik ging naar rechts naar de Staff Entrance en Ian ging naar links om over het voorplein naar de Main Entrance te gaan en daar aan te bellen. Tien tegen één dat ik dan zou komen aanlopen om de deur voor hem open te doen en hem aan te kondigen bij de familie.

Omslachtig? Ja.

Formeel? Zeker.

Denigrerend? Mmm, dat mocht ik zelf beslissen. Ik had ervoor gekozen het spel helemaal mee te spelen. Niemand zou er waarschijnlijk wat van zeggen als ik nu de voordeur nam. Maar het was onduidelijk. Vandaag zou ik niet deelnemen aan de vergadering en had ik mijn handen vol aan het op rolletjes laten lopen van een huishouden met gasten, kinderen, honden en personeel. Dat deed ik vanuit mijn hoofdkwartier in de Staff Quarters. Vandaag was ik de huishoudster en niet de PA, dus had ik niets te zoeken bij de voordeur.

'*I know my place*,' lachte ik en daar gingen we allebei onzes weegs, hij in zuidelijke, ik in noordelijke richting lopend langs de hoge gekanteelde buitenmuur.

Binnen waren er vragen te beantwoorden van de koks, de au pair zocht naar een tweede kinderstoel en ik moest de doedelzakspeler reserveren voor 'the Glorious Twelfth', de dag dat de eerste patrijzen en korhoenders werden geschoten en feestelijk geserveerd. Op weg naar boven liep ik de kasteelvrouw tegen het lijf.

'*Oh, I'm sorry*,' zei ik omdat ik net naar haar kamer op weg was met haar zilveren manicureset en zij daar ook naartoe ging. 'Ik dacht dat u nog in vergadering was.'

'*I escaped for a minute*,' lachte ze. 'Josephine, kun je even meelopen naar mijn badkamer?'

'Natuurlijk.' Ik zette de antieke houten doos voorzichtig neer met de in mollig blauw fluweel gelegen zilveren schaartjes, vijltjes en potjes. Ik liep achter haar aan en probeerde mijn gedachten over de buren even opzij te zetten.

'Wat denk jij,' zei de kasteelvrouw op haar wc-pot wijzend, 'Ian zei dat jij barsten had gesignaleerd in de wc van de Rode Kamer. Waar Duncan dus een nieuwe heeft geïnstalleerd. Hij heeft mooi werk geleverd, ik ben erg tevreden, en jij ook bedankt dat je alert bent op dat soort dingen.' De kasteelvrouw was altijd heel punctueel in het bedanken van iedereen die betrokken was geweest bij werkzaamheden, nu klonk het alleen een beetje of ze op de automatische piloot stond, omdat ze ondertussen geconcentreerd naar haar eigen wc-pot keek.

'Maar nu zie ik hier dus ook allemaal barsten.'

'Ja,' zei ik, 'die had ik ook gezien, maar ze lijken meer in het glazuur te zitten.'

Mevrouw keek met haar hoofd schuin naar de *heritagestyle*-pot. 'Misschien.' Toen nam ze een besluit. '*Would you mind waiting here for a second?*' Ik schudde mijn hoofd en ze verdween. Even later was ze terug met haar echtgenoot

en de factor. We stonden met zijn vieren om de toiletpot geschaard en keken.
'*What do you think?*' vroeg de kasteelvrouw.
Hè, dat was nu weer zo lastig. Ik had mijn oordeel opgeschort maar ik probeerde wel een grotere afstand tot deze mensen te bewaren. En nu, ernstig in een kringetje naar de wc starend, moest ik weer lachen. Ik moest lachen om het aplomb waarmee de kasteelvrouw de hele situatie creëerde, de voorname ernst van de onderneming, de halve blik die ik van Ian kreeg, waarna hij plechtig bij de pot neerknielde en de barsten bestudeerde en de kasteelheer die droogjes vroeg: '*Would you like me to inspect it too, darling?*' En haar antwoord: '*Only if you can bring yourself to it, dear.*' Lachen en een koele afstand tot mensen bewaren is een moeilijke combinatie. We liepen in optocht weer de badkamer uit en ik werd hoffelijk bedankt voor mijn medewerking.

De vergadering duurde tot de middag. Earnest was bezig een van zijn zalige lunches voor ons klaar te maken. *Leftovers* van wat ze voor de familie maakten, maar daarom kookte hij altijd overvloedig, zodat er genoeg leftovers zouden zijn om de *staff* te voeden. Ik liep de keuken in en vond hem druk bezig de laatste hand te leggen aan een uitgebreide salade.

'Zou het mogelijk zijn om ook lunch voor de factor te maken?'

Earnest keek niet op, want hij was juist op strategische plaatsen dragon aan het strooien. 'Natuurlijk, maar luncht hij niet met de familie?'

'Nee,' zei ik. Het was nog nooit bij me opgekomen dat de factor met de familie kon lunchen. Het was in ieder geval nog nooit voorgekomen sinds ik hier werkte.

Even later stapte Ian de personeelskeuken in.

'Sorry, het is jullie lunchtijd, maar ik dacht dat jij me nog wilde spreken, Josephine? Misschien kan ik later terugkomen?' De factor was een machtig man, hij had net weer een genadeloos besluit van de eigenaren uitgevoerd, maar het was moeilijk om wrok te koesteren tegen iemand die zo uitgesproken vriendelijk was.

'We kunnen eerst samen lunchen, hier is voor jou gedekt.'

'Voor mij?' Hij was duidelijk oprecht verbaasd en keek met grote ogen naar de vorstelijke lunch die was uitgestald op tafel.

'*I've got my pieces in my car*,' zei hij om aan te geven dat er geen aanleiding was voor deze uitbundigheid. *Pieces* is het Schotse woord voor lunch in een broodtrommel.

'De koks zouden heel teleurgesteld zijn als je hun eten niet aan zou raken,' zei ik.

'Natuurlijk.' Hij ging haastig zitten, duidelijk niet van zins de koks tegen het hoofd te stoten. Ik ging naast hem zitten en de rest van het personeel zette zich nu ook aan tafel. Ik zag dat de factor op het puntje van zijn stoel zat met alleen zijn voorvoeten op de grond, waardoor het leek of hij ieder moment op kon springen. Nog voor hij een hap nam, vroeg hij: 'En, Abigail, hoe gaat het met de ommuurde tuin?'

'Goed, we hebben de kasteelvrouw gevraagd of ze mee naar de tuin kwam om precies te zeggen wat ze wilde met de fruitbomen.'

Ian liet de hap die hij net wilde nemen even voor zijn mond zweven. Ik dacht te begrijpen waarom: het tuinpersoneel sommeert mevrouw meestal niet naar de tuin om haar uit te horen over haar plannen. De gewone gang van zaken is dat mevrouw haar orders geeft aan haar factor, die ze dan overbrengt aan de tuinman. Abigail zei met een ondertoon van verontschuldigende beschuldiging: 'We dachten dat het beter zou zijn om het zelf met haar te bespreken, na wat er vorige zomer was gebeurd.'

Ian neeg zijn hoofd om aan te geven dat dat inderdaad een punt was. Vorig jaar had mevrouw, die een niet al te technisch onderlegde tuinierster is, haar wensen te kennen gegeven aan Ian, die meer grootscheeps landgoedbeheer doet, en die had de orders weer doorgegeven aan de tuinman. Die toen alle arme appelbomen tot op de hoogte van de buitenmuur had gesnoeid. Niemand had hem gevraagd of die bomen dan nog vrucht zouden dragen. En dat deden ze natuurlijk niet meer voor de komende paar jaar. Hij had de orders uitgevoerd die hem gegeven waren en de gevolgen hadden de kasteelvrouw en de factor niet alleraangenaamst getroffen. Vandaar dat de tuinman dit keer het zekere voor het onzekere had genomen en het tuinwerk zelf met haar had besproken. Het was even stil.

'*I guess you did right in the circumstances*,' zei Ian en knikte Abigail toe. 'Hoe gaat het met de grasmaaier?'

'*Well...*' Breek Abigail de bek niet open over de grasmaaier. Ze had er een ongezouten mening over die ze vrijelijk ten beste gaf, want dit was haar terrein als vrouw van de tuinman. De enige concessie die ze deed, was om iedere klacht – wat er allemaal mis mee was, wie hem had gebruikt die daar geen recht toe had en hoe ongeschikt dit model was voor het werk dat zij geacht werden ermee te doen – vooraf te laten gaan door de woorden '*in my opinion*'. Wat een soort nederigheid tentoonspreidde die niet werd ondersteund door de stelligheid van haar uitspraken.

'En hoe zit het met de houtkap in de oostelijke heuvels?' vroeg iemand.

Ian smeerde een stuk brood.

'De houtkap,' zei hij neutraal. Om tijd te winnen, nam ik aan.

'Moet al dat zwaar materieel langs onze huizen gaan rijden?' vroeg een van de mannen.

Zo wisselden de onderwerpen zich af tijdens de lunch.

Iedereen was klaar met eten en Ian merkte bescheiden op dat hij nog nooit zoveel groente had gegeten in één zitting. Wat ik een interessante reflectie vond op het gemiddelde Schotse eetpatroon. *Mushy peas with tatties*; tot moes gekookte erwten met aardappelen is hier nog een standaardmaaltijd. Met *pork sausages and gravy*.

Ik wendde me tot de aanwezigen en zei dat ik het erg waardeerde dat Abigail nu de ramen in de toren ging zemen en dat de koks alle zilveren dienbladen die ze nodig hadden in de kluis konden vinden, voor de rest wist ik dat de anderen nog veel te doen hadden en blij zouden zijn nu weer verder te kunnen. Iedereen verliet de keuken en Ian merkte droogjes op: '*That certainly cleared the room.*'

Ik zuchtte, me zoals gewoonlijk bewust van mijn zeer spaarzame sociale finesse en zei: '*I just wanted to get on with it, I thought I did it rather diplomatically.*' Hij zei niets om die illusie van mij te ondersteunen maar veranderde van onderwerp: '*What's on your list for me?*'

We praatten over de planning en wat technische hobbels die we moesten nemen en ik vroeg me af wanneer er een goed moment zou komen waarop ik over mijn buren kon beginnen. Dat kwam er niet, dus uiteindelijk gooide ik zelf maar de knuppel in het hoenderhok. Ian was bezig een aantekening te maken in zijn boekje toen ik zei: 'Ik hoorde dat Muireal en Seamus moeten vertrekken.'

Hij keek niet meteen op en er veranderde niets aan zijn houding. Dat hoefde ook niet, want hij had de hele tijd al op scherp gezeten.

'Zo, dus dat heb je gehoord,' zei hij en keek me aan.

'Omdat hun huis een holiday cottage moet worden.'

Hij zei niets en keek nog steeds neutraal. Maar juist die rigiditeit maakte overduidelijk dat hij het niet waardeerde dat ik het onderwerp aansneed. Alsof ik hem ter verantwoording riep.

'Heeft het iets te maken met het feit dat hun hond mij heeft aangevallen?'

Hij gaf geen antwoord en keek me nog steeds recht aan. Als hij een roofdier was geweest, liet hij nu zien dat het ernst was. Hij zette zijn manen op, niet letterlijk natuurlijk, maar zijn strakke blik en nog strakkere kaak zeiden dat ik te ver ging.

'Denk je niet dat dit een zaak is tussen de eigenaren en de huurders waar anderen zich beter buiten kunnen houden?'

Het was natuurlijk een retorische vraag maar ik antwoordde: 'Niet als ik de huurder ernaast ben die zich afvraagt of ik morgen ook zo'n telefoontje kan verwachten. Dan heb ik wel degelijk het gevoel dat het mij ook aangaat.'

Hij keek meteen begaan, zijn manen zakten en hij zei met zijn normale stem: 'O, nee! Daar hoef je helemaal niet bang voor te zijn. Dit is een individueel geval. Nee, maak je niet ongerust, er is geen sprake van dat jullie je huis zouden kwijtraken.'

Ik haalde even wat dieper adem nu deze eerste intimidatieronde voorbij was.

'Nou, je kunt je toch voorstellen, Ian, dat zulk nieuws ons niet koud laat.'

Als ik dacht dat hij klaar was met manager zijn, dan had ik het mis.

'Zulke beslissingen moeten soms genomen worden. Wat heb jij verder nog op je lijst voor mij?'

'Het moet niet leuk zijn om dat soort beslissingen te nemen.'

Hij keek me nu aan met een half agressieve, half defensieve frons van zijn wenkbrauwen.

'*They are the worst part of my job. But that can't be helped.*'

Het punt was dat ik moest besluiten of ik met deze mensen verder kon werken of niet. Daarom bleef ik zo doorzagen. Niet omdat ik het leuk vond om te zitten drammen. Ik wilde weten wat hun kant van het verhaal was voor ik ze als rücksichtslose opportunisten zou veroordelen en mijn ontslag zou indienen.

'Ik weet dat er meer issues waren, de verzameling kapotte auto's in hun tuin, de ingestorte schuur die er al twee jaar staat, hun houding in de zaak van de hond...' zocht ik verder

naar een rechtvaardiging van dit besluit. 'En ze hebben een nieuwe hond. Heb je die gezien?'
'*That was the last straw.*' Ik keek verbaasd op. Ians stem was van beschaafd ingetogen naar een donker intens geschoten. In de vier jaar dat ik hem nu kende had ik nog nooit zoveel teken van emotie gehoord.

'Toen ik een paar weken geleden langs hun huis reed en er renden weer drie honden grauwend en blaffend langs het hek, een even groot geel beest als dat ze hebben laten afmaken, klaar om eroverheen te springen en me aan te vliegen, toen wist ik dat dat de laatste druppel was.' Er waren geen opgezette manen meer en hij keek... ik wist het niet, vreemd genoeg leek het bijna gekwetst, maar ook verontwaardigd.

'De kasteelvrouw was ontzettend uit haar doen toen jij was gebeten,' liet hij erop volgen.

'O ja?' zei ik verbaasd. Ian knikte.

'Ze ging compleet over de rooie. Ik heb haar nog nooit eerder zo gezien.'

'Waarom dan?'

'*Naturally she was concerned that you would be hurt in that way.*'

'O.' Dat moest ik even verwerken. Door de formele houding van de familie had ik dat soort gevoelens niet verwacht.

'Dat iemand op haar landgoed zo is toegetakeld door de hond van een van haar huurders vond ze een onverdraaglijke gedachte. Er was al veel door anderen geklaagd, maar ze had er tot dan toe voor gekozen om niet in te grijpen, ze had al eens iets over hun tuin gezegd en ik zit ze al een tijd op hun huid over die ingestorte paardenstal. Nu voelde ze zich verantwoordelijk voor wat er was gebeurd. Stel dat het een kind was geweest...'

We waren even stil.

'Iemand van zijn huis en haard verdrijven doe je niet zomaar,' zei Ian en keek me ernstig aan. 'Dat is een beslissing die niet lichtvaardig genomen wordt. Zeker niet door de kasteelvrouw.'

Ian stond op en ik zag zijn gezicht vertrekken. '*I must be getting old, my feet are sleeping.*'

'Je ontspant niet erg op dit landgoed, is het wel?' vroeg ik terwijl ik toekeek hoe hij zo discreet mogelijk zijn kuiten probeerde te wrijven. Hij gaf het snel op, want dat kun je niet discreet doen, je kuiten wrijven, en dus probeerde hij gewoon rechtop te staan in de hoop dat het vanzelf overging. Ik mijmerde hardop verder: 'Zo'n lunch met personeel moet voor jou eigenlijk nog vermoeiender zijn dan een vergadering met de kasteelvrouw. Bij een vergadering weet je tenminste dat je over werk praat en alert moet zijn. Hier worden de moeilijke vragen ineens op je afgevuurd. En al je antwoorden worden direct doorgegeven aan de rest van de bewoners. Wat een mijnenveld!'

'*It rather is, yes,*' zei hij, '*but that is the job.*' Hij stapte meteen weer over op monter en professioneel. Hij pakte zijn aantekenboek en zijn leren tas.

'O, Ian, de wc-pot!' herinnerde ik me, noodgedwongen van tragedie naar komedie overstappend. 'Hoe groot acht jij de kans dat mevrouw door haar toilet heen gaat zakken?'

Ian kneep even zijn ogen samen.

'Niet al te groot,' zei hij met een goed verborgen glimlach. 'Maar het kan geen kwaad Duncan even te laten kijken als hij er volgende keer is,' voegde hij er haastig en ernstig aan toe.

Volkstuin en golfcourse

Mijn grootouders hadden een volkstuintje. Mijn stiefgrootvader had zijn leven lang bij TNO gewerkt, op twintigjarige leeftijd begonnen, op zijn vijfenzestigste met pensioen. Nooit een scheve schaats, nooit een greep uit de kas. Eerlijk, hardwerkend en een bevlogen socialist. Hij was een zachtmoedige man maar je moest bij hem niet aankomen met het koningshuis of mensen die poeha maken. Iedere vorm van grootsprekerij was hem een gruwel. Hij was een arbeider en daar was hij trots op.

Op een zondag in juni kwam ik bij mijn grootouders langs op hun volkstuin. Mijn grootvader liet me alle rijen boontjes en snijbloemen zien en mijn grootmoeder maakte lunch. We zaten onder de parasol en we dronken thee en aten broodjes met ham en hagelslag. 'Ik ga even liggen,' zei mijn grootmoeder daarna, 'dan kan Gerrit je het complex laten zien.'

Dus even later liepen mijn grootvader en ik over het tegelpad het hele volkstuincomplex door. Hij had een boel te vertellen, want hij was juist voorzitter geworden van de vereniging. Ze hadden een jeu-de-boulesbaan laten aanleggen van verenigingsgelden en ze hadden de afvalscheiding aangepakt. Ik luisterde en we wandelden langs de huisjes en tuintjes.

'O, deze is leuk,' zei ik verrast. Een scheef houten huisje met een tuin vol klaprozen lag als een unicum tussen alle gegrinde en grondige perceeltjes.

Mijn grootvader rimpelde zijn neus. 'Die hebben hun laatste waarschuwing gehad,' zei hij kortaf.

'Hun wat?'

'Als ze die bende niet snel aanpakken dan worden ze uit de vereniging gezet.'

Ik keek naar de klaprozen die wiegelden in de wind.

'Maar... als zij dit nou mooi vinden?'

'Dit is niet mooi, dit is verwaarlozing,' zei mijn grootvader beslist. Hij wist het, want hij werkte dag en nacht om al het onkruid uit zijn tuin te halen en zijn dahlia's op te binden. Dit gras stond kniehoog en die klaprozen waren niet geplant of gezaaid maar spontaan opgekomen. 'Deze tuintjes zijn erg gewild, we hebben een enorme wachtlijst, dan laten we hier geen mensen zitten die de boel maar laten waaien en er geen tijd in willen steken.'

Ik dacht aan de bewoner van het scheve houten huisje.

Die er tijd in stak om vanuit de hangmat naar de wiegelende klaprozen te kijken. En een heel weekend lang alles liet waaien.

'En als de bewoner het daar nu niet mee eens is?'

'Het staat in de statuten, de eigenaar heeft de plicht zijn huis en grond goed te onderhouden. Zo niet, dan komt er een waarschuwing. Als er dan niets gebeurt, heeft de vereniging het recht om tot onteigening over te gaan.'

Mijn grootvader was de vriendelijkste man die er bestond. Maar waar hij zich niets bij voor kon stellen, dat bestond niet. Het bestond niet dat je wilde klaprozen prefereerde boven dahlia's. Hij was in een positie waarin hij anderen de wet mocht stellen en deed dat met de overtuiging dat hij iets heel logisch deed in het algemeen belang.

Veel Schotten hopen dat alles goed zal komen met de Schotse Nationale Partij aan de macht. Dat hoop ik ook.

Het was weer Craig die me het verhaal vertelde over de golfbaan van Donald Trump.

'Een natuurgebied. Verkocht door de SNP,' zei hij. 'Tegen de wil van de plaatselijke gemeenschap en lokale politici in. Omdat het volgens de partij veel geld zou opleveren voor het algemeen goed. De SNP boorde de politicus die zich hard maakte voor het natuurgebied de grond in. Ze zeiden dat hij onverantwoordelijk handelde door een kans op voorspoed voor de hele streek te saboteren met allemaal halfzachte ecologische argumenten. Cash, dat is wat de SNP voor het land wil.'

Tien jaar later is het ruige duingebied een golfcourse geworden, er is geen groots hotel en er zijn geen duizenden banen gecreëerd. Er zijn vijfennegentig mensen die het gras mogen maaien voor Trump en koffie mogen serveren aan zijn gasten. De boeren die zich niet hebben laten uitkopen, kregen een muur achter hun huis en Trumps advocaat stuurde hun de rekening.

Mijn grootvader heeft een paar jaar voor zijn dood zijn volkstuin moeten verlaten. De gemeente Den Haag had besloten dat daar een snelweg moest komen en onteigende alle mensen. Bulldozers maakten korte metten met de tuintjes en huisjes.

'Ian, mensen vragen me nu of ze uit hun huis gezet gaan worden.'
'Wie vragen dat?'
'Craig. En ook Rosie.'
Rosie was een oudere dame die in haar kleine cottage onverstoorbaar de Schotse stormen trotseerde. Maar nu was ze nerveus op me afgekomen toen ik langsliep en had me bijna recht op de man af gevraagd of er nu een golf van uithuiszettingen zou komen.
'Maar we hebben bij Rosie net een nieuwe badkamer laten installeren!' zei Ian verbaasd.
'Daar scheen ze juist ongerust door te zijn geworden.'
'Omdat de kasteelvrouw haar een nieuwe badkamer gaf?'
'Nou, ze dacht dat het huis, nu erin was geïnvesteerd, ook meer op moest brengen dan de huur die zij betaalt.'
Op Cliffrock waren nog steeds schappelijke huurprijzen en de oudere mensen kregen geen huurverhoging. Mensen met kinderen kregen voorrang en een lage huur, om te zorgen dat de school openbleef.
'Een landgoed zonder school heeft zijn hart verloren,' had de kasteelvrouw me eens gezegd. 'De jonge mensen die bij ons in dienst zijn, zouden hier niet blijven als de school sloot.' Cliffrock Estate schonk de grond en het schoolgebouw aan de gemeente en ze sponsorden ook de schoolbus.
Ian schudde zijn hoofd, hij leek een beetje verontwaardigd. Rosie woonde hier al dertig jaar.
'*Tell her not to be silly,*' zei hij streng.

'Zei hij dat?' vroeg Rosie.

'Eh, ja.' Ik wist niet of ik er goed aan had gedaan deze boodschap zo letterlijk over te brengen, meestal was de factor genuanceerder. Blijkbaar had hij toch de juiste toon weten te treffen, want het rimpelige gezicht van de oude vrouw lichtte op: '*Not to be silly, eh? Ah!*'

De ceilidh

Degenen die mij en de discussie over de situatie niet ontweken, waren Toots en Charlie.

'Waarom komt niemand in opstand?' vroeg ik tijdens een avondsessie in hun tuin. We zaten naast het vuur en hadden net van alles geroosterd. De jongens waren voldaan vertrokken naar Jamies kamer. Wij zaten met warme jassen en truien aan voor het huis. De hemel was nog licht, de zomerperiode was begonnen waarin de nachten kort waren en de dagen lang. Er was geen ander geluid dan het zachte geknetter van het vuur met af en toe een sissend geluid uit het hout.

Charlie was degene die me de boeken van John Muir had uitgeleend. '*And into the forest I must go, to lose my mind and find my soul.*' Na een paar regels wil je alleen nog maar op de stoep gaan liggen van het parlement, welk parlement dan ook, en roepen dat er niets belangrijker is om over te praten dan het behoud van al het prachtigs wat er in zo overvloedige mate was, en nog steeds gered kan worden. Nog 4 procent van Schotland heeft natuurlijk bos. Tegenover de 90 procent die het ooit had.

'Er zijn geen gemeenschappen meer,' antwoordde Charlie. 'Kijk naar dit schiereiland. Er wonen een paar mensen, die in dienst zijn van de grootgrondbezitters. Ze werken er een paar jaar en gaan weer. Daarbuiten is er geen werk, dus er zijn geen mensen die zich hier permanent vestigen. De enigen die hier kunnen neerstrijken zijn gepensioneerden en mensen met een vakantiehuisje.'

'En wat doorgewinterde idealisten die er uren rijden voor over hebben om hier te wonen en hun bedrijf op te zetten,' lachte ik.

Toots keek met een snelle blik naar Charlie.

'Jullie gaan toch niet verhuizen?' riep ik geschrokken.

'Niet heel ver,' zei Toots snel.

'Het lukt niet om vanaf hier een succesvol bedrijf op te zetten. We moeten in het stadje wonen,' verklaarde Charlie. Hun bakkerij liep goed maar ze waren eeuwig aan het worstelen met het transport. 'In de winter komt de vrachtwagen met onze meelvoorraad niet eens over de bergpas, laat staan dat we de winkels met enige regelmaat kunnen bevoorraden.'

'Dus onze gemeenschap wordt nog kleiner.' Ik probeerde niet te dramatisch te klinken maar ik voelde me verre van strijdlustig. Toots en Charlie waren onze beste vrienden, bij hen voelden we dat we onszelf konden zijn. En ze boden weerstand aan de grootgrondbezitters, ze hadden een waterkrachtcentrale weten te voorkomen die het meest afgelegen stuk van het schiereiland in een industriepark zou hebben veranderd.

'Is er ooit een *ceilidh* gegeven door de mensen hier?' vroeg ik. Met het weggaan van dit gezin voelde ik dat er nog maar zo'n smal deel onafhankelijke mensen over was. En ik zocht naar iets wat mensen wel bij elkaar kon brengen. Mijn meest intense Schotlandervaring was verbonden met de ceilidh, het Schotse dansfeest dat we twee jaar geleden in het kasteel hadden.

'Nee,' zei Toots, 'mensen geven wel een feest of ze organiseren een vuur, maar nooit een ceilidh.'

Charlies ogen waren al naar verre verten aan het kijken. 'Een eigen ceilidh, van onze eigen gemeenschap...'

'Maar waar dan? Er zijn geen grote ruimtes behalve die

van het kasteel en de kerk,' zei Finlay. Hij was er meteen voor in, maar zag wel grote hindernissen. Hij was de kennel aan het schilderen voor de honden van het kasteel en ik was naar hem toe gewandeld.

'Zou de dominee toestemming geven, denk je?'

Finlay keek over zijn schouder naar me terwijl hij zijn kwast ritmisch op en neer bewoog. 'Er wordt nogal wat gedronken bij deze feesten,' informeerde hij me met een grinnik.

'Er...? Ah. Nee, niet in de kerk dus. En ook niet in de school dan.' Leek me ook beresaai, in de witte hal van het keurige schooltje. Schooltje? Wacht even, ik kreeg een idee.

'Stel,' opperde ik, 'stel dat we er een feest van maken om geld in te zamelen voor de school.'

Finlay bukte net om zijn kwast in de verf te dopen maar bleef even staan: 'Dan kunnen we sponsoring vragen.'

'Van het kasteel,' vulde ik aan. 'Ze hebben grote feesttenten, die kunnen we dan te leen vragen.'

'En de tractor met aanhanger van Shaun om die te vervoeren.' Finlay dompelde zijn kwast onder en verfde enthousiast verder. 'Colin zit in een ceilidhband, we moeten hopen dat ze nog kunnen op deze korte termijn, ze zijn bijna ieder weekend volgeboekt. En drank, iedereen moet zelf wat meenemen.'

'Wel bizar eigenlijk, dat het niet mogelijk is om iets te organiseren op dit schiereiland zonder het kasteel erbij te betrekken,' zei ik tegen Clyde. Zoals gewoonlijk was hij het heuveltje af komen lopen waarop zijn huis stond, toen ik hem groette. Onze gesprekjes bij het hek van zijn huis als ik de kinderen naar school had gebracht, waren een traditie waar ik naar uitkeek.

'Ze denken dat ze alles zijn,' zei Clyde donker. Als er ergens een revolutie zou beginnen dan zou het hier zijn, dacht ik. Clyde had altijd vastberaden Schotten om zich heen. Hij leek zelf op de rotsen aan het strand. Verweerd door de ononderbroken golfslag van de zee maar onverzettelijk.

'De kasteelvrouw kwam een keer langs bij het postkantoor,' begon Clyde te vertellen. 'Wij waren toen nog de uitbaters. Ze kwamen niet vaak maar die dag had ze een hele groep mensen bij zich. Haar hond gehoorzaamde haar niet en ze sloeg hem.' Ik keek verbaasd op, ik had de kasteelvrouw werkelijk nog nooit een vinger zien uitsteken naar een van hun honden. Clyde fronste zijn zware wenkbrauwen en zei met lage stem en vervaarlijk rollende r's: 'Als er iéts is waar ik niet tegen kan dan is het geweld tegen dieren, en ze stond op mijn terrein.' Of eigenlijk, het terrein dat hij van haar pachtte. Daar was hij zich ook terdege van bewust, bleek uit de rest van het verhaal. 'Ik kon er niets van zeggen. Maar ik ging naast de hond zitten.' Clyde deed het voor, hij ging op zijn knieën zitten op het pad en liet zijn handen als twee poten naast zijn kop bungelen. Ik stond ongemakkelijk op de plek waar de kasteelvrouw in het verhaal stond en Clyde keek naar me op, woede en spot in zijn ogen.

'Je moet maar goed naar haar luisteren, maat,' zei Clyde tegen de hond van toen, 'dat moeten wij allemaal.' Hij stond op en sloeg het stof van zijn broek. 'Ze ging meteen weg en is nooit meer terug geweest.'

Ik groette Clyde en liep weer verder. Nee, ik zou ook niet meer terugkomen na zo'n demonstratie. Ik vond hem moedig. En haar leuk, omdat ze wel zijn dochters op het kasteel liet werken.

Het hoofd van de school was opgetogen over het plan, ze had nog genoeg gaten te dichten in het schoolbudget. Ze was een ambitieuze lerares en wilde haar leerlingen uit dit achterafgehucht vooral veel van de wereld laten zien. Voor iedere excursie die ze verzon, stelde het kasteel de schoolbus met chauffeur ter beschikking, maar dan had je nog de kosten voor de rondleidingen en workshops.

'Maar denk je dat dat allemaal lukt? Alle spullen die je nodig zult hebben en al het georganiseer? En waar willen jullie die tent dan opzetten?'
'In de tuin van Charlie en Toots. En er zijn heel veel mensen die helpen om alles voor elkaar te krijgen, alle ouders van de school.'
'Nou, Jamie zit anders niet meer hier op school.'
'Nee, maar Charlie en Toots helpen toch nog graag om geld in te zamelen voor het fonds.'
Ik verliet de school met het vage gevoel dat er iets niet zo duidelijk was als ik had gedacht. Maar er was zoveel te regelen dat ik daar weinig aandacht aan besteedde.
Ten eerste moest ik de kasteelvrouw benaderen, nu niet als haar PA maar als de voorzitter van de ouderraad. Mevrouw zag de humor wel in van mijn zeer dubbele positie. Alles wat deze voorzitter van de ouderraad aan haar vroeg, moest later door haar personal assistant worden geregeld. Ja, we konden de tent lenen en ja, Shaun zou hem brengen en beter ook helpen opzetten, want dat was niet zo simpel, en ze wilde ook de musici betalen. Ik was verrast door deze toevoeging en bedankte haar.

'En waar moet de tent komen te staan?' vroeg de factor. De illusie dat er iets kon worden georganiseerd op het schiereiland met en voor de gemeente zonder iets met de kasteelfamilie van doen te hebben, had ik in fase één al opgegeven. Maar hoe ver hun invloed strekte, werd me wel steeds duidelijker.
'In de tuin van Toots en Charlie,' zei ik net iets te triomfantelijk. Want dat was het enige stuk grond dat geen eigendom was van de kasteelvrouw. Dat was dan toch maar een mooi stukje onafhankelijkheid.
'En hoe komt iedereen daar en waar gaan ze parkeren?' vroeg de factor. Tik op de vingers. Ik wist even niets te zeggen, want natuurlijk moest iedereen op het land van het kas-

teel parkeren, besefte ik nu. Maar de factor had uit de rest van mijn verhaal afgeleid dat mevrouw dit initiatief van harte ondersteunde en gaf toestemming om het omliggende land die avond te gebruiken en had zelfs nog wat tips voor me. Hij had me al verteld dat de kasteelvrouw niet op het feest zou verschijnen omdat dat een bepaalde druk op haar werknemers zou leggen, die konden zich dan niet meer laten gaan. Ik moest vooral wél de omliggende grootgrondbezitters uitnodigen met hun werknemers. 'Ze zouden zich voor het hoofd gestoten voelen als je dat niet deed.'

Maar ik had al mensen voor het hoofd gestoten, en veel harder dan ik wist: de vrouwen van de schaapherders, de andere leden van de ouderraad en het schoolhoofd. Dat ik zoveel mensen in zo korte tijd tegen me in het harnas had weten te jagen, was zelfs voor mij een prestatie. Het kwam allemaal door mijn onvermogen om me te concentreren op details. Als ik een beetje had opgelet in de laatste vier jaar, waarvan ik de helft ook nog eens voorzitter van de ouderraad van de school was geweest, dan had ik geleerd dat er drie verschillende fondsen waren: het Schiereiland-schoolfonds, het Schiereiland-ouderraadfonds en het Schiereilandkinderfonds. In mijn grenzeloze onderschatting van de betekenis van deze verschillen, had ik zonder dat ik het doorhad de totale opbrengst aan drie verschillende fondsen tegelijk beloofd. Het ging naar mijn idee toch steeds over dezelfde twee dozijn kinderen. Daarna had ik die belofte dus weer moeten intrekken. Wat ik namelijk over het hoofd had gezien, was dat de fondsen werden beheerd door heel verschillende groepen mensen. En dat het voor hen wel heel veel uitmaakte of zij over het geld mochten beschikken of dat een ander dat deed.

Het Schiereiland-kinderfonds werd beheerd door de vrouwen van de schaapherders. Zij woonden in de verafgelegen huizen en kwamen een paar keer per jaar samen om te vergaderen over het halloweenfeest en de komst van de

Kerstman met geschenken voor alle kinderen. Het was ook hun contactmoment met de kasteelvrouw, die er altijd voor in was om iets te doneren voor een veiling of sponsorloop. Nadat twee van de vrouwen me in het postkantoor hadden genegeerd, begreep ik dat ik iets fout had gedaan. Het was Laura die me uitlegde dat het lukraak beloven en weer intrekken van de opbrengst van dit liefdadigheidsevenement me geen goodwill opleverde.

Het hoofd der school vroeg ook of ik even tijd had voor een gesprek. 'Als er wordt ingezameld voor het fonds van de ouderraad, dan hebben wij als school er verder weinig mee te maken en kunnen we ons niet bemoeien met de organisatie,' zei ze. Ik nam aan dat het hoofd der school haar kleine ouderraad niet in de wielen wilde rijden, maar blijkbaar wilde ze wel duidelijk maken dat als ik haar de macht ontnam over het geld te beschikken, ze mij haar medewerking zou ontzeggen.

'Niet?' vroeg ik voorzichtig. Als ze op haar strepen ging staan, voelde ik me net weer terug op de basisschool, als ik een standje kreeg van de juf.

'Nee. We kunnen dan de kinderen geen uitnodigingen laten maken en ook niet de ouders vragen om iets te bakken.' Dit ging toch bijna richting dreigen. 'Dus voor welk fonds is het nu?'

Het zweet brak me uit en ik zei dat ik even moest overleggen. Het maakte het voor mij ook verwarrend dat het steeds dezelfde mensen waren, maar dan in een andere hoedanigheid. De vrouwen van de schaapherders waren ook de moeders op school bij de ouderraadvergadering. En de lerares zat ook bij de ouderraadvergadering en was als moeder van een kind op het schiereiland automatisch ook deel van het Schiereiland-kinderfonds.

'Maar het moet natuurlijk voor de ouderraad zijn,' zeiden Finlay en Charlie. 'Want wij hebben alles geregeld.' Dat argument vond ik wel houtsnijden. Dus ik begaf me naar de andere belanghebbenden en schiep duidelijkheid. Ik beriep me op het feit dat ik een domme Hollander was en ze gaven me goedmoedig lachend gelijk. Daarmee dacht ik dat de kous af was en we onze verbondenheid als gemeenschap konden gaan vieren.

Alleen was er iets wat ik nog erger over het hoofd had gezien dan de verschillen tussen de fondsen en dat was het feit dat het standsverschil niet beperkt bleef tot het kasteel. Toots en Charlie waren het hart van de gemeenschap, maar ook ex-grootgrondbezitters en de enigen met een eigen huis te midden van de cottages. Hun zoon ging sinds kort ook nog naar kostschool. Net als de kinderen van de andere grootgrondbezitters.

Toen ik Charlie ontmoette op zijn racefiets vertelde hij me dat hij bezoek had gehad van Clyde.

'Ik stond op de ladder de dakgoten leeg te vegen en opeens was Clyde daar. Hij riep me toe dat ik niet eens meer lid was van de ouderraad en me sowieso nergens meer mee mocht bemoeien.'

'O, was hij erg boos?' vroeg ik. Ik had gedacht dat een ontstemde Mrs Clyde het ergste was geweest dat me kon overkomen, maar besefte nu dat ik er niet bij had nagedacht dat de echtgenoot van het schoolhoofd nog wat ontzagwekkender was.

'Hij leek op een getergde stier. Je kent Clyde,' zei Charlie. Hij lachte, maar het klonk een beetje nerveus. 'Ik begreep niet zo goed waar het over ging, maar ik moet bekennen dat ik pas van de ladder af kwam toen ik hem weer achter de heuvel zag verdwijnen.'

'Sorry Charlie, dat was eigenlijk voor mij bestemd, ik heb de boel wat door elkaar gehaald.' Maar later begreep ik dat het niet het feit was dat zij hun zoon van school zouden nemen, maar dat hij naar een kostschool zou gaan. Het was de adellijke achtergrond van Toots en Charlie die als een rode lap op Clyde werkte. De dag van het feest zou ik merken dat dat voor meer mensen speelde.

'Dat soort mensen denkt dat iedereen voor hen uit de weg gaat.' Muireal tikte venijnig een paaltje in de grond met een rubberen hamer. Ze was de schrikdraadhekken aan het verzetten. 'Alleen omdat zij zo nodig een feestje willen hebben, ben ik de hele dag bezig het hek van de paarden te verplaatsen. Alsof ik niets anders te doen heb.'

'Het is toch een feest voor ons allemaal,' probeerde ik naar voren te brengen. 'Jullie zijn ook uitgenodigd. Het is voor het hele schiereiland.'

Muireal nam haar draad en paaltjes en zwoegde door het natte veld. 'Ik ben bekaf, ik denk niet dat ik nog puf heb. Ik heb al de hele dag gewerkt, ik kom thuis en opeens zie ik dat ze een vuur aanleggen, recht in mijn paardenwei.'

'Ik dacht dat Charlie vorige week naar Seamus was gegaan om dat te bespreken,' zei ik. De stevige hooglanderpony kwam achter Muireal staan en knibbelde aan haar haren. Ze bukte zich om een nieuw paaltje op te pakken, ik hield het voor haar vast en zij sloeg het erin. De wind was kil, ook al was het zomer, en ik verlangde ernaar om bij het vuur te staan, maar ik wilde Muireal niet hier alleen laten, met een paar tientallen meters schrikdraad en een berg paaltjes.

'Ja, hij kwam naar Seamus,' snauwde Muireal nijdig, 'en hij vroeg of het mocht.' Ze zwiepte de hamer omlaag, nog eens en nog eens, ik trok snel mijn handen weg. '*With his ever so sweet smile and his ever so charming talk and of course Seamus*' – klap – '*said*' – klap – '*yes*' – klap. De paal was veel te diep gegaan en woest rukte ze hem omhoog. Ze greep de rest van de stapel en beende door het soppende gras een paar meter verderop. Ze knalde het volgende paaltje erin met één welgemikte slag.

'Dat soort mensen krijgt altijd hun zin!' Ze keek op, ik zag haar rood aangelopen gezicht, en haar mond trok, alsof ze zou gaan huilen, maar dat deed ze niet, ze schreeuwde: 'Maar dit is mijn land, mijn land! En ik hoef niet te doen wat zij zeggen!' Ze draaide zich met een ruk om.

De hooglanderpony bewoog zijn oren heen en weer en liep toen achter Muireal aan. Ik bleef nog even staan en ging toen terug naar de voorbereidingen voor het feest.

In de tuin trof ik Toots. Ik was stil. We liepen heen en weer met tafels en bestek van de lodge, hun grote, oude huis.

'Is er iets?' vroeg Toots na een tijdje. Het vuur had me opgewarmd en ik keek naar de vonken die omhoogsproeiden.

Ik wist niet of ik al ver genoeg was met mijn lessen in tact, maar waagde het erop: 'Ik geloof dat Muireal zich niet zo betrokken heeft gevoeld bij de voorbereiding.'

Toots keek naar het figuurtje dat ver weg in het veld nog steeds paaltjes hamerde. 'Ik begrijp niet waarom ze zo ongerust is over die paarden. Het zijn de meest gemoedelijke dieren die er bestaan. Alsof die er zich wat van aantrekken dat er een vuur brandt naast ons hek.'

'Nou, het is wel hun veld.'

'Hun veld?' Toots draaide zich met zo'n ruk om dat ik verschrikt achteruit stapte. 'Het is helemaal niet hún veld! Het is van het landgoed en zij pachten het! Dat geeft je geen rechten, maar plichten!'

Ik besloot er het zwijgen toe te doen.

Toots en ik verzorgden het vuur en ik zag Charlie, Seamus en Tjibbe de laatste voorbereidingen treffen voor een podium voor de musici. Gelukkig, Seamus was er wel. We wisten niet hoeveel mensen er verder zouden komen, het was geen kasteelceilidh waarbij iedereen zich verplicht voelde te komen. Ik vroeg me af wie zich genoeg deel voelde van de gemeenschap om naar deze ceilidh voor de gemeenschap te komen. Vooral nu het terrein waar het feest gehouden werd helemaal niet zo neutraal was als ik had gedacht.

De musici kwamen aan, Colin, onze buurman met zijn trawanten. Verlegen uitziende mensen met hun instrumenten. 'Ze moeten wel goed voorzien worden van drank!' fluisterde Finlay me toe en gaf het goede voorbeeld door ze een fles en glazen aan te reiken op hun podium. Daarna was het afwachten. De avond was helder. Het geluid van de zee mengde met de tonen van de instrumenten die werden gestemd. De violen, een fluit, een accordeon. Erdoorheen klonk de ronkende motor van een Land Rover. Daar was Shaun, met zijn familie. De schaapherdersvrouw deed geld in de doos die we naast de ingang hadden gezet en knipoogde naar me. Haar man zette een krat bier onder de tafel. De gamekeepers arriveerden, Roy voorop, de tuinmannen, Craig, Duncan, allemaal met hun gezinnen. De vrouwen hadden schalen met eten bij zich die ze op de lange tafel zetten. De kinderen zaten allemaal bij elkaar op school en vormden een kleine horde die af en toe een overval pleegde op de eettafel en dan weer tijden uit beeld verdween. Een grootgrondbezitter van even verderop die ik kende omdat ik hem Duitse les gaf, kwam tot mijn verrassing met zijn vrouw en kinderen. Vrienden uit het dorp kwamen, de huisarts was er met zijn gezin, ik zag Tamhas en Mairi.

Kenneth en Elizabeth kwamen samen met de schaapherders, gamekeepers en tuinmannen van hun landgoed. Toen ik hen zag, voelde ik dat het anders was dan op een lunch van het kasteel of een kerstborrel die zij hadden georganiseerd in hun *mansion*. Zij waren nu te gast bij de cottagebewoners. Deze socialistische euforie werd meteen getemperd door het besef dat de eerste die hen verwelkomde de PA van her ladyship was, die het onderkomen waarin ze hen verwelkomde had georganiseerd met hulp van haar contacten met het kasteel. En dat ze daarna onder de hoede werden genomen van Toots, ex-grootgrondbezitter en gastvrouw van de avond.

Om negen uur was de *marquee*, de witte linnen feesttent, overvol en werd er gedanst. De wilde georganiseerdheid van mensen die met ingehaakte armen rondzwaaiden, klapten en stampten. De atmosfeer in de koude tent warmde op door alle lichamen die op volle toeren bewogen. We dansten en dronken ons warm, de kinderen renden in en uit en deden mee aan de kinderdansen. Een ceilidh op een nat grasveld met alleen een dunne tentdoek tussen ons en de sterrenhemel, en op de achtergrond het gebulder van de zee en de koude wind, was een heel andere ervaring dan die in de balzaal van een kasteel.

Muireal kwam binnen. Ze had zich verkleed en droeg een bloemetjesjurk en blauwe cowboylaarzen, in haar handen had ze een ovenschaal waar ze een plaatsje voor zocht op de lange tafel. Ik zag Toots toesnellen en dingen opzijschuiven. Ze praatten, ze kenden elkaar al zoveel jaren. Samen stapten ze even later tussen de dansenden.

We schreeuwden tot we schor waren, we dansten tot het zweet langs onze ruggen liep, we dronken tot we sterren zagen. Clyde sloeg Charlie zo hard vriendschappelijk op zijn schouders dat die omviel, zijn dochters dansten met de gamekeepers. Het was geen rozengeur en maneschijn op ons schiereiland, het was afzien en tanden op elkaar klemmen, het was het dagelijks geconfronteerd worden met de beperkingen van jezelf en anderen. Maar de muziek hielp. Het samen zweten en dansen hielp.

Het was diep in de nacht. Onze jongens lagen te slapen in de lodge. De meeste gasten en de musici waren al naar huis. Met een paar dorpelingen stonden we rond het vuur en de kleuren van de kilts die de mannen droegen gloeiden op in het warme licht. Muireal stond naast me en zei dat het haar zo speet, het ongeluk met haar hond, ik zei dat het me zo speet dat ze moesten verhuizen, dat ik hoopte dat ze snel iets zouden vinden en dat ik me zo rot voelde over het feit dat ik voor het kasteel werkte dat die order gaf. We waren allebei dronken, van de whisky, van de muziek en van het dansen. Maar vooral van de liefde voor dit land. Het was een bizar mooi land, met een hartverscheurend verleden en een onzekere toekomst. De windmolenparken rukten op en de politiek wilde korte metten maken met deze landgoederen. Voor mijn ogen had zich het hele drama van bezit afgespeeld. Ik wist dat het het einde had ingeluid van ons verblijf hier en mijn werk voor het kasteel.

Colin speelde op zijn viool en de zee ruiste onverstoord verder.

De jacht

Het was natuurlijk heerlijk om de eigenaardigheden van de mensen om me heen te signaleren. Maar het moment kwam dat ik die van mezelf niet meer kon negeren.

'Ik heb niet zoveel met de jacht,' zei ik.

De factor had blijkbaar niet zoveel met hypocrisie, want hij reageerde voor zijn doen ongewoon direct: 'Dan moet je dat maar snel leren hebben, je woont op een sporting estate.'

Ik keek hem koeltjes aan. Dat ik toevallig op een jachtgoed woonde, maakte me nog niet direct tot een medeplichtige.

'Het enige wat hier iets opbrengt, is de jacht,' zei hij zakelijk. 'Daar betalen we jouw salaris van en dat van de meeste medewerkers.'

O.

Daar moest ik even over nadenken. Toch medeplichtig?

De volgende keer dat ik in het stadje was, ging ik naar de boekwinkel en kocht *Gamekeeping: An Illustrated History* en *The Gamekeeper* door Portia Simpson. Ik begon met het laatste. Het was de autobiografie van de eerste afgestudeerde vrouwelijke jachtopziener, die een groot deel van haar jagende leven in Schotland heeft doorgebracht. Zij was duidelijk enthousiast over jagen en ze schreef aanstekelijk. Na een paar hoofdstukken leek het enige dat je kon willen op de wereld dagenlang in een berm in de regen liggen en door het struikgewas tijgeren, de geur van heide en verse ingewanden in je neus. En dat altijd in de overdonderende pracht van het Schotse landschap. Met het idee dat het beter is om een doorgefokt varken in een abattoir te vergassen dan om een hert in zijn natuurlijke habitat neer te leggen, had ze natuurlijk in het eerste hoofdstuk al afgerekend.

Ik ging door met *Gamekeeping: An Illustrated History*, een meer encyclopedisch werk. Ook hier betrapte ik mezelf erop dat ik de zwart-witbeelden van vroege gamekeepers, de foto's van de moderne generatie die zich voorbereidt op een leven in weer en wind, alle tradities en gebruiken, de verschillen tussen jagen in Schotland, Engeland en Ierland, met meer belangstelling las dan ik had gedacht te kunnen opbrengen.

Eindelijk begreep ik ook waarom we ons in de zomermaanden als we naar het stadje reden ineens door een menigte verdwaasde jonge patrijzen en fazanten moesten werken. Die worden commercieel opgekweekt en door de sporting estates aangekocht en uitgezet om later te worden afgeschoten.

Het aanrijden van een vogel die is bedoeld om te worden neergeschoten, is not done op een jachtgoed. Veel Schotten hadden er weinig mee om verplicht op kousenvoeten langs het geïmporteerde speelgoed van de grootgrondbezitters te rijden. De weg lag in de zomer bezaaid met stukgereden vogels.

What isn't game, is vermin. Wat geen jachtbuit is, is ongedierte. Er was een heel kort hoofdstuk aan gewijd in het boek. De ongediertelijst van het Schotse landgoed Glengary in de negentiende eeuw was er ook in opgenomen. Die lijst verklaarde dat ze in drie jaar de volgende verstoorders van de wildstand hadden neergehaald: 27 zeearenden, 15 steenarenden, 285 gewone buizerds, 371 ruigpootbuizerds, 275 rode wouwen, 48 otters.

Ik begon te begrijpen dat er het jagen was, maar ook het zorgen dat er altijd wat te jagen viel. Alle andere jagers, de roofvogels en wilde dieren, moesten worden uitgeschakeld en er moest een habitat worden gecreëerd voor 'wild': kale heidevelden en lege heuvels.

Achter het huis van Charlie en Toots zat een otter. We stonden aan de rivieroever en Toots wees me de pootafdrukken aan. 'Vertel het aan niemand, we willen niet dat de gamekeepers erachter komen,' bond ze me op het hart.

'Zouden ze de dieren echt iets doen?' vroeg ik. De onuitgesproken conclusie leek me te barbaars in deze tijd en eeuw. Toots keek me even aan, inschattend hoe nieuw ik was in de Hooglanden.

'Ik bedoel, daar zijn toch regels voor tegenwoordig, het zijn beschermde diersoorten. Ook hier in Schotland, toch?' Ik wilde mijn beeld beschermen van ons prachtige, veilige schiereiland.

'De oudere generatie gamekeepers heeft altijd zo gewerkt, ze werden ervoor beloond.' Toots, als dochter van een sporting-estate-eigenaar én natuurliefhebber, probeerde iets uit te leggen over de verschillende werelden en belangen. Ze jaagde zelf allang niet meer en hun tuin was een vrijplaats voor de herten die tussen de jachtgoederen door bij hen veilig kwamen oversteken. Maar er hing ook een hertenkop in de hal van haar huis, geschoten door haar vader.

'Vrienden van ons kwamen op bezoek, overtuigd vegetarische vrienden,' zei Toots. We stonden op de trap en keken naar de kop van het dier met de naam van haar vader op het koperen plaatje eronder. Haar vader was overleden en de tochten die ze met hem had gemaakt, de uren dat ze samen in de natuur hadden doorgebracht, ineengedoken op de heuvels, het jagen, waren dierbare herinneringen. Het was aan de andere kant ook weer niet verwonderlijk dat ze heel vegetarische vrienden hadden.

'De dochter keek omhoog en zei dat je toch geen herten mocht doodschieten,' vervolgde Toots. 'Jamie was toen nog maar zes jaar oud, maar hij antwoordde: "*But how would we then decorate our houses?*" Ik wist niet waar ik kijken moest.' De kleine Jamie had wel het dilemma verwoord van hun leven en dat van het jagen. Het grootgrondbezittersleven is heel decoratief. En alle folklore rond het jagen is heel mooi. De Gun Room met zijn glanzende houten kasten voor de geweren is een van de mooiste kamers van het kasteel. Maar na een artikel in de krant over het massaal afschieten van sneeuwhazen omdat ze teken hebben die ze zouden kunnen overbrengen op het sneeuwhoen, een gewilde buit van de jagers, bladderde de goudverf wel een beetje af.

Dat afschieten deden ze niet op ons jachtgoed. Er werd ook geen heide afgebrand. Waarom bleef alles zoveel kanten hebben?

Beyond Bambi

'Wil je een lift?' De Land Rover stopte naast me en Roy gebaarde dat ik kon instappen. Het stortregende en halverwege mijn wandeling naar het kasteel begon ik op mezelf te mopperen dat ik de wolkenlucht niet beter had ingeschat toen ik van huis vertrok. Ik raakte doorweekt en moest nog een hele dag in die kleren werken.

Ik aarzelde even. Een fractie van een seconde, maar het was er geweest. Het beeld van de nietsontziende jagers die het hele ecosysteem vernietigden, zat me nogal hoog. Ik durfde er niet goed iets over te vragen, niet bij de mensen die op het landgoed werkten, want die leefden van de jacht, dus alles wat ik zei konden ze opvatten als kritiek; en niet bij de vrienden die we hadden buiten het landgoed, want die waren fel tegen de jacht en het grootgrondbezit. Alleen al het feit dat ik mijn diensten verleende aan een grootgrondbezit-

ter op een jachtgoed was al niet zo'n aanbeveling.
   En nu stond ik dus zeiknat te worden op een winderig pad en voelde me niet op mijn gemak met mijn collega. 'Thank you,' zei ik en klom omhoog de Land Rover in. Roy wachtte tot ik de deur dicht had gekregen en trok op. Ik wrong mijn tas tussen mijn knieën waarbij ik probeerde niet in de buurt van het geweer te komen dat tussen de voorstoelen was gestoken.
   'Het is niet geladen,' zei Roy. Hij zei het zakelijk, niet geruststellend, grappend, achteloos, maar als duidelijke informatie. Ik besefte dat het deel was van zijn werk, duidelijk zijn over de wapens die hij bij zich droeg. Ik kende die kant van Roy niet, ik zag hem alleen als hij moest verhuizen of andere klussen moest opknappen op het landgoed.
   'Hebben jullie gasten vandaag?' Ik wist ook nog steeds niet precies wanneer het voor hem druk was, daarop was ik nog aan het studeren in mijn boek: wanneer de jacht op de bokken begon, die op de hindes en die op verschillende soorten hoenderen.
   'No, been foxing, I'm off to my breakfast.' De vossenjacht was hier geen herensport zoals in Engeland, maar een maatregel om de schapen te beschermen. Soms was het een uitgebreide jacht met de jagers van de omringende landgoederen, soms gingen ze alleen. Het kon ieder moment van de nacht zijn dat ik, als ik toevallig wakker werd en uit het raam keek, lichten over de heuvelrug zag bewegen. Dat ze vossen afschoten vond ik ook zielig. Nadat ik het zoveelste lam met afgebeten kop had gevonden, werd dat minder. Alhoewel er weer groepen waren die beweerden dat vossen niet de boosdoeners waren. Dat er een andere manier is om een evenwicht te vinden met de andere zoogdieren om ons heen dan alles afschieten wat in de schapengebieden rondloopt.
   We reden nu de laatste heuvel op voor we afbogen naar het kasteel. Net zo plots als het was begonnen met regenen, was het gestopt. Het landschap strekte zich voor ons uit, de

heuvels rechts van ons, de kliffen links, de enorme wolkenhemel boven ons.

'*Look, the golden eagle.*'

Ik keek snel op maar zag niets, ik probeerde Roys blik te volgen.

'Daar, middelste heuvel halverwege, bij de rotsen. Ze hebben een nest daarboven.'

Ik wist niet wat ik moest zeggen. 'Gaan jullie ze illegaal afschieten?' leek me niet de juiste vraag.

'Ze zitten er nu al drie jaar, maar ze lijken het goed te doen,' zei Roy. Met zichtbare voldoening. Blijkbaar was hij wat Toots een moderne jachtopziener noemde, meer een boswachter dan alleen een wildbewaker. Hij schakelde met de grote pook die bij een Land Rover zo losjes uit de vloer steekt en met het typerende diepe geronk van de motor begonnen we aan de afdaling. Hij zette me af bij de achterdeur.

'*No bother*,' zei hij op mijn bedankje, want hij was een stuk voor me omgereden, en ging weer verder. Ik keek hem na en stak de sleutel in het slot van de achterdeur. Terwijl ik het alarm uitschakelde en de Boiler Room controleerde, dacht ik na.

Het was er weer een, zo'n moment dat het duidelijk leek dat ik een oordeel kon hebben over anderen. Maar ook dat ik besefte dat ik voor hen net zo'n vreemde eend in de bijt was.

Het was in de week na onze aankomst op het schiereiland, ik stond in de tuin met slippers aan en een linnen broek met wijde pijpen. Iets wat ik daarna vijf jaar lang niet meer heb gedragen, wijde pijpen zijn een soort tekenstofzuigers en slippers doen het helemaal niet lekker op rotsen. Roy reed stapvoets langs, groette de nieuwe buurvrouw in haar ongepaste kleding en zag onze witte langharige kat uit de achterdeur komen en de tuin in lopen. Zijn blik van verbijstering toen hij het pluizige geval de rotsen op zag klimmen, vergeet ik niet snel.

'*You didn't take* that *here from Holland!?*'
'Nou, we hadden haar al, we konden haar moeilijk achterlaten, toch?' zei ik, mijn hier inderdaad nogal misplaatst lijkende Aristocat verdedigend. Roy schudde ongelovig zijn hoofd toen er nog zo'n wit geval het huis uit kwam lopen. Maar hij zei me daarna wel altijd vriendelijk gedag en bood me een lift aan als hij me tegenkwam. Hij had ervoor gekozen mij te accepteren.

Toots had nadenkend gekeken toen ik haar als vrolijke noot tijdens de thee Roys uitroep overbriefde.

'Gamekeepers houden niet van katten, ze zijn een gevaar voor de jonge fazanten en patrijzen. Je moet oppassen dat ze niet te ver weg gaan, want ze schieten ze af.'

Mijn scone bleef in mijn keel steken.

'Wát?'

'Want de jagers schieten ze af,' herhaalde Toots en schonk me nog meer thee in. 'Gaat het?'

Nou, ik moest een beetje wennen aan mijn nieuwe habitat.

Mijn katten deden een poging om de zwaluwenpopulatie uit te roeien die onder de dakrand van onze cottage nestelde. Dat die hier al vele jaren hun jongen grootbrachten was duidelijk te zien aan de sporen onder de nesten. De lijkjes die ik naast de voordeur vond, logen er ook niet om. We barricadeerden de toegang tot het dak en waren verder blij dat onze katten nogal oud en sloom aan het worden waren. Na deze teleurstelling richtten de katten zich op de bosmuizen, spitsmuizen en woelmuizen die ze in ons huis, de schuur en het veld vonden. Het duurde een paar weken voor we – op de geur – de geheime bergplaats voor hun trofeeën vonden, namelijk onder ons bed. Terwijl ik de ontbindende lijkjes op de composthoop gooide, realiseerde ik me dat mijn Bambivisie op de wereld aan herziening toe was.

Vechten in Glasgow

'Je moet met dat soort mensen wel voorzichtig zijn,' zei een kennis tegen Tjibbe. Ze had geschrokken gereageerd toen hij haar vertelde dat zijn vrouw judoles had van een man die uitsmijter was geweest in Glasgow. 'Dat kan ze beter niet doen,' zei ze ernstig, 'dat zijn echt mensen met een andere achtergrond, die mensen zijn in een heel gewelddadig milieu opgegroeid.' Glasgow was lange tijd een van de meest gevaarlijke steden van Europa. Mijn judoleraar Aidan was in de zestig, dus hij had de piek zeker meegemaakt. Verder wist ik dat hij ieder weekend naar een vechtclub ging.
'Weet je zeker dat je je op je gemak voelt bij Aidan?' vroeg mijn man me dus.
'Ja, heel zeker.'

Na vier jaar had het schiereiland toch nog meer geheimen prijsgegeven. Er was nog een klein landgoed tussen de plooien van de heuvels opgedoemd, weer een nieuw zonnestelsel met eigen satellieten.

Toen ik op zoek was naar judoles voor mijn zoons, zei Toots dat de tuinman van Dorcha Estate een tijdje les had gegeven aan de kinderen van de schaapherder van hetzelfde landgoed. Dat landgoed was een van de kleine stukjes van Cliffrock Estate die in de vorige eeuw verkocht waren. Het lag dicht bij de rand van de heuvels.

Ik belde met mijn vraag naar de onbekende Aidan. Hij luisterde en zei: '*Aye, come this Saturday at ten. To the stables left of the mansion.*'

Tjibbe bracht de jongens erheen en ze kwamen enthousiast terug. Aidan had een dojo, Aidan was heel sterk en Aidan had ze allerlei grepen geleerd. Tjibbe deed ook mee met de les. Zo ging het een paar weken tot Tjibbe een bruiloft had op zaterdag en ik Aidan belde om te vragen of het iets later kon en dat ik meekwam in plaats van Tjibbe.

'O, dan kun jij theedrinken met Bride, ik zal haar zeggen dat je komt, zal ze leuk vinden.'

'Goed, tot zaterdag dan, bedankt Aidan.'

Ik parkeerde waar Tjibbe me had gezegd, even nadat ik van de verharde weg af was gegaan naast een veldje en voor de brug. We waren zuinig op onze Peugeot, die het prima deed op de weg maar geen kans maakte op de onverharde zijwegen. Vanaf de brug was het nog ongeveer een halfuur lopen, had Tjibbe gezegd. Ik gaf de jongens hun rugzak met hun joggingbroek en een fles water en we gingen op pad. De wind was vinnig en het was een paar graden onder nul. Op alle plassen water die in de diepe kuilen en voren van de weg lagen, stond ijs. Wolf ging van de ene donkere ijsplek naar de andere om met zijn hak te proberen door het ijs te komen.

'Hier is het toch ergens?' vroeg ik na een tijdje.

'We zijn er bijna,' zei Raaf over zijn schouder. Hij liep net met Wolf naar het kleine meertje dat hier onderaan de heuvels lag.

'Als jullie erdoor zakken zijn jullie dus heel lang nat,' stelde ik.

Raaf liet Wolf eerst gaan, want die was lichter. En roekeloos. Ik dacht aan de droge broek en sokken in hun rugzak en liet ze het zelf uitzoeken. Met Raafs hand in de zijne waagde Wolf zich een stap op het ijs, en nog een. Raaf helde naar voren en Wolf ging nog een stap verder. Ik hoorde een scherp gekraak en zag hem terugdeinzen, Raaf trok hem de kant op.

'Erg nat?' vroeg ik toen ze zich weer bij me op het pad voegden. Ik keek naar zijn sneeuwlaarzen.

'Nee, alleen van de buitenkant,' loog hij.

De weg ging hier wat omhoog en toen we de bocht om gingen, zagen we het landhuis liggen. Het zag er bijna huiselijk uit, met zijn lage deuren en ramen aan een halfronde voorhof. Een paar schapen liepen voor ons uit en gingen mee het smalle pad op, want als ze eenmaal beginnen voor je uit te rennen, is er weinig meer aan te doen dan wachten tot ze een veld zien waar ze kunnen uitwijken.

'En nu?'

'Hier,' wees Raaf, 'hier is een pad naar het huis van Aidan en daarachter is de schuur.'

We stapten even later de ijskoude schuur in en de jongens liepen naar een klein deurtje achter een tractor. Achter de deur bleek een ruimte te zijn met een houten vloer, een klimrek aan de muur, een boksbal aan een rail en een blauw breed kussen om op neer te vallen. Het was een goed uitgeruste gymzaal, aan de mat en de dummy's waarop je kon slaan was te zien dat de ruimte werd gebruikt om vechtsporten te beoefenen en de naam 'dojo' verdiende. Aidan zat op zijn hurken in een judopak op de mat. Naast hem stonden twee elektrische kachels, het was best behoorlijk op temperatuur hierbinnen.

Op de mat lagen drie judopakken.

'Bride is niet thuis,' zei Aidan.

'Nou, als het goed is, ga ik hier wel zitten wachten, hoor,' zei ik. De jongens waren zich al aan het verkleden en ik zette Wolfs laarzen bij het kacheltje.

'Deze past je wel,' zei Aidan en hij hield een pak omhoog en keek keurend van mij naar het jasje. Hij scheen ervan uit te gaan dat ik mee zou doen. Dat had ik niet verwacht. Ik had de leeftijd dat ik mijn eigen sterke en zwakke punten kende en sporten stond niet op mijn lijstje van dingen waar ik goed in was. Nieuwsgierig was ik wel. Ik ging naar de wc, die hij in een ander deel van de schuur had gebouwd, deed mijn jas en trui uit en trok het judopak aan over mijn thermo-ondergoed.

We begonnen met een afgrijselijke warming-up. In breed Schots moedigde hij ons aan om nog een push-up te doen en nog wat dieper en langzamer door de knieën te gaan. Toen we na een halfuur hijgend voor hem stonden, zei hij dat we nu wat gingen sparren. Hij vroeg Raaf naar voren te komen en demonstreerde wat hij wilde dat we gingen doen.

Raaf deed een uitval met zijn lange lijf en Aidan, die net tot aan Raafs borstbeen kwam, dook onder hem door en nam hem in een houdgreep, daarna een beengreep, een armklem en een nekklem. Steeds als Raaf klem zat, rolde Aidan door en gingen ze weer verder.

'Ik wil dat je van de ene beweging in de andere gaat, niet te lang vasthouden, je moet iemand in een greep nemen en dan doorgaan.'

Raaf en Wolf gingen tegenover elkaar zitten, groetten en begonnen rond te rollen.

Ik zat tegenover Aidan op de mat.

'Kom maar,' zei hij. We groetten. Aidans vrolijke blauwe ogen hielden me scherp in de gaten, zijn handen geheven. Ik had hem zo wat bezig gezien en wist dat ik bij de eerste beweging muurvast onder hem zou komen te liggen. Ik aarzelde. Ik had nooit gevochten, deze man was een collega van een ander landgoed, ik kende hem niet en ik kon geen judo. Ik was ook meer een kop-in-het-zandtype dan een aanvaller.

Pats. Het duizelde me. Aidan had me een klap aan de zijkant van mijn gezicht gegeven. Ongelovig keek ik op. Slaan hoorde toch niet bij judo? Aidan zat weer in de uitgangspositie, hij keek als een kat die aan het spelen is. Toen schoot zijn hand weer uit. Hij sloeg niet als een kat. Het waren flinke meppen.

'*Stop it*,' zei ik boos.

Weer een klap. 'Je moet je verdedigen, Josephine, je moet wat doen,' snorde Aidan. Pats, mijn oor gloeide. Nu dook ik naar voren en voelde me, zoals ik had verwacht, in een ijzeren greep onder hem gevangen. Hij ontspande en ik probeerde me onder hem vandaan te worstelen.

'Er is altijd een uitweg,' hoorde ik de afschuwelijk montere stem boven me. Ik wist dat hij totale controle had en dat hij besliste wanneer hij me liet bewegen. Wild worstelde ik om los te komen. 'Gebruik je benen, die zijn lang en sterk,'

moedigde Aidan aan. Ik wrong en draaide tot ik mijn benen om zijn romp kon klemmen en hij liet zich door me omrollen. 'Zie je, nu lig jij boven, span je spieren dan druk je de lucht uit mijn borstkas.'
Twee uur later stond ik bezweet naast mijn jongens op de mat.
'*Good effort*,' prees Aidan. '*See you next week.*'

Voortaan ging ik dus iedere week naar Aidans dojo. Tjibbe had bedankt na een handblessure waardoor hij een paar weken nauwelijks piano kon spelen. Ik zei na die eerste les tegen Aidan dat hij nooit een slechtere leerling zou krijgen dan ik, dat het me speet voor de tijd die hij aan me ging verspillen, maar dat hij niet meer van me afkwam: 'Ik kom net zo lang terug totdat ik iets heb geleerd.'
Aidan grinnikte. '*That's it*,' zei hij tevreden, '*the fighting spirit.*'

'Heb je ooit gevochten op school?' Aidan stond op de mat tegenover mijn zoons.
'Nee,' zeiden ze allebei.
'*Good boys*,' zei Aidan. Ik dacht aan ons schooltje met zestien zoete kinderen en begreep dat hij in Glasgow in de jaren zestig een andere jeugd had gehad. 'Maar als iemand je aanvalt,' vervolgde Aidan, 'en hij begint zó, Wolf, kom even staan', hij sprong van achteren op de rug van mijn jongste, 'dan kun je dít doen.'
Het volgende uur leerden we wat we konden doen als iemand van achteren op je nek springt, je in het voorbijrennen een klap wil uitdelen of je van voren een hoek wil verkopen. De openingszetten leken geen klassieke judogrepen maar meer de pittiger anekdotes uit het leven van Aidan.
'*Good lad*,' zei hij terwijl Raaf hem van achteren wurgde. '*But I can still talk.*' Raaf schroefde zijn armen steviger om zijn keel. Aidan klopte af toen hij niet meer kon praten. Het

duurde even voor hij zijn stem terug had en daarna vertelde hij hem ernstig dat hij dat heel goed had gedaan: '*I nearly passed out*,' zei hij waarderend. Mijn zoon keek bezorgd, hij was een zachtzinnige jongen, maar Aidan zei later tegen me dat hij hem had willen laten ervaren hoe het was om iemand zo vast te hebben. 'Dat is belangrijk. Dan weet je wat je kunt doen, als het moet.'

In een hoek van de dojo, naast de lichtschakelaar, hing een foto van een jongetje van een jaar of acht dat een trofee ophield. Ik herkende Aidans sproeiende ogen en blije grijns.

'Ja, je moest wel kunnen vechten in de buurt waar ik opgroeide,' zei Aidan. 'Ik ging op judo op mijn zesde en ben nooit meer opgehouden.' Hij knikte ons toe: '*You have to learn to be comfortable with the uncomfortable.*'

Vrijdag en Zaterdag

Ik hoorde gekreun. Snel draaide ik me om en zocht met mijn ogen de weg achter me af. Ik was op de terugweg van judoles, Raaf en Wolf zag ik net over de volgende heuvelrug verdwijnen. De afspraak was dat als ze naar judo zouden lopen, een wandeling van een uur heen en een uur terug, de jongens als we thuiskwamen een uur mochten gamen. Ik had na de les nog wat met Aidan staan praten, en Raaf had gevraagd of zij vast vooruit mochten gaan. Ik was dus alleen en had niemand op de weg gezien.

Het gekreun had klagelijk en dichtbij geklonken. Ik keek zoekend om me heen. Lag hier iemand aan de kant van de weg? Na een tijdje rondkijken vond ik een schaap dat half achter een rotsblok lag. Toen ik ernaartoe liep, bewogen de ogen van het dier niet mee met mijn beweging. Misschien had ik me vergist en was het al dood. Ik draaide me net om toen ik weer zo'n hees gekreun hoorde. Zelfs nu ik wist dat het een schaap was, klonk het totaal menselijk.

De winter was lang geweest met eind april nog sneeuw. De schapen en herten stierven van ondervoeding omdat ze eerst niet bij het gras hadden kunnen komen en het nu nog niet voldoende was aangegroeid. De vorige week was ik hier zes dode, zwangere schapen tegengekomen. De jongens hadden bij hun hut op de heuvel achter het postkantoor die week een dode hinde gevonden. Ik belde de factor erover en die zei dat Roy het dier weg zou komen halen.

Ik tilde voorzichtig de kop op aan een van de hoorns om te zien of er nog enig leven in zat. Het dier had geen enkele poging gedaan om te vluchten toen ik kwam aanlopen en dat vertelde eigenlijk al het hele verhaal. Schapen zijn schrikkerige dieren en vluchten altijd. Er kwam geen enkele weerstand toen ik de hoorn vastnam. Toen ik haar kop weer liet zakken, sloot ze even haar ogen. Daarna staarde ze weer voor zich uit.

'*Sheep are always looking for a new way to die.*' De eerste keer was het de tuinman die dat tegen me zei. Later hoorde ik het van anderen, het was blijkbaar een soort gezegde van de boeren. '*They are the most stupid animals of all,*' voegden ze er meestal aan toe. Ik vroeg me af of daar nog iets van wrok in zat. De Schotten die ooit verdreven waren om plaats te maken voor de schapen.

Op ons landgoed hadden we een paar duizend schapen, een aantal dat zich in de lente verdubbelde en in de herfst weer halveerde. Ik keek naar het landgoed waar ik net van wegliep en zag het grote landhuis en de twee kleine cottages, een schuur en een vakantiehuisje. Dit was de nucleus van ieder landgoed in de Hooglanden. Je had wat grotere en heel grote zoals Cliffrock, maar het gegeven was altijd hetzelfde: schapen voor het vlees, herten voor de jacht. En heel weinig mensen.

'Op een avond zette ik twee mannen uit de club, ze hadden zich misdragen en ik leidde ze van de dansvloer. Hier, geef me je hand.' Mijn jongste zoon gaf braaf zijn hand, hij wist dat wat Aidan ging doen onprettig zou worden, maar dat het veilig en leerzaam was. Aidan demonstreerde een duimklem. 'En als ik hem wat aanzet, zó, dan kun je alleen maar meelopen. *Thank you, lad.*' Hij liet mijn zoon los, die over zijn duim wreef en weer ging zitten. Aidan vervolgde: 'We liepen hand in hand over de dansvloer, ik met die twee gasten en ik liet ze uit de deur. Maar tien minuten later waren ze terug. Met hun vrienden.' Aidan knikte bij de herinnering. Mijn zoons keken met ronde ogen naar hem op. Ze zagen de groep op Aidan afkomen. Ik zag daarbij ook een club in een ruige wijk van een beruchte stad en een huis vol feestende mensen.

'De bar was beneden en er waren een paar treden naar de dansvloer boven,' vervolgde Aidan. 'Ik stond boven en zag ze binnenkomen. Toen ze onderaan de trap stonden, trok de voorste zijn mes.' Ik kon me voorstellen hoe de mensen naar achteren weken, de muziek doordreunde en de spanning in de ruimte opbouwde. 'Mijn jongens kwamen meteen achter me staan, we werkten met z'n vieren die avond. Ik liep naar de trap en zei tegen mijn team dat ze boven moesten blijven.' Misschien was hij tussen een stel Schotten niet klein, maar met zijn één meter zestig kon hij toch nooit voor een imposante verschijning doorgaan. Toch kon ik begrijpen waarom de vijf vechtersbazen er niet meteen op afsprongen toen ze deze man de trap af zagen komen. Beheerst, zelfverzekerd en met heel lichte blauwe ogen die nergens voor weken.

'Ik stopte vlak voor de jongen met het mes. Ik zei tegen hem: "Ik heb net die twee vrienden van jou van de dansvloer afgehaald. Ik heb niet met ze gevochten, ik heb ze bijna niet aangeraakt, maar ze kwamen op hun tenen met me meelopen... Nu komen jullie terug."' We keken naar Aidan die bijna fluisterend sprak, langzaam en duidelijk, precies zoals hij toen die jongens aansprak: '*If you raise that knife, I won't be so forgiving. I will ram it through your arse and pull it out be-*

tween your teeth. And then we won't stop till you are all in hospital.' Hij wachtte even. 'I told him the choice was his.'
'En?' vroeg ik.
'They went,' zei hij.
We waren even stil.
'Was je bang?'
Aidan lachte. 'Ja! Natuurlijk was ik bang. Ik was heel opgelucht dat ze weggingen.' Toen weer ernstig: 'Ik meende wat ik zei: we hadden ze aangepakt en ik had drie goede jongens achter me staan en we hadden ze zeker een boel problemen gegeven. Maar als er een mes in het spel is, gaat het fout. Er hadden doden kunnen vallen die avond.' Hij keek naar zijn handen. 'Een van m'n mannen, een maat van me, werd diezelfde week neergestoken toen hij aan het werk was in een andere club. Het gebeurde, het gebeurde vaak. Ik ging uitkijken naar een andere baan.' Hij stond op.
'Goed, het gaat dus om controle krijgen, niet om vechten. Als je een armklem beheerst en een wurggreep, ben je al een heel eind.'
We gingen verder met de les.

Mijn zoons waren allang uit het gezicht verdwenen en ik stond nog naast het schaap. Mijn bezwete rug werd koud omdat ik zo lang stilstond. Ik kon teruglopen en de boer opzoeken om te vragen of hij dit schaap uit haar lijden kon verlossen. Als ik de boer zou kunnen vinden. Die na mijn beschrijving waarschijnlijk zou concluderen dat het dier allang dood was tegen de tijd dat hij erbij zou kunnen komen.

'Mooie dojo heb je hier.'
'Zelf gebouwd,' zei Aidan tevreden.
'Mocht dat?'
'Ja, ik vroeg de landeigenaar of ik een stuk van de schuur kon gebruiken. Ik had goed voor ze gewerkt, er was hier niets dan een dak op palen toen ik kwam. Nu is er een werk-

plaats, onderdak voor de voertuigen en het materieel met een schuur voor de dieren. Dus ik kreeg toestemming om in mijn eigen tijd hier iets te maken.'

Ik keek in de enorme halfdonkere ruimte.

'Eerst was de dojo in die hoek,' wees Aidan naar de andere kant van de ruimte. 'Toen hij af was, bedacht de eigenaar zich. Hij wilde toch liever dat de beesten daar stonden en dat de werkplaats aan deze kant was.' Handig, zo'n dienaar Vrijdag die alles doet wat je wilt.

Ik keek van opzij naar zijn gezicht om te zien of ik woede zag of verbittering. Voorlopig zag ik Aidan alleen tevreden naar zijn dojo kijken.

'En toen?'

'Toen moest ik alles verplaatsen. Dat kostte me een paar maanden.'

Ik besloot maar te vragen wat ik wilde weten: 'Was je niet ontzettend kwaad?'

Aidan draaide zich vol naar me toe, zijn ogen in de mijne: 'Ik wil ergens naartoe. Ik vecht niet om te vechten, ik vecht om ergens te komen. Dat soort mensen heeft geen idee wat het betekent om zoiets te verplaatsen, ze hebben het gewoon niet meegekregen. Kijk, daar staat mijn dojo. Het duurde wat langer dan ik had gedacht, maar hij staat er. Er is altijd een uitweg. Je moet erin en erdoor.'

Ik keek naar het schaap. Ze zou zo wel doodgaan. Net toen ik wegliep, zuchtte ze nog eens. Met een kreunend bijgeluid. Ze was ook een moeder, eentje die ieder jaar een kind moest produceren. Nu was ze er, zwanger, bij neergevallen.

Ik draaide me om, hurkte bij haar neer en zocht met mijn hand in de vacht van haar nek. Ik legde mijn vingers naast haar strottenhoofd en duwde. Na een tijdje trokken haar lippen op en haar voorpoten strekten zich. Ik duwde wat harder. Ze bewoog niet meer.

'Goede reis,' mompelde ik.

Nadat het pad de heuvel op was gegaan, kwam ik langs een stukje bos, het was een gemengd bos met kleine, kromme eikenbomen die het net uithielden in de zilte lucht. Al van een afstand zag ik iets wits aan de wortels van een boom liggen. Niet nog meer schapendrama's vandaag, alstublieft, dacht ik.

Toen ik dichterbij kwam, zag ik dat het een heel jong lam moest zijn. Het leefde. Het krabbelde overeind met lange stijve poten en ik verwachtte dat het weg zou rennen. Het stond even te wiebelen, gaf een luide schreeuw en rende naar me toe. Met rukkerige bewegingen begon het tegen mijn laarzen te duwen.

'Heb je zo'n honger?' Ik boog me voorover en nog steeds rende het niet weg. Het drukte zich tegen mijn benen aan. Nu zag ik dat er bloed en vlies op de korte vacht zat, onder de buik hing de navelstreng, nog dik en zacht. Ik speurde de weg en de heuvels af. Geen moeder te zien. Zou het van het schaap zijn dat ik net had achtergelaten? Dat lag vrij ver weg. Ik raakte het lam niet aan en liep naar de boom waar het had gezeten. Daarachter was een steile afgrond en een stroompje. Tussen de stenen zag ik een schaap liggen in het water. Het water stroomde over haar kop en ze bewoog niet. Dood en verdronken. Ik klom wat dieper om er zeker van te zijn dat het de moeder was. Het schaap leek nog niet lang dood en er lag nog een lam even verderop in het water, ook verdronken. Ik keerde weer terug naar het pad. Het lam stond er nog en kwam weer op me af. Het had zwarte pootjes met op iedere knie een wit vlekje.

Tot nu toe had ik het niet gedaan. Me laten overhalen om een lam voor de boeren groot te brengen met een fles. Vriendinnen hadden ze wel, *pet lambs*. Ik hoorde hoe geweldig schattig het was en hoe ontzettend veel werk. Net of je een baby hebt voor vier maanden. Vier voedingen per dag. Handenbinders. En uiteindelijk wordt het dan een suf schaap. Of een ram en dan is het meteen voor de slager.

Ik kon dit lam wel naar huis dragen en Shaun bellen dat ik een lam had gevonden.
Zaterdag blaatte.
De jongens noemden haar Zaterdag omdat het zaterdag was toen ik met haar in mijn armen bij ons huis aankwam. En natuurlijk bleef het bij ons.

'Safaritochten?' vroeg de factor.
'Ja, hebben jullie er nooit over gedacht om die te organiseren op het landgoed?'
'Nou, nee.' We zaten aan tafel met papieren van de volgende verbouwing. We hadden het over de verhuur van de vakantiehuizen gehad en de terugval van de inkomsten via de jacht.
'De jagers kennen dit gebied door en door, ze weten volgens mij zoveel over de natuur hier, de dieren, hun leefgewoontes. Voor stadsmensen zoals ik zou het een prachtige ervaring zijn om met ze rond te rijden en hun verhalen te horen.'
Non-committal zou ik het knikje van de factor noemen. Maar hij zei dat hij erover na zou denken. Ik leefde op een jachtgoed, ik hield niet van jagen, maar ik kon er niet voor vluchten. Ik had wat geleerd van judo. Je moet erin en erdoor en dan is er altijd een uitweg.
Een paar weken later vroeg de factor of ik een groepje proefpersonen kon organiseren. En nog weer later zat ik met mijn nicht en onze gezinnen in twee Land Rovers op onze eerste safaritocht. Toen we op die ijskoude decemberochtend in de Land Rovers stapten, zetten alle gamekeepers hun beste beentje voor. Ze reden ons naar een heuvel waar ze de vorige dag een wand vol ijspegels hadden ontdekt. 'Ik dacht dat de kinderen dat wel leuk zouden vinden,' zei Roy. Scott was een zwaardgevecht aan het houden met mijn neefje en mijn zoon, ze hadden alle drie een ijspegel van een meter lang in hun handen. Mijn nichtjes banjerden tot aan hun

knieën in de sneeuw en lieten zich door Roy de sporen van sneeuwhoenders aanwijzen. We lunchten met thee en sandwiches die ik in grote manden had gepakt.

De rest van de middag reden de gamekeepers ons naar al hun mooiste plekjes, waar je het nest van de zeearend kon zien, de rustplaats van de herten, de klif waar je niet van af moest vallen maar vanwaar je een adembenemend uitzicht had over de baai. En als laatste gingen we naar de voederplaats in de heuvels. Statig kwamen de mannetjesherten met hun brede geweien aanstappen. Zolang we in de voertuigen bleven, kwamen ze dichtbij. We zaten dicht op elkaar gepakt met onze handen onder onze oksels in de ijskoude Land Rovers en keken onze ogen uit. We zagen de zachte ogen van de dieren, hun dikke vacht waar sneeuwvlokken op lagen en we hoorden hun snuivende ademhaling.

'Wij maken de keuze op welke dieren er geschoten wordt,' legde Roy uit. 'Als ze oud worden, raken hun tanden afgesleten en verhongeren ze, dan kun je ze beter afschieten.'

'Dus het is niet zo dat mensen een mooi gewei uitkiezen en dan dat hert schieten?'

'Ze schieten op die dieren die wij zeggen dat ze kunnen schieten, anders sturen we ze naar huis.' Roys baard stak wat naar voren. Ik denk niet dat er veel mannen zijn die tegen hem in zullen gaan.

Een maand later namen Roy en zijn mannen mijn broer mee met zijn vriendenclub op een lange tocht door de heuvels. Als afsluiting schoten ze met scherp op schietschijven. De jachtopziener had het ongeloofwaardig gevonden dat een groep mannen er genoegen mee zou nemen om op doelen te schieten als er herten in de buurt waren. Maar hij organiseerde de tocht en zag dat de mannen het mooi vonden om door hem mee op pad te worden genomen en zijn expertise te delen.

De safaritocht met de gamekeepers was voortaan opgenomen in het aanbod van activiteiten op het landgoed.

Ja, ik woonde nog steeds op een sporting estate, ja, er werd nog steeds gejaagd, maar Aidan had gelijk, je mag niet opgeven, je moet erin en erdoor. Dan zijn er mogelijkheden die je eerder niet zag.

DEEL 5

Personal manager

De schilder

Het kriebelde. Het kriebelde zo erg dat ik bijna moest niezen. Maar net niet. De lach die tot in mijn neus kriebelde, kon ik keurig binnenhouden.

Met mijn handen over mijn zwarte opschrijfboekje gevouwen stond ik voor de brede architraaf die de doorgang vormde van het grote trappenhuis naar de gang die naar de oostvleugel van het kasteel voerde. De factor stond symmetrisch opgesteld aan de andere kant van de boog met eveneens zijn handen over zijn zwarte opschrijfboekje. We stonden daar rechtop en bewegingloos het tafereel vóór ons gade te slaan.

In de lange hoge gang bewogen drie mensen onder het monumentale venster heen en weer. Eén schoot naar voren en zwiepte de gobelin van de muur, de andere twee bogen zich voorover naar het pleisterwerk dat bloot kwam te liggen. Dan stapten ze gedrieën weer naar achter en hergroepeerden zich voor de lange spiegel terwijl opmerkingen over en weer gingen: vragend, grappend, zoekend, stellend.

Onder onze schijnbaar neutrale blik stonden Ian en ik op scherp. Tussen de woorden die rondvlogen kon er ieder moment één zitten dat we op moesten vangen.

'*Look at that mess!*' riep de kasteelvrouw.

'Het is vochtschade, maar de oorzaak is ondertussen aangepakt,' voegde de kasteelheer behulpzaam toe.

'Kwestie van schoonmaken en gaten vullen,' zei Percy MacLean na zijn inspectie.

Ian en ik klapten ons boekje open en noteerden: '*End of passage first floor, behind gobelin: fill, paint*.' Als er in de begroting van Percy MacLean opeens een stukadoor opdook, moest Ian in actie komen, en als ik tijdens de werkzaamheden een schilder zag verven zonder te vullen, was het mijn beurt om in te grijpen.

'*It is always something with these kind of places*,' verzuchtte de kasteelvrouw met een brede zwaai om zich heen naar de oude muren en het monumentale venster dat het hele einde van de gang innam.

'*I know all about it*,' mikte Percy zijn antwoord in een boogje naar de kasteelvrouw.

Ze ving het op met een diepe appreciërende grinnik. Deze verwijzing van Percy naar het feit dat hij veel grotere kastelen dan het hunne in zijn portefeuille had, was precies het soort van uitdagende humor waar ze hem zo om waardeerde.

De factor en ik stonden weer met gevouwen handen de hal te bewaken. Ik helde een beetje naar zijn kant over en zonder mijn gezicht van de voorstelling af te wenden, murmelde ik zachtjes: 'Het enige wat ontbreekt, is onze livrei.'

Het duurde een halve seconde en toen knikte hij. Ik zag aan het even opkrullen van zijn mondhoeken dat hij het plaatje kreeg van ons voor de boog. Tot dan toe had hij dat als vanzelfsprekend ervaren, maar nu zag hij de grap wel. We gingen allebei weer rechtop staan en probeerden razendsnel de draad van het gesprek tussen de hoofdrolspelers weer op te pakken. Ze liepen tussen ons door naar het andere einde van de hal en Ian en ik wachtten tot ze voorbij waren en sloten toen achter hen aan.

'Een tweede laag,' zei de kasteelvrouw, licht defensief. Percy keek om zich heen in de Bar Room. 'Het is te licht,' verduidelijkte ze, 'je ziet de houtnerf erdoorheen.'

'Sommige mensen betalen er goudgeld voor om dat effect te bereiken,' zei Percy, en daarna: 'Het geheel zit goed in de verf.'
'Ja, maar ik wilde dat effect niet, ik wilde het rood geverfd hebben,' zei ze beslist. 'Dus nu moet deze kamer ook worden gedaan. Het is toch veel te licht?'
Percy zei niets. Hij keek haar aan met een licht opgetrokken wenkbrauw en een nog lichtere zweem van een ironische glimlach om zijn mond. Tussen zijn grijsblauwe ogen en de donkerblauwe van de kasteelvrouw vond een uitwisseling plaats. Zij stond met haar rug naar de smalle glasplaten waarop de kristallen glazen stonden uitgestald; bovenaan de champagneglazen, dan een rij likeurkelken, daaronder een verdieping cognacbellen en als afsluiting een serie whiskyglazen. Allemaal met het silhouet van het kasteel erop gegraveerd. Percy stond tegenover haar.
De kasteelheer stond wat besluiteloos glimlachend half achter haar; hij zou zijn vrouw zeker steunen als ze het tegen Percy wilde opnemen maar ik vermoedde dat het hem persoonlijk niet zoveel kon schelen of de muren nu dieprood waren of transparant rood. Het leek mij dat hij meer was geïnteresseerd in de inhoud van de Bar Room dan de decoratie ervan. Er waren net op zijn orders drie verschillende koelkasten geïnstalleerd die het perfecte klimaat hadden voor zijn verzameling bijzondere witte wijnen en bijzonder dure champagnes. Hij zweeg dus, wachtend op zijn cue. De factor en ik stonden aan de zijlijn en zwegen ook, het was niet aan ons om te spreken, alleen maar om te getuigen van de uitkomst van dit overleg.
Inzet van de strijd was de redelijk onmogelijke eis van mevrouw om het hele kasteel binnen drie maanden compleet in orde te hebben vanwege een Heugelijke Gebeurtenis in haar familie. Geverfd, waar nodig behangen, her en der nieuwe gordijnen, meubels omgegooid en opnieuw gestoffeerd en nieuwe vloerbedekking.

De factor had zachtjes '*djee ho*' gezegd toen ik hem het nieuws bracht. En had daarna Percy opgeroepen om de klus te bekijken en een prijsopgave te maken. Er was niet veel kans dat we een ander bedrijf zouden huren, maar het was natuurlijk altijd spannend hoe ver je kon gaan in een persoonlijke confrontatie.

De kasteelvrouw had haar stelling ingenomen en wachtte nu op Percy's tegenargument of instemming. Maar hij zweeg. Glimlachend. Zo stonden ze elkaar in het kleine vertrek zwijgend aan te kijken met drie getuigen. Het was zo stil dat het leek alsof ik de gedachten kon horen die in het hoofd van de schilder rondzoemden: Ik heb mijn mening gegeven en ik ga het niet herhalen. Deze kamer zit goed in de verf en op het megaproject dat jij hebt aangezwengeld is het een overbodige toevoeging. Als je deze kamer nog een keer geverfd wilt hebben, moet je dat zelf weten. Maar op mijn instemming dat dat een goed idee is, kun je lang wachten.

Zijn grijsblauwe ogen twinkelden.

Aan de andere kant van de kamer seinden haar ogen: Ik vind het geweldig dat je een onafhankelijke kerel bent die het heel ver heeft geschopt, maar maak je borst maar nat als je mijn mening gaat aanvechten.

Percy was niet zo dom om te gaan argumenteren.

De stilte van deze paar oeverloze seconden werd doorbroken door de kordate stem van de kasteelvrouw: 'Goed, dus deze kamer een extra laag.' Met een knikje van zijn hoofd erkende de schilder haar recht om te beslissen over de werkzaamheden en met een ironische glimlach zíjn recht om de wijsheid ervan te betwijfelen. Met het korte gebaar waarmee ze haar haar even naar achteren zwiepte en de Bar Room verliet, bevestigde de kasteelvrouw haar autoriteit en het plezier dat ze had in het hebben van een waardige opponent. De kasteelheer controleerde de thermometer op een schermpje van zijn koelkast. En de factor en de PA schreven in hun zwarte boekjes: '*Bar room: one extra coat of paint*.' Daarna liepen we allemaal snel de kasteelvrouw achterna.

Terug in de keuken werd Percy aan tafel genodigd voor een kop koffie. Ik zette die voor hem neer en de kasteelvrouw schonk hem melk in. Ze vroeg hem uit over zijn bedrijf en zijn nieuwe projecten.

'Ja, Bondhu Castle vorig jaar,' zei Percy. 'En The Palace dit jaar.'

'Hoeveel mensen heb je nu voor je werken?' vroeg ze met onverholen waardering. Vanaf de dagen dat hij zelf in zijn schilderskiel naar het kasteel kwam tot nu, nu hij in zijn Range Rover arriveerde om het project te bespreken, had ze zijn carrière met interesse gevolgd.

'Tachtig man.'

'*Oh, well, then you have enough men to squeeze in a puny little castle in your schedule, don't you?*'

'Het is veel. Ik denk dat we minstens zes weken bezig zijn met ten minste vier schilders. Misschien meer, ik moet het nog uitzoeken.'

De factor stond bij het kookeiland over een lijst gebogen die ik hem had voorgelegd. Bij deze woorden hield hij op met lezen en zijn ogen gingen even snel vanonder zijn wenkbrauwen naar Percy. Toen las hij weer verder. Ik begreep dat hij de informatie noteerde dat Percy de klus aannam en dacht hem op tijd af te zullen krijgen.

'Eigenlijk,' zei de kasteelvrouw toen iedereen weer weg was en we samen nog even door het kasteel liepen, 'eigenlijk valt het toch best mee?'

Ik keek omhoog in het trappenhuis met de kroonluchter en vier meter lange gordijnen. Ik bedacht dat ik twee professionele ladders en minstens vier mannen nodig zou hebben om alleen al de hal leeg te krijgen voor de schilders kwamen. Ze had dat eerder gezegd, vorig jaar, van dat meevallen, toen we het appartement in het stallencomplex gingen opknappen. En ik was niet meer zo erg naïef.

The bothy with bells on

'*We were hoping never to get back to that situation, but this is the bothy with bells on!*'
De factor klonk getroebleerd. Zijn gewone sangfroid had hem even verlaten. Ik nam aan dat *with bells on* betekende dat het een uitvergrote versie was.

'Ik vroeg nog aan haar,' vervolgde hij, 'na het bezoek van Percy, "en geen veranderingen dit keer?" En ze verzekerde me dat dit het plan was en zou blijven. Het volgende moment hoor ik veranderingen die een dubbel budget vergen en minstens de helft langer gaan duren. We praten nu niet over wat simpel verfwerk maar een intensieve verbouwing. En iedere keer dat ik jou spreek, is er weer wat bijgekomen.'

'*Sorry*,' zei ik.

'*It's not your fault*,' antwoordde hij gelaten. '*Well, if this is what she wants, this is what she wants*,' probeerde hij weer laconiek te klinken. '*We just have to get on with it.*'

Ian kon wel zeggen dat het niet mijn fout was, maar dat wist ik niet zo zeker. Ik had nu wat besprekingen meegemaakt met de kasteelvrouw en haar manager. Mevrouw hield zich flink, maar het viel niet te ontkennen dat het moeilijk was om je enthousiasme voor een project te bewaren met zo'n sobere gesprekspartner. Ook al ben je honderd keer de superieur. Een welwillende toehoorder kan toch net het verschil maken.

'Voorzichtigheid' stond op het voorhoofd van de factor geschreven. In grote letters. Daaronder was toch nog plaats voor een ander woord, even helder opspringend: 'spaarzaamheid'.

Een jaar geleden was ik erbij toen zij het idee lanceerde om de houten wandbekleding in het trappenhuis van haar verflaag te ontdoen. Ik vond het een interessante ontmoeting.

Rechts van me stond de eigenaresse, in een soepele zijden blouse en zachtkatoenen slimfit pantalon en op fluwelen pumps, de kasteelheer even verderop in zijn gebruikelijke corduroy en jumper, en links van me de factor in gedekte bruintinten, een bruine stropdas en onberispelijke bruine veterschoenen. Met een breed gebaar wees de kasteelvrouw om zich heen: ze stond aan de balustrade op de eerste verdieping die opende in de Main Staircase.

'En dan halen we hier alle verf weg en krijgen het mooie hout terug!'

Ik keek opzij naar Ian. Die keek totaal neutraal voor zich uit. De kasteelvrouw kwam met haar monsterste glimlach en vervolgde: 'Dat zou toch prachtig zijn, alles weer in hout?'

Ian hield zijn hoofd schuin en glimlachte beleefd. Maar zweeg.

'Kijk, hier heeft mijn man een stukje uitgeprobeerd,' wees ze. Een paneel wat achteraf in de aangrenzende gang was helemaal van verf ontdaan. We liepen er allemaal naartoe en bekeken het. Ian zei nog steeds niets. In de stilte die voortduurde, leek de naklank van mevrouw haar stem nog hoger en vragender. Ze was dan wel honderd keer de kasteeleigenaar en mijn baas, maar ik kreeg de drang om loyaal te zijn aan een medevrouw. De wandbekleding in donker eiken leek me ook veel stoerder, meer een middeleeuws dan een victoriaans kasteel.

'*What a lovely idea*,' verbrak mijn stem de stilte.

'*Yes, isn't it?*' haakte mevrouw gretig in.

'*It must look so beautiful, the warm wooden panels all around the hall.*'

'*I thought so too*,' zei mevrouw tevreden.

Na het bezoek van de schilder en de doorloop met Ian dachten we dat we wisten wat we gingen doen. Ik probeerde een overzicht te krijgen van wat er moest gebeuren omdat ik geen idee had of iemand anders dat had. Het feit dat ik bij de besprekingen was gevraagd, leek erop te duiden dat er een aanname was dat ik weer een vergelijkbare rol zou gaan spelen als bij de verbouwing van het appartement. Maar dit was van een andere schaal. En het was niet een bijgebouw maar het hart van het landgoed. Ik haalde diep adem en nam mijn toevlucht tot het maken van lijstjes.

Ik begon met op te schrijven welke kamers zouden worden geverfd, welke kamers nieuwe vloerbedekkingen zouden krijgen, welke meubels verplaatst moesten worden en waar ze konden worden opgeslagen. De Ball Room was goed ruim maar een eind lopen, dus de inhoud van sommige kamers kon dan toch beter in de toren, en een deel in de personeelsvertrekken. Dat werd weer een middagje verhuizen met jagers. Ik zou zorgen dat ik een goede plattegrond had en veel *chocolate brownies*. Bij de wandpanelen zette ik een vraagteken.

Door de hoeveelheid verschillende werklui die erbij betrokken waren en de vrij strakke tijdsplanning werd het een ingewikkeld document. Ik probeerde alle handelingen door te denken: als de schilders in de Falcon Room begonnen, dan kon de timmerman ondertussen de plinten herstellen in de Main Hall en de elektricien gaten in de muren hakken voor de verlichting van de schilderijen in de Main Staircase. Ik probeerde voor me te zien hoe de werklui zich door het gebouw moesten bewegen om op hun werkplek te komen. In de tijd dat ze de Main Staircase niet konden gebruiken, moesten ze via de Staff Staircase, maar niet op het moment dat de Round Room werd gedaan.

Het duurde even, maar uiteindelijk had ik een plan met wat er allemaal moest gebeuren, wanneer het moest gebeuren en door wie het zou worden gedaan. Vervolgens maakte ik voor iedere werknemer apart een *to do list*.

Alleen kwam toen de *interior designer*. Uit Londen. Een elegante vrouw met hetzelfde accent als de kasteelvrouw. Haar stem was alleen lager en wat krakerig.

'En de White Room krijgt een andere kleur!' De kasteelvrouw klonk opgewonden zakelijk. 'Kasteelgroen was het toch, Gladys?'

'Kasteelgrijs,' zei Gladys, 'en de details kapelgroen.'

De manier waarop ze de kasteelvrouw corrigeerde was gedecideerd. Ik keek vanuit mijn ooghoeken hoe die dat opnam, maar blijkbaar kenden ze elkaar goed, of als je in Londen werkte was je niet feodaal ingesteld, want de kasteelvrouw lachte om haar eigen vergissing.

'Laten we even gaan kijken.' Her ladyship spoedde zich de trap op en wij volgden. 'Hier wandlantaarns, maar daar hebben we het later nog over, en een houten vloer door de hele gang en hal, Gladys dacht aan eikenhout, en in deze kamer een nieuwe lambrekijn en we gaan de stoelen bekleden, Gladys weet een mooie stof.' Ik schreef als een razende in mijn opschrijfboekje. Houten vloer over de hele benedenverdieping? We waren nu de Drawing Room in gedwaald.

'De *pelmets* gaan omhoog, hoeveel inches, Gladys? Want dat maakt dat de kamer hoger lijkt.' Ik voelde dat ik weer heel veel nieuwe woorden ging leren, *pelmet* was het eerste. Het fijne van leren op de werkvloer is dat je meteen ziet waar het over gaat, je hoeft het niet eens te vertalen. Ik heb een schat aan woorden opgebouwd waar ik het Nederlandse woord niet voor weet maar die ik wel meteen voor me zie: *downpipe hopper, newel, baluster, sash window, pencil pleat* en *pelmet*. Pelmet is het woord voor een rand die over het gordijn wordt aangebracht om de gordijnrails te maskeren.

'Zeker,' zei Gladys, goedkeurend om zich heen kijkend.

'En nu heeft Gladys bedacht dat als we de lambrekijn

ook verhogen, we het effect nog versterken.'
'Jullie timmerman moet dan een verlenging maken.' Gladys haalde haar meetlint tevoorschijn en gaf me maten door. Afwisselend in inches en millimeters. Ik krabbelde alles op, ook haar technische uitleg van hoe de opstand moest worden gemaakt. Niet zeker of deze doorloop de enige was of dat er ooit nog tijd kwam om dingen te confirmeren. We liepen verder door de gang.
'Hij moet dat dan bevestigen met van die ijzeren haken of iets anders, dat moet hij zelf weten.' Ze wuifde dit punt weg en werd alweer in beslag genomen door iets anders: 'Die lamp kan echt niet, Bobby.' Gladys deed een paar stappen naar de kamer waarvan de deur half openstond en keek omhoog, een misprijzende uitdrukking op haar gezicht.
'Nee?' De kasteelvrouw volgde haar de kamer in.
De lamp was in Moorse stijl met gekleurde glazen en krullerig ijzerwerk.
'Nee!' Gladys snoof het ding naar de verste uithoeken van de wereld der goede smaak. 'Ik vraag me af', ze legde haar vinger langs haar neus, 'die kroonluchter in de hal, die je daar wat te klein vond, zou die hier niet goed staan?'
De kasteelvrouw keek omhoog.
'Die zou het hier uitstekend doen,' besliste de interior designer.
Mevrouw keerde zich naar mij om en glimlachte: 'Dus deze in de opslag en die uit de hal hier, alsjeblieft.'
Ik noteerde.
'Ja, de White Room wordt groen, en de Blue Room... de luiken zijn bruin, ik dacht dat die misschien blauw konden worden.' Ze dwarrelde de Blue Room in en wij volgden. 'Om iets blauws te hebben,' verduidelijkte de kasteelvrouw, 'waarom heet het anders de Blue Room?' Ik dacht aan de White Room die groen werd, maar zei niets om de concentratie niet te verstoren. De Londense interior designer keek met toegeknepen ogen naar het zwaarbewerkte hemelbed met

de sprei met bladranken en vogels. De kasteelvrouw en ik wachtten af terwijl zij zich langzaam op haar hakken draaide.

'Blauwe plinten,' zei ze toen ze rond was. '*Lulworth blue.*'

'En de luiken?' vroeg de kasteelvrouw.

'*Wimborne white*, net als de deuren.'

We waren weer op weg naar de White Room toen we langs het grote trappenhuis kwamen.

'En de balustrade wordt weer blank hout!' wendde de kasteelvrouw zich tot mij met ingehouden triomf.

'De wandpanelen weet ik nog niet.' De interior designer klopte op het eerste paneel dat we tegenkwamen. 'Misschien is het grenen. Misschien is alles wel grenen.'

'Wacht.' De kasteelvrouw dook in de kast onder de trap en kwam tevoorschijn met een schroevendraaier. Ze gaf hem aan de interior designer, die hem in de verflaag van een balustrade zette. Na enig schrapen zagen we het hout verschijnen. We staken alle drie onze hoofden naar voren en tuurden naar het hout.

'Eiken,' zei de interior designer.

Mevrouw en ik knikten, onder de indruk van haar stelligheid. Nu schoof ze over de trede naar de wand en begon aan een wandpaneel.

'Mag ik ook?' vroeg ik. Mevrouw dook in haar kast en kwam met nog twee schroevendraaiers tevoorschijn. Met genoegen haalde ik hem over het hout van de trappost, dat heet een *newel*, leerde ik dus, met voldoende druk om de verf weg te halen, maar niet zo hard dat ik het hout beschadigde. Gedrieën zaten we nu op de traptreden verf te schrapen.

'Dit is ook eiken, toch?' riep mevrouw.

'Dit ziet er ook goed uit,' zei Gladys. 'Maar het paneel daarboven dat de balustrade van onderen afsluit?' We tuurden alle drie omhoog. Ik ging op mijn tenen staan en leunde voorover. Als ik met één hand steunde, kon ik met mijn andere net de schroevendraaier hoog genoeg krijgen om wat schraapwerk te doen. Mijn Nederlandse centimeters kwamen weer eens goed van pas.

'Ja, eiken,' baste de interior designer.

'We doen het helemaal,' riep de kasteelvrouw. Allemaal met schilfers witte verf in onze truien keken we elkaar glunderend aan. Toen werd de interior designer weer zakelijk, ik verzamelde de schroevendraaiers en klapte snel mijn opschrijfboekje weer open.

'Ik denk aan een traploper volgens jouw eigen ontwerp, Bobby. De schilders die de verf weghalen moeten rekenen op 700 millimeter voor de breedte van de loper. Minstens, misschien wel 30 inch.'

'*Hello Ian.*' Het was de middag erna. Ik had mijn zorgvuldig getimmerde plan weg kunnen gooien en was de hele ochtend bezig geweest aan een nieuw. Het was nog niet af, maar ik hoefde geen ervaren aannemer te zijn om te zien dat het werk nu verdriedubbeld was. Ondertussen had de kasteelvrouw ook besloten dat het absoluut noodzakelijk was dat het op 12 april klaar zou zijn. Het was nu januari. Allerlei details die ik nu aan de factor mocht meedelen.

Ik besefte opeens wat her ladyship had gedaan: ze had een buffer van twee vrouwen opgesteld tussen haar en haar factor: de interior designer én haar projectmanager. Ik mocht nu het goede nieuws brengen aan de factor. Het was niet mevrouw die hem daarmee overviel, maar de interior designer had het bedacht en de *personal project manager* bracht het over. Ik dacht aan de houten trap en haalde diep adem: 'Ja, heel goed, dank je. Over het bezoek van de interior designer gisteren: ze had een paar suggesties die wat verder gaan dan de kleur van de muren en tapijten. Ja, behoorlijk ingrijpende plannen. En het lijkt erop dat mevrouw ze wil uitvoeren. Allemaal.'

Home is where the heart is

'Die vraag is een beetje moeilijk te beantwoorden, want de kasteelvrouw is niet bereikbaar op het moment.'

De kasteelvrouw was namelijk de Amazonerivier aan het afzakken. Het leek nogal onbenullig om haar daar te willen storen met de vraag hoe hoog de lampen in de hal precies moesten komen te hangen. De laatste keer dat ik haar sprak, was twee dagen geleden toen ze nog in het hotel verbleef. Ik vroeg toen of ze al wist wat de kleur van de hal moest worden maar ze zei dat het voor haar moeilijk was om het zich goed voor de geest te halen. Dat begreep ik, dus belde ik de interior designer op. Die was op dat moment niet in Londen maar in New York. Ze appte me een telefoonnummer dat ik kon bellen. Ik kreeg een vrouw aan de lijn maar de verbinding was niet zo goed, dus ik dacht dat ik de ID zelf aan de telefoon had.

'*No, I am not her,*' klonk het duidelijk geïrriteerd, 'maar ze is hier.' Ik vroeg me af of ik net mevrouw Rockefeller zelf aan de telefoon had gehad en probeerde haar accent te savoureren. Het moest het equivalent van kostschool-Brits zijn maar dan Amerikaans. Helaas kreeg ik niet de tijd om het terug te halen, want nu was de ID aan de telefoon.

'Ik heb niet veel tijd,' zei ze. 'Ik heb het nogal druk.'

Ik verontschuldigde me dat ik haar stoorde en zei dat ik alleen een paar korte vragen had.

'Ik heb de lampen nog niet besteld,' antwoordde ze, 'dus ik weet niet hoe hoog de kabels moeten uitkomen.'

'Juist. En de afstand waarop ze moeten komen? Ik dacht dat ze op dezelfde plaats zouden komen als de kandelabers die er eerst hingen?'

'Daar moet ik nog over nadenken, kun je een foto sturen? Ik heb vandaag veel te doen, maar morgen kan ik je mailen, of eind van de week.'

Met langzame pas liep ik terug naar de hal. Daar vond ik

de elektricien met een man die ik nog niet eerder bij hem had gezien. Het was een ander dan zijn vaste assistent Bruce. Deze man was ouder en erg zwijgzaam. Hij stond naast John naar de muur te kijken waar de wandlampen moesten komen. Het was een dragende binnenmuur die tussen twee bouwfases in zat en het leek wel beton. Hij kon er halverwege de vorige eeuw in zijn gezet om te voorkomen dat het ene deel in het andere zou zakken. Of om te voorkomen dat de nieuwe badkamers door de oude vloeren zouden zakken. Niemand wist het precies, maar hij was bikkelhard.

Eind van de week? De mannen stonden nu te wachten. Als ik ze nu naar huis stuurde, was dat duur, maar schopte het ook de hele tijdsplanning in de war. Ik keek naar de muur. Ik nam aan dat de kasteelvrouw de lampen niet ter hoogte van haar knieën wilde, of zo dat je recht in het licht keek als je erlangs liep. Maar goed, dat was mijn boerenverstand, ik was geen interior designer.

De wanden waren net gestuukt, zonder een enkel barstje of deukje. Ik keek naar de grote drilboor in de handen van de zwijgzame man en herinnerde me de opwinding over de tl-buis in de Bar Room. Het was niet dat ze niemand wat konden schelen, de details. Ik slikte, mat een afstand af en gaf John de hoogte in centimeters en voor de zekerheid ook in inches. John gaf zijn werknemer een knikje en die begon met de boor op de muur los te gaan. Drie uur later was hij bijna klaar.

'Waar wil je de lichtschakelaars voor de wandlampen?'
'Eh?' antwoordde ik.
John keek me wrevelig aan.
'Bij de andere lichtschakelaars?' opperde ik voorzichtig. Het leek een strikvraag.
'Nou dat gaat dus niet, er zit een ijzeren balk in de architraaf aan het eind van de gang waar we niet doorheen kunnen komen.'
'Ah.' Ik deed een paar stappen achteruit tot we in de hal

stonden en ik de architraaf kon zien. Hij leek gek genoeg heel oud met gotische boogjes, maar blijkbaar was er ooit iets moderns achter aangebracht.

'Ik kan wel proberen daar bovenlangs te gaan,' mijmerde de elektricien. 'Nicolo!' De man met de boor kwam aanlopen. Samen keken ze omhoog. 'Daar, een gat?' Nicolo knikte. Ik nam aan dat hij Pools was en nog niet zoveel Engels sprak, dat zou zijn zwijgzaamheid verklaren.

'Misschien niet,' zei ik haastig.

'Niet?' zei John. Hij haalde zijn hand over zijn kin. 'We zouden de draad ook langs het steenwerk kunnen leiden.' Ik moest denken aan de televisiekabel die hij dwars over de gevel had gelegd. De kasteelvrouw had hem me aangewezen en gezegd: 'Dat doe je toch niet, bij een kasteel?' Feit was dat hij het had gedaan en de kabel daar nog steeds hing te wiegelen in de wind. Als het heel hard had gewaaid, ging ik kijken of hij er nog hing.

'Of we proberen door die muur te gaan.'

'Nou, deze muur komt uit in de kluis. Ik weet niet of we dat willen.'

John begon zichtbaar genoeg te krijgen van het gesprek.

'Dan is er alleen aan de andere kant van de gang een schakelaar,' zei hij beslist. 'Dan kunnen ze alleen als ze van deze kant komen aanlopen de plafondlichten aandoen.'

'Ja.' Ik haalde even diep adem en zei zo argeloos mogelijk: 'Ze wilden in plaats van de oude plafondlichten graag spotjes.'

Hij staarde me aan met zijn ogen zo vervaarlijk opengesperd dat ik onwillekeurig begon te glimlachen. Een variatie op *fight, flight, freeze*. Alleen genetisch geleverd aan mensen die ooit meisjes waren en er toen wat aan hadden: *fight, flight, smile*. Het werkte nog een klein beetje op mijn leeftijd. Hij beantwoordde mijn zonnige lach met een grauw, maar hij vloog me niet aan.

'Spotjes?' spuugde hij.

Het was jammer dat hij de lijst die ik voor hem had gemaakt niet had doorgelezen toen ik die aan hem had gegeven. Ik bleef voor de zekerheid standvastig glimlachen.

'En hoeveel spotjes wil ze dan wel?'

'Dat zal ik even vragen.' Ik spoedde me naar de keuken waar ik wifi kon ontvangen en appte de ID in NY. Tot nu toe had ik aangenomen dat het er evenveel moesten worden als er plafondlichten waren geweest, maar ik wilde daar nu graag zeker van zijn.

'Zes,' kon ik hem even later melden. 'John, waar ben je?' Ik vond hem op een ladder bezig de huidige plafondlampen naar beneden te halen.

'*Lath and plaster*,' zei hij met opeengeklemde kaken.

Ik spoedde me terug naar de keuken om het op te zoeken op internet. 'Lath and plaster' bleek de voorloper te zijn van gipsplaat. Op een frame van losse latjes is pleisterwerk aangebracht en het is berucht om zijn kruimeligheid. Het komt veel voor in historische gebouwen.

Even later kwam John de centrale keuken in lopen waar ik mijn hoofdkwartier had gemaakt.

'Het plafond moet eruit,' deelde hij mee. 'Als ik in die oude zooi gaten ga hakken, komt het in zijn geheel naar beneden.'

Juist op dat moment kwam Finlay binnenlopen met Duncan op zijn hielen.

'Komt er nog iets bij op de lijst?' vroeg Finlay.

'Plafond in de gang,' wees John met zijn duim over zijn schouder. Duncan keek meteen geïnteresseerd en liep naar de hal, vanwaaruit hij de gang in keek. De schilders kwamen er ook bij staan.

'Willen jullie die radiator eraf als we de hal verven?' vroeg de voorman aan mij.

Finlay boog zich naar de muur en mat de afstand van een stopcontact tot de vloer. 'Die moet ook verwijderd als ik nieuwe plinten aanbreng,' zei hij met een van zijn betere imitaties van iemand die naar het schavot wordt geleid.

'Ah,' zei ik.

Ik wou dat ik hiervoor gestudeerd had, dacht ik.

Ik haalde diep adem: 'John, alsjeblieft zes gaten voor de spotjes, probeer het in het huidige plafond en als de lath en plaster naar beneden komt, gaan we er een nieuw plafond in zetten, anders stuken we het. En kun je daarna de stopcontacten uit de hal eraf halen, alsjeblieft? Duncan, kun jij de radiator van de muur halen? Dat zou heel fijn zijn, dank je wel. En Finlay, kun jij de maat nemen voor nieuwe plinten? Ik neem aan dat jullie nog wat anders te doen hebben voor jullie aan de hal moeten beginnen?' wendde ik me tot de schildersvoorman. 'Die kunnen jullie dan morgen doen als John en Duncan klaar zijn.' En toen: 'Waar is de stukadoor?'

Die was ervandoor gegaan. De beste stukadoor die we ooit hadden gehad. Ik had hem een extra klusje gegeven, en nog een. En nu wilde ik hem vragen het plafond te doen. Maar hij had me door en was 'm gesmeerd. In de keuken vond ik een appje van de interior designer: *Wall lights 1.67 centimeters from floor level. Please.*

Ik nam mijn rolmaat en liep naar de gang. De gaten zaten op 1,80 centimeter. Ik keek naar de zwijgende Pool die aan zijn laatste gat begon in de vers gestuukte muur en John die op zijn ladder stond en in het plafond bikte. Morgen was er weer een dag.

Rembrandt

Opeens. Het ene moment stond ik te kijken naar een stel mensen dat een gordijn aan het neerhalen was. En het volgende moment was het een kruisafneming van Rembrandt.

Dat was een beetje lastig, want ik moest al mijn aandacht bij het naar beneden brengen en opbergen van de gordijnen houden. Het klinkt als een vrij simpele klus, maar als ze vier meter lang zijn en aan een gordijnroede hangen die ik meer als een boomstam zou omschrijven, met aan beide zijden een vergulde ramskop, dan wordt het al wat complexer.

Dan was er de hoogte en het feit dat ze boven de trap hingen: twee mannen stonden op uitschuifladders die tussen de traptreden waren geklemd terwijl twee anderen de ladders vasthielden. Op de overloop stonden Duncan, Scott, Abigail en haar man Garth om de gordijnen op te vangen die ratelend met hun armdikke ringen naar beneden kwamen. Toen begonnen de twee jagers op de ladder de boomstam met de ramskoppen naar beneden te manoeuvreren. Ik stond vanachter de balustrade op de gang van de eerste verdieping toe te kijken.

Roy, op de ladder aan de rechterkant, boog zich voorzichtig naar opzij met het volle gewicht van de ronde balk in de kromming van zijn linkerarm terwijl hij zich met zijn rechterhand stevig vasthield aan de bovenste sport. De man op de linkerladder had het andere uiteinde vast en zijn voet zocht naar de trede lager terwijl hij in zijn rechterarm de gordijnroede hield.

Dat was het moment: de balk schuin tussen hen in en beide mannen zoekend naar evenwicht, de omstanders omhoogkijkend. Het licht viel op hun open gezichten, de ogen strak op de balk gevestigd, monden halfopen, handen half geheven.

Het was een kort moment. Het zou zo voorbij zijn en dan zouden we weer doorgaan met de orde van de dag.

Zoogdieren voelen gevaar. Van individuen die rondliepen en allemaal op hun eigen houtje wat deden, werden we een alerte groep. Het gebeurde nog niet toen de mannen de ladder op klommen. De jager die snel en soepel omhoogging en de man die de ladder vasthield, waren op elkaar aangewezen, de rest van ons stond wat te grappen en te praten.

Het gebeurde toen de balk uit de zware haken werd gelicht.

Nu het dode gewicht in de handen van deze twee mannen lag en ze naar beneden probeerden te klimmen, was er even de spanning tussen het gewone en het mogelijke. Even was de kwetsbaarheid voelbaar van de twee lichamen die daar op de ladder stonden. De balk die tussen hen in hing. Dood gewicht en dodelijk. Het zou zo'n vaart niet lopen. Als ze rustig en voorzichtig deden, ging het natuurlijk gewoon goed. Hadden ze alleen even een gordijnroede naar beneden gehaald. Maar als het níét goed ging, zou het heel erg niet goed gaan. Alle aanwezigen wogen kansen af. De kans dat de balk zou slippen. Dat een onverwachte beweging de ladder zou doen glijden. Hoeveel kans de man die de ladder ondersteunde had om een zijwaartse glijbeweging te stoppen. Hoeveel kans een man had om een val van vier meter op een trap te overleven. Hoeveel kans er was dat de tweede man zou worden meegesleurd. Kansberekeningen zijn geen emoties. Het zijn instinctieve processen.

Waar sta ík in de baan van de balk als hij zou vallen? Dit is een instinctieve impuls tot zelfbehoud.

Ik keek naar de figuren van de mensen onder de ladders. Ik keek nog eens en verbaasde me. Ze stonden in de volle baan van de balk en de ladder, met geheven handen. Hun kansberekening had ze gewaarschuwd, maar niet ingegeven om van het gevaar weg te gaan. Ze stonden klaar om de mannen boven voor gevaar te behoeden.

Dat was toen Rembrandt kwam met zijn weergave van de schoonheid en kwetsbaarheid van het menselijk lichaam.

Hij zou los zijn gegaan met het tegenlicht dat door het hoge, diepgelegen raam naar binnen viel. De twee donkere silhouetten van de mannen op de ladders. De lijn van hun voorhoofd, neus en mond in scherp reliëf. Het strijklicht op hun armen en handen en op de spieren die zich aftekenden.

Hun ruggen in het halfdonker en de schouderbladen die een nog donkerder schaduw gaven. Het licht viel vol op de opgeheven gezichten van de mensen die onder de ladders stonden, met opengesperde ogen en half openstaande mond. De lichte vlakken van de jukbeenderen en de slagschaduw in de hals. Ieder gezicht een spel van licht en schaduw en een portret van ademloze concentratie. De ene man fronste, de ander had zijn ogen juist wijd opengesperd en zijn wenkbrauwen hoog opgetrokken. Tronies. De handen die ze ophieven, hielden ze allemaal verschillend. De vrouw hield ze in een kom, haar kleine, spits toelopende vingers licht gebogen. De vierkante handen van de man naast haar waren vlak, om af te weren. De handen daarnaast maakten een reikend gebaar, de vingers een studie van strekken en terugvallen. Je zou er een paar pagina's schetsen mee kunnen vullen, met deze handen.

Een paar seconden lang was de sterfelijkheid van de twee mannen op de ladders een nuchtere, acute realiteit. En de instinctieve reactie van de toeschouwers was zorgzaamheid.

Dit is het lichaam dat voor u gegeven wordt. Het was Goede Vrijdag. Zoals gewoonlijk was de realiteit mooier dan je in een verhaal kon verzinnen.

De balk kwam nu zo laag dat de mannen beneden hem konden aanpakken.
'Ik heb hem.'
'*Holy shit*, dat is zwaar!'
'Kan ik hem loslaten?'
'Ja, het gaat goed.'
'*Fucking hell*, pas op man, je maaide bijna mijn hoofd eraf.'
'Het zou het uitzicht verbeteren.'
'Josephine, waar wil je deze ramskoppen hebben?'

De telefoon ging. Ik liep snel naar de keuken.
'Hallo, ben jij dat Josephine? Gladys hier. Hoe gaat het met je?'
'Hallo Gladys, goed, dank je, en met jou?'
'Heel goed, dank je. Josephine, over de Main Staircase...'
'Ja, we hebben net de gordijnen naar beneden gehaald.'
'Vandaag? Ik dacht dat dat vorige week al was gebeurd. Nou, het maakt niet uit. Over de traploper, kun je me de exacte maten van de tredes geven?'

The restoration

Scott knikte naar de vloer: 'Moeten die tapijten er niet uit?'
Hij zei het ondanks zichzelf, want ze hadden al een hele ochtend meubels verhuisd. Dit keer met alle jagers, tuinmannen, timmermannen en klusjesmannen van het landgoed. Omdat het nogal veel was, iets meer dan de helft van alle kamers in het kasteel. Abigail en ik waren al dagenlang kwetsbare en persoonlijke dingen een veilig plekje aan het geven. Al het zilver in de kluis, alle boeken in de toren, alle prullen niet in de prullenbak maar in dozen in de personeelszitkamer.
Ik staarde naar de vloeren. Schilders, verbouwing, nieuwe vloeren, nieuwe vloerbedekking. Ik had iets over het hoofd gezien. Scott werd weggeroepen om een staande kandelaar van anderhalve meter hoog te helpen verslepen. Ik keek met een zinkend gevoel in mijn maag om me heen. Echt waar? Kon ik dat echt zijn vergeten? In ieder geval wist ik wel waarom ik het niet had opgenomen in mijn planning: de vorige keer hadden de tapijtleggers zelf de oude tapijten weggehaald. Snel liep ik naar de telefoon: 'Ian, de oude tapijten, moeten de mannen die vandaag weghalen?'
'Ja.'
Het beste deel van verbouwen op je werk en niet in je ei-

gen huis is dat je geen ruzie kunt maken. Ik ging nu dus niet schreeuwen: 'En waarom heb je dat dan niet gezegd? Waarom heb ik je dan de planning toegestuurd?' Ik zei heel rustig en zakelijk: 'Ah. Juist.'
'Alles wat nog goed is, kan opgeslagen worden. De slechte stukken kunnen naar de stort.'
Nadat ik het plan voor de verbouwing had opgestuurd, had Ian met zoveel woorden de dagelijkse leiding aan mij gegeven. 'Ik zie je wel als het af is,' was zijn optimistische afsluiting van ons laatste voorbereidende gesprek. In de praktijk bleek het lastig, hij wist dingen die ik niet wist. Dat de tapijtleggers als er meer dan drie kamers worden gedaan, niet meer zelf de oude tapijten weghalen, bijvoorbeeld. En dat er een cottage was waar hij de nog mooie tapijten van het kasteel in wilde laten leggen.
'Het tapijt in de Drawing Room is nog goed genoeg,' zei Ian langzaam. Ik kwam erachter dat hij net als ik een beeldgeheugen had. Ik staarde naar een punaise op het prikbord voor me en focuste op mijn interne foto van de vloer van de Drawing Room.
'Er zitten wel gaten in voor de verwarmingsbuizen,' zei ik, 'en er is een vlek links van de haard.'
'En er is een naad door het midden van de kamer, we gebruiken de linkerhelft. Toch nog genoeg voor de zitkamer van de cottage die ik bedoel.' Hij had meerdere plattegronden in zijn hoofd, ik alleen die van het kasteel. Het was even stil en ik begreep dat hij alle kamers scande. 'Laat ze de tapijten van de Drawing Room, Falcon Room en de Former Staff Bedroom bewaren. Ook de Nursery, dat tapijt ligt er pas twee jaar. De rest kan weg.'
Het bleek onmisbaar voor onze telefonische overleggen, zijn encyclopedische kennis van de geschiedenis van de werkzaamheden plus zijn fotografisch geheugen: 'Ian, de elektricien kan de stoppen niet vinden voor het licht in de zijgang van de North Wing.'

'Is er niet een klein paneel aan de linkerkant boven de deur naast de Bar Room?'

Natuurlijk lokte het op het einde een competitie uit: 'Oké, Ian, hoeveel deuren zijn er in de library?'

'Met de deuropeningen waar de deur uit is gehaald naar de kleine tussengang erbij of zonder?'

Een soort Trivial Pursuit met als onderwerp alleen het kasteel.

'Goed, Josephine, is er een vliering boven de Gun Room?'

'Nee! Er is wel een luik in het plafond maar dat is voor een weggewerkt dakraam. En weet jij waar de negentiende-eeuwse kluis staat?' Want die had ik net ontdekt in een van de vele verborgen wandkasten. Hij wist het niet. Goed, dit was mijn enige triomf ooit in het hele spel, maar toch.

'Ja, de tapijten moeten eruit.'

De blikken van ongeloof zag ik langzaam overgaan in smeulende woede. Roy keek alsof hij ter plekke op zou stappen.

'O, die moesten toch ook nog maar even weggehaald?' zei hij met snijdend sarcasme.

'Ja.' Ik dacht aan judo: erin en erdoor, er is altijd een uitweg. Blijkbaar hadden deze mannen eenzelfde soort training gehad. Misschien is in Schotland leven genoeg training. Je moet, en je moet dóór. 'En de tapijten uit de Drawing Room, Falcon Room en Former Staff Bedroom moeten heel blijven, die worden hergebruikt.'

Duncan stapte een hoek in en begon het tapijt eruit te trekken.

'Dan hadden we de meubels beter meteen naar één kant van de kamer kunnen zetten in plaats van in alle hoeken.'

Het was niet een natuurlijke reactie voor mij, erin en erdoor, ik moest echt oefenen. Mijn natuurlijke reactie was opzijstappen: O, je hebt gelijk, wat ontzettend stom van mij, wat een ultieme vergissing! Laat alles maar staan, ik zal het zelf wel rechtbreien. Alleen er was geen sprake van dat ik dit kon rechtbreien, ik kon de meeste meubels nauwelijks optillen en na een klein rukje aan het vastgeplakte tapijt lagen mijn armen er bijna af. Duncan zweette ook, maar hij haalde met gemak een baan van drie meter omhoog. Dus het enige wat er voor mij overbleef om te zeggen, was: 'Ja, dat was beter geweest. Als Roy en Garth de meubels verplaatsen naar de ene kant, kunnen Duncan en Scott doorgaan met het tapijt eruit trekken.' En dat deden ze. Want het moest hoe dan ook gebeuren.

De schilders kwamen tegelijk met een flinke sneeuwperiode. Ze logeerden in de Fisherman's Cottage, want het was te tijdrovend om heen en weer te gaan naar de bewoonde wereld. Op een ochtend reed ik de steile heuvel op naast hun cottage, op weg naar het kasteel.

Ik vind dat de redacteurs van *The Restoration* van de BBC best pech hebben gehad. Deze verbouwing was per dag kleurrijker, chaotischer en dramatischer dan de afleveringen die ik daar ooit van heb gezien. Ik ontdekte de serie pas na onze eigen kasteelverbouwing en dat was jammer, want ik had er een boel van kunnen opsteken, aan de andere kant had het me nooit kunnen voorbereiden op mijn dagelijkse beslommeringen.

Terwijl mijn auto de heuvel op zwoegde, zag ik de vier schilders hun voordeur uit komen en naar hun busje lopen. Net voor het hoogste punt van de heuvel gaf mijn auto het jankend op en begon terug te glijden. Snel liet ik de remmen los en probeerde mezelf uit de berm te sturen en weg van de lage stenen muur. De vier mannen volgden met interesse de auto die steeds sneller naar de voet van de heuvel gleed. Ze keken me na en keerden zich toen om, ik zag ze weer door hun voordeur verdwijnen.

'*Eideard here*,' klonk het krakerig door de hoorn. Ik zat in de Staff Sitting Room te bellen.

'Waarom zijn jullie niet op het kasteel?'

'O, hallo Josephine. Nou, jij kwam toch ook niet over de heuvel heen?'

'Ik neem aan dat jullie busje een sterkere motor heeft dan die bak van mij,' stelde ik vast.

'Maar dan is er niemand in het kasteel om voor ons de deur open te doen,' verweerde hij zich.

'Ik ben er al sinds negen uur, ik ben gaan lopen langs de rivier. Het is nu kwart voor tien.'

'Er is meer sneeuw voorspeld, dadelijk komen we niet meer terug.'

Ik vond dat mijn imitatie van juffrouw Bulstronk in *Matilda* steeds overtuigender begon te worden.

'Het is alleen maar een klein halfuur lopen.'

'Maar we hebben geen laarzen bij ons!'

Werkelijk? Zat ik met een Schotse kerel te praten die niet door de sneeuw durfde te lopen?

'Dit kasteel moet wel een keer af,' zei ik en hing op. Het volgende halfuur liep ik door het lege kasteel dat nog stiller leek dan anders. De leeggehaalde kamers, de meubels die met hun rug naar me toe stonden te mokken in de koude balzaal, de opengereten vloeren en de kale steigers en ladders. Ik was benieuwd of de schilders zouden komen en zo ja, hoe ze dan kwamen en in wat voor stemming. Ik zou zoals gewoonlijk de hele dag alleen zijn met deze vier kerels waar een ongedefinieerd aantal ex-delinquenten bij zat.

Ze kwamen met hun busje en toen ze binnenliepen zag ik dat ze inderdaad niet erg sneeuwbestendige gymschoenen droegen.

'Hallo,' zei ik vriendelijk maar een beetje afgeleid met een meetlint in de hand. De interior designer had me net gebeld en wilde graag dat ik alle lampenkappen van alle schemerlampen opmat. 'En dit keer met de maten van de diameter van boven en van beneden, en de omtrek van boven en van beneden, en de afstand van de vloer tot de onderrand en dan van de lamp tot de bovenrand.'

'Hallo,' zei de voorman. We lieten elkaar met rust als honden die beide aan de eigen kant van hun territorium blijven. Met stijve benen en haren die overeind staan, elkaar goed in de gaten houdend.

Even later kwam hij me opzoeken. 'Misschien wil je even naar de trap komen kijken.'

Ik liep mee.

'Het is geen eiken.'

We keken neer op de kale wandpanelen waaraan we een paar maanden geleden hadden zitten krabben en waarvan de interior designer vol vertrouwen had vastgesteld dat ze van eikenhout waren. Het was goed dat de schilder me dit kwam melden, want als al het afkrabben van de laatste drie weken niet het gewenste resultaat gaf, moesten we weer wat anders verzinnen. Jammer wel van de investering, twee mannen drie weken aan het werk.

'En Alasdair had nog iets gevonden in de Staff Passage.'

Ik hen door de sneeuw laten lopen, zij mij het slechte nieuws vertellen.

Alasdair wees met een uitgestreken gezicht op de plinten in de Staff Passage: 'Houtworm.'

'Ah, juist. Dank voor het signaleren.'

'Moet ik hier nu verdergaan?' vroeg Alasdair.

'En de panelen bij de trap?' vroeg Eideard, die was meegelopen.

'Ik denk dat jullie vandaag beter de gang op de bovenverdieping af kunnen maken.'

Zonder veel commentaar vertrokken ze naar boven. Ik kocht tegenwoordig koekjes en chocola voor ze bij de koffie. Het was niet veel wat ik voor ze kon doen, maar het was iets.

De houtworminspecteur stelde vast dat er vier kamers en een gang in de North Wing moesten worden behandeld. Ik moest ruimte vinden voor de inhoud van nog eens een serie kamers, de jagers en tuinmannen moesten weer meubels komen sjouwen en tapijten trekken.

Er kwamen mannen om de vloer eruit te slopen en het aangetaste hout te behandelen. Naar aanleiding van een foto die ik stuurde, spotte de factor een lek in de leidingen, dus de loodgieter kreeg er ook een klusje bij. Ondertussen sneeuwde het nog steeds en werd de toegang tot het kasteel bemoeilijkt door de bevroren ijsklompen die zich ophoopten tussen de wielsporen.

Ik maakte sloten thee en probeerde vooruit te denken en vreesde iedere dag de roep: *Josephine, could you come and have a look?*

Vandaag volgde ik Duncan na deze onheilsvraag naar de Staff Passage. 'We hebben iets gevonden,' had hij gezegd en daarna concentreerden we ons op het tussen de balken door stappen en niet over losse planken struikelen. Hij had niet heel dramatisch gekeken, maar Duncan was altijd laconiek, dus ik had geen idee wat ze hadden gevonden. De schilders en Finlay stonden zwijgend bij een gat. Er was een sfeer van onderdrukte opwinding.

'Kijk!'

Er was niets anders te zien dan een soort bult van steen onder de vloerbalken. Finlay overhandigde mij plechtig zijn zaklamp. Ik keek weer naar de bult, bovenin zat een spleet. Ik knielde omzichtig neer, beducht dat al deze mannen een grap met me aan het uithalen waren, en scheen door de opening. Voorovergebogen gluurde ik naar binnen. Het was een holle ruimte.

'De schuilplaats van the laird.' Finlay vertelde dat er een overlevering was dat een laird van lang geleden een schuilkamer had gemaakt. Het had zijn leven gered toen een naburig clanhoofd opmarcheerde. Die spaarde de clan en zocht verwoed naar de laird. Ik lag nu te kijken in het gat waar hij zich verborgen had weten te houden.

'Er zit een opening in waardoor hij naar buiten kon kijken,' meldde Duncan, 'het is bijna helemaal dichtgepleisterd, maar als je het weet kun je het nog zien.' Bij het kijken naar *The Restoration* kreeg ik het gevoel naar een natuurdocumentaire over het leven op een kinderboerderij te kijken. De verbouwing op Cliffrock voelde meer als 'David Attenborough Goes over the Edge'.

Pretty in pink?

Roze. De gang was keihard, schreeuwend, Barbieglimmend roze.

Ik keek ernaar en knipperde met mijn ogen. Begon toen hulpeloos te schaterlachen. De schilders keken toe, duidelijk niet zo vermaakt als ik.

'Betekent dat dat het nog een keer over moet?' zei de voorman met een diepe frons.

'Ongelooflijk hoeveel verf deze mensen verspillen,' mompelde zijn maat, duidelijk hoorbaar. Hij doopte zijn kwast in de emmer en veegde verbeten over de muur. Mevrouw hield niet van rollers. Dus alle verf moest met kwasten worden uitgestreken en dan duurde het drie keer zo lang. En dit was de zesde laag. In de derde kleur.

Een paar maanden geleden had de kasteelvrouw me toevertrouwd dat ze in het kasteel nieuwe kleuren wilde, misschien wel, nou, zoiets als, niet helemaal natuurlijk, alleen in de richting van: roze. Ze zei het woord zachter dan de rest van de zin. En vervolgde toen op normaal volume: 'Maar natuurlijk niet van dat roze roze. Maar een mooi, zachtroze.'

Ik dacht aan wat ik wist van haar smaak, de kleuren die ze droeg en de interieurfoto's die ik haar zag uitknippen. Ik

bleef hangen bij het fotobord in de hal waar kiekjes van vakanties hingen.
'Bedoelt u misschien een kleur zoals in Italiaanse palazzo's? Een warme aardkleur maar dan heel licht?'
'Ja! Ja dat bedoel ik precies. Ik weet niks van aardkleuren, maar ik bedoel een zachtroze zoals je in Italië ziet.'
'Aardkleuren zijn pigmenten die van nature voorkomen in de aarde. Zoals oker en omber. Sommige pigmenten worden genoemd naar de streek waar ze worden gevonden zoals de oker uit Sienna. Die is heel ijzerhoudend en als je de stof brandt, wordt hij roder.'
De kasteelvrouw glimlachte beleefd en ik voelde me als James May in *Top Gear* die altijd een lange, technische uitleg geeft waar niemand op zit te wachten, behalve dan nerds zoals ik, en wiens stem dan langzaam wordt weggedraaid terwijl de auto's verder razen. De butler Jeeves in de boeken van P.G. Wodehouse denkt ook steeds dat zijn werkgever graag een lange encyclopedische uitleg wil horen. Ik hoorde mijn vergissing en zorgde nu zelf voor mijn fade-out.
'Zoiets als in de toren?' vroeg ik, van abstract naar concreet gaand.
'Waar in de toren?'
'Dat stuk helemaal onder in de gewelven waar de moderne verf is afgebladderd. Daar zie je de oorspronkelijke pleisterlaag en die is een zachtrood.'
Ze was al uit haar stoel gesprongen en ik spoedde me achter haar aan de gangen door, een paar trappen op en af tot we in de gewelven stonden.
'Waar dan?'
Ik liep naar een hoek waar ze de vlakke muren hadden geverfd, in tegenstelling tot de gewelven, die in kale steen waren gelaten. Ik moest altijd even naar die gewelven kijken. Zevenhonderd jaar geleden hadden mensen die in lange bogen naar boven gemetseld. Alle ruige, ongelijke stenen in elkaar gevoegd tot ze een dragend geheel vormden dat

het gewicht van een hele toren kon houden. Nu leek het een gegeven, gewoon een gewelf. Ooit was het een hoop losse stenen geweest. Het was misschien omdat je die stenen nog overal in het landschap verspreid zag liggen dat het je onder de neus werd gewreven dat torens niet zomaar groeien.

'Hier, naast dit schietgat.'

De kasteelvrouw kwam naast me staan. Ze keek naar de muur waar de verf in grote bladders vanaf sprong.

'*Oh. That doesn't seem to keep too well, does it?*' zei ze.

'Ik heb altijd begrepen dat de moderne verven het niet goed doen op oude kalkverf. Hier zal het wel erger afbladderen omdat de muren ook nog vochtig zijn,' probeerde ik kort en niet te technisch te zijn. Makkelijk in dit geval, omdat ik er ook niet zoveel vanaf wist. 'Hier ziet u een stuk waar de oude laag niet met de verf mee is gekomen en nog op de muur zit.'

'Maar wat een prachtige kleur!'

Dat vond ik ook. Het oude pleisterwerk had een heldere, zachte tint heel licht rood. Ernaast zaten nog stukken lichtgroen.

Mevrouw haalde haar tablet tevoorschijn en maakte een foto.

'Precies wat ik zoek, roze en groen, en dan in de originele Cliffrock-kleuren. Beter kan niet.'

Een paar weken later merkten we dat de interior designer uit Londen daar anders over dacht. Het kon nog veel beter. Het kon nog *Dead Salmon*, *Castle Grey* en *Dusky Pink* worden. In plaats van *Cliffrock Rose*. Net toen de eerste laag *Dusky Pink* erop zat, kwam de kasteelvrouw een dag over uit Londen om de voortgang van de verbouwing te inspecteren.

Gek genoeg was Dusky Pink niet roze maar violet. Een vitriool soort blauwig roze. Mevrouw liet zich erlangs leiden door Percy. En langs de muren met Dead Salmon. En het *Chapel Green*.

'Wat vind jij, Josephine?'
Die vraag had ik verwacht, want ik dacht niet dat ze het mooi zou vinden. Dagenlang had ik met de kleurenkaart langs de muren gelopen.
'*I think the Salmon is a bit dead*,' zei ik dus behulpzaam.
'Twee tinten lichter is Setting Plaster, een wat levendiger kleur.' Ik hield de kleurenkaart tegen de muur.
'*Oh, I like it. Yes please.*' Ze knikte Percy toe.
We liepen de trap op en kwamen bij de violette muur.
'Wat denk jij, Josephine?'
'Ik dacht dat we iets roziger konden gaan, meer naar het rood dan naar het blauw.' Ik had geprobeerd een kleur te vinden die bij het behang paste dat de interior designer had uitgezocht en hield de kleurenkaart weer tegen de muur.
'Ja, veel beter,' zei mevrouw. 'Deze muur in die kleur alsjeblieft.'
'Dus,' zei Percy langzaam, 'de verf die is opgestuurd uit Londen van het nog exclusievere verfmerk dan de rest, waar we weken op gewacht hebben en die ik moest komen brengen uit Edinburgh, moeten we nu overschilderen?'
'*Yes, please,*' zei mevrouw uitgestreken.
'*Are you sure?*'
'*Absolutely.*'
Percy sloeg zijn ogen ten hemel en maakte een gebaar dat zoveel moest zeggen als '*On your head be it*', en we liepen weer verder.
Later gaf mevrouw in de intimiteit van de keuken toe dat ze blij was dat Percy zo schappelijk was geweest. 'Het moet zo vervelend voor hem zijn, en voor die arme jongens die al het werk doen,' zei ze. 'Maar ik vroeg me af of ik met die kleur kon leven. En ik besloot dat ik dat niet kon. En niet hoef. Het is vervelend, maar niets aan te doen.'

Het was afschuwelijk. Ik kwam de trap op lopen en het *Miss Piggy pink* knalde me zonder waarschuwing tegemoet. Halverwege de overloop hield ik mijn pas in en staarde ernaar. Toen moest ik lachen. Maar later, om zeven uur 's avonds nadat alle schilders en werklui waren vertrokken en ik mijn ronde deed, liep ik weer langs de muur en voelde mijn maag samenknijpen. Hoe was ik hier ooit terechtgekomen? Hoe had ik ooit knalroze kunnen voorstellen?

Op de muur was met blauw tape een stukje van het behang geplakt dat het trappenhuis zou gaan sieren. O ja, zo was ik er terechtgekomen. Het handbedrukte behang. Een van de schilders had het behang meegenomen naar de verfwinkel, daar hadden ze de lichtste tint ervan geanalyseerd en er drie emmers van gemaakt. Het was even een reis geweest, maar na twee dagen was de schilder terug met de verf.

'*Are you sure?*' vroeg hij argwanend.

'*Yes*,' zei ik gelaten, maar ik was niet de kasteelvrouw dus mijn 'sure' betekende niets, en dat had hij ondertussen ook wel door. Ik was ook allang niet meer zeker, want we waren ver verwijderd van het Cliffrock Rose dat ik ooit had bedacht. Ik probeerde nu een hink-stap-sprong te doen tussen het behang, de visie van de interior designer en de wensen van de kasteelvrouw. Het gat tussen de aanname en de order. Zwijgend verfden de schilders, met kwasten, de gang voor de vijfde en zesde keer.

Ik knipte de bouwlamp aan en hield het stuk behang ernaast. Woensdag, dan zou de kasteelvrouw weer komen voor haar volgende inspectie. Ik keek nog eens naar de hysterisch opgewekte muren en knipte toen het licht uit. Ik voelde me misselijk van de zenuwen.

'Als ik dan m'n baan nog heb.'
'Wát zeg je?' vroeg Ian.
'Als ik dan m'n baan nog heb,' herhaalde ik gehoorzaam.
'Waar heb je het over?'
Ik haalde maar even diep adem.
'Niet de goede kleur?' zei hij langzaam.

'Nee.'
Hij was ook even stil. '*That is a pity.*'
'Ja. Dus ik hoop dat ik na woensdag mijn baan nog heb.'
'*Don't be silly,*' zei hij streng, '*of course you will.*'
Of course?

Tot nu toe was hij degene geweest die verf en spijkers op laag water moest zoeken in het kasteel maar dat stuk had ik nu gekregen. Ik had gedaan alsof ik dat aankon. Het was heel fijn dat ik af en toe een besparing kon doen. De verkeerde maten voor het vloeroppervlak had onderschept voordat de tegels waren besteld, de kilo's verkeerd voegsel had weten te retourneren, de overbodige tussenhandel tussen de tapijthandelaar en de leverancier had doorzien. Het was leuk, maar: er was geen excuus voor een hardroze muur.

Living on your nerves

De volgende ochtend stapte Duncan de hal in.
'De schilders vertelden me dat de badkamer ook geschilderd gaat worden.'
'Ja. Kookappelgroen.'
Duncan lachte even. Hij dacht zeker dat ik een grapje maakte. We liepen samen naar boven en stapten de badkamer in die al half groen was geschilderd. Ik vroeg me af hoe het zou voelen als je een kater had, of een griepje. Maar ook als je enkel wat slaperig was, gaf het me een zeeziek gevoel, alleen niet zo'n maagverzakking als het knalroze van de gang. Want het kookappelgroen was een keus van de interior designer uit Londen geweest. Het roze was mijn schuld.

De loodgieter keek naar het pijpwerk dat was blootgelegd waar de timmerman een deel van de betimmering had weggehaald. Hij ging op zijn knieën liggen en keek onder het bad. 'Dit moet er allemaal uit.' Zijn stem klonk gedempt en ik moest vooroverleunen om hem te verstaan. Hij kwam overeind en zijn gezicht vertrok even toen hij zijn benen strekte.

'Oké, dat wordt dit weekend. Kun jij het kasteel voor me opendoen op zaterdag?'

'Is dat nodig, denk je?' vroeg ik voorzichtig. Ik wist dat hij vaak in het weekend werkte, maar hij zag er moe uit en bewoog als een oude man.

'Er is zo veel te doen. Als de schilders hier maandag willen beginnen moet het er dit weekend allemaal uit. En deze week ben ik bezig met de badkamer van Rosie.' Typisch Duncan om haar niet te willen laten zitten. Hij had dat makkelijk kunnen doen, de regel was dat het kasteel altijd voorrang heeft boven andere werkzaamheden.

De factor was natuurlijk de laatste persoon om tegen te zeggen dat ik dacht dat Duncan zijn weekend hard nodig had om bij te komen. Maar ik probeerde het toch.

'Als hij zelf aanbiedt om te komen, dan moet je hem zeker accommoderen,' zei Ian. 'Of is dat heel lastig voor jou?' Nee, mijn gezin was eraan gewend dat mama in het weekend met de dikke sleutelbos vertrok en zei dat ze even weg zou zijn maar minstens een paar uur was verdwenen. Of na een feestje iedereen thuis afzette en zelf nog de nacht in reed om het donkere kasteel af te sluiten. Of in de vakantie thuisbleef terwijl de kinderen met papa een week op vakantie gingen. Of tweede kerstdag voor het ontbijt al weg was. Het was een manier van leven.

'Vind je dat hij rust nodig heeft?' De factor lachte. Hartelijk. Niet cynisch of corrigerend, nee, een hartelijke, welgemeende lach. Hij zei: '*Duncan is a man who lives on his nerves. He is too fanciful by half.*'

Ik dacht dat ik het niet begreep en zocht het op in het woordenboek maar *living on your nerves* betekende inderdaad dat je een nerveus gestel hebt en je constant zorgen maakt. Duncan? Die gemiddeld tien uur per dag doorwerkte en in twee jaar tijd twee weken vakantie had opgenomen?

En nu ik zei dat hij er wat moe uitzag, werd hij ervan beticht een nerveus type te zijn? De schilders werkten ook tien uur per dag. We woonden zo afgelegen dat ze moesten blijven slapen. Net zulke uren als de houtvesters, de schaapherders en de jagers maakten. Het normale ritme voor de jagers eind van de winter was om 's nachts vossen te jagen en dan de hele dag weer door te gaan. Naar de uren die de factor maakte, kon ik alleen maar raden.

In de Schotse Hooglanden is een beetje rustig aan doen en blijk geven van een nerveus gestel dus een zwakheid waarmee je niet gaat overleven. Het enige waar mijn gestel op dit moment nerveus van werd, waren niet mijn uren maar het roze.

Vijf woorden

'Je moet het natuurlijk heel anders brengen,' zei mijn vriendin ferm. Ze was Schots en had op een kostschool gezeten in Edinburgh, maar het hele kasteelverhaal was zo ver van haar bed als maar mogelijk was. Als ik haar bijvoorbeeld iets vertelde van de Schotse traditites en gebruiken op het kasteel, the Glorious Twelfth en het binnendragen van de eerst geschoten hoenderen, keek ze naar me alsof ik het over mijn verblijf op Nieuw-Guinea had. Niet echt, want ze had zelf een paar jaar in Nieuw-Guinea gewerkt als arts. Van de fratsen van sporting-estate-eigenaren wist ze minder dan van de inheemse gebruiken daar.

De foto van hun jongens in kilt op een bruiloft had een prominente plaats in de hal en vanavond vierden we *Burns Night* met ze. Ik leerde bij hen dat er een heel ander Schots leven was dan het sporting-estate-eigenarenleven.

Burns Night wordt door het hele Verenigd Koninkrijk gevierd, maar in Schotland wel met heel veel overgave. Het lijkt of Robert Burns daar de status heeft die Shakespeare in Engeland geniet. Op de verjaardag van de Schotse dichter worden in het hele land door mensen avondjes georganiseerd. Wij waren heel vereerd met onze uitnodiging. In de kamer hadden vrienden en familie zich verzameld aan een lange tafel. Na wat praten en drinken werd er een schaal haggis binnengedragen. In Amerika is het verboden voedsel, niet geschikt voor menselijke consumptie, maar de Schotten eten al eeuwenlang deze schapendarm gevuld met orgaanvlees en havermout. Het is begonnen met jagers die de organen die ze uit hun buit haalden in een darm geknoopt boven een open vuur gaar stoomden zodat ze enige houdbaarheid kregen. De boeren begonnen de schapenorganen op dezelfde manier te verwerken. Vandaag de dag wordt haggis meestal gemaakt van schaap, maar er zijn ook glutenvrije of vegetarische versies.

De heer des huizes droeg een lang gedicht van Robert Burns voor, uit zijn hoofd. Het ging over de haggis en daarna doorstak hij de darm onder luid gejuich met een degen. We toostten op de haggis die daarna nog een scheut whisky over zich heen kreeg. Toen kwamen de *neeps and tatties* op tafel: aardappels en gepureerde knolraap. De feestelijke kleding – sommigen waren in kilt, iedereen had iets van tartan aan – en de mooi gedekte tafel staken vrolijk af bij het heel eenvoudige menu. Onze gastheer en -vrouw konden interessanter koken, maar met Burns Night eet je haggis met neeps and tatties, net als de vrienden van Burns op de eerste avond dat ze de dichter herdachten. Voor we begonnen zei het jongste kind nog een *grace*:

Some have meat and cannot eat,	Sommigen hebben vlees en kunnen niet eten,
Some cannot eat that want it;	Sommigen kunnen niet eten maar willen het wel;
But we have meat and we can eat,	Maar wij hebben vlees en wij kunnen eten,
So let the Lord be thankit.	Dus laten wij de Heer danken.

Een fijne grace vond ik, pragmatisch over rijkdom en armoede en een 'pluk de dag'-gevoel als er vlees was. Een gast schoof zijn stoel naar achteren en begon een lied te zingen: *Green grow the rushes O*. Ik was weer verbaasd over het gemak waarmee Schotten in het openbaar zingen of spreken. Op deze avond dragen alle gasten een gedicht voor of zingen een lied, liefst van Robert Burns maar van iemand anders mag ook. We aten veel en dronken nog meer. Ik had pas op het allerlaatste moment gehoord wat de bedoeling was en inderhaast een recept voor speculaas meegenomen. Ik las het gevoelvol voor en het werd respectvol als Nederlandse poëzie ontvangen. Toen ik toegaf dat het een functionele tekst was, maakte dat het voor de aanwezigen alleen maar mooier.

Alles was poëzie. De schapendarm, de degen, de gloeiende kleuren van de tartans en de oude man die een zelfgeschreven gedicht voordroeg. Het was zo schunnig dat ik me steeds afvroeg of ik het wel goed begreep. Als ik naar zijn ernstige gezicht keek en luisterde naar zijn ouderwets uitgesproken Schots, dan dacht ik van niet. Als ik naar de andere mensen aan tafel keek die slap van het lachen waren en met uitbundig gejoel ieder nieuw couplet ontvingen, dacht ik van wel. Hij had de eer om deze Burns Night een *toast to the lassies* te verzinnen. Toen hij klaar was nam een dame een papiertje uit haar tas waarop ze een *reply to the toast of the lassies* gaf. Die was zo uitgesproken en het onthaal zo warm dat ik de normaal zo beleefde en bijna bedeesde Schotten aan tafel nauwelijks herkende. We keken ieder jaar uit naar de 25ste januari.

Maar deze avond was ik wat afgeleid. Ik liep naar de keuken om het toetje te halen. Het was *cranachan*, en alles wat lekker is in Schotland, zit erin: frambozen (we hadden een veld vol wilde frambozenstruiken achter ons huis), heidehoning, whisky, havervlokken en room. Ik verzamelde bakjes en lepels op een dienblad en Nicola haalde een genereuze schaal vol roodgestippelde room uit de voorraadkamer. Toen vroeg ze of er iets was, waarom ik zo stil was? Ik praatte eroverheen maar ze vroeg door en ik gaf toe dat het Roze op me drukte. Ze keek me ongelovig lachend aan en ik probeerde het haar uit te leggen. Het leek heel ver weg van deze wereld in het stadje op deze avond. Maar ik wist dat het de volgende ochtend weer heel reëel zou zijn, als ik terug was in mijn cottage op het landgoed en naar het donkere kasteel op de klif liep. Ze leek het te begrijpen en luisterde aandachtig.

'Je moet heel overtuigd zijn,' zei ze beslist.

'Je moet zeggen dat het prachtig is en vijf woorden verzinnen om het te beschrijven.' Ze dacht even na: '*Bold seems a good word. Bold pink.*' Gedurfd. We gingen naar binnen en de andere gasten werden bij de zoektocht betrokken. Een ultiem gezelschapsspel voor een verzameling Britten: verzin vijf woorden die afschuwelijk roze in iets begerenswaardigs veranderen. Er waren verhitte discussies en onmogelijke voorstellen, maar die avond laat reed ik met een goede vangst naar huis: *bold, statement, eclectic, Edwardian, grown up.* Gedurfd, statement, eclectisch, edwardiaans, volwassen.

Ik begon tijdens de lange rit naar huis vast met oefenen: '*Yes, isn't it marvellous? What a bold colour statement! And the way it accentuates the Edwardian details! It is such an eclectic colour. A veritable grown up pink.*' In het Nederlands vertaald klonk het niet zo overtuigend: 'Ja, is het niet geweldig? Wat een gedurfd kleurenstatement! En de manier waarop het de edwardiaanse details benadrukt! Het is zo'n eclectische kleur. Echt een volwassen kleur roze.' Misschien is zelfs onze taal te nuchter voor dit soort spel.

Ik sliep die nacht voor het eerst weer goed en toen er een hele woensdag voorbijging zonder dat de kasteelvrouw arriveerde, kon ik dat aan. Ik sliep weer een nacht redelijk goed, maar toen de hele donderdag voorbijging en ze er nog steeds niet was, werd ik wat minder rustig. Ze zou natuurlijk net komen als ik weg was. Dan zou ik de eerste indruk niet meteen in een eclectisch, moedig statement kunnen sturen. Misschien zag ze dan meteen dat het gewoon tranentrekkend vreselijk roze was. Kinderachtig roze. Overschilderbaar roze...

Ik treuzelde donderdagmiddag zo lang als ik kon, maar uiteindelijk moest ik toch vertrekken. Om halfacht ging de telefoon bij mij thuis.

'Oh, hello, it is me.'

Ik moest even zoeken in mijn stemmenbestand en vond haar pas toen ze een tijdje aan het praten was. Ze belde mij nooit, ik belde haar. Ik had meteen kunnen weten dat het de kasteelvrouw was, want als ze opnam zei ze altijd nadat ik mijn naam had genoemd: 'Oh, hello, it is me.' Wat me deed denken aan Christina Deutekom.

Dat kwam door mijn moeder. Die stond ooit met een vriend in de rij voor de kassa van Diligentia om hun kaartjes op te halen voor een recital van la Deutekom. Opeens was er commotie en een dame in een vorstelijk gewaad schreed op de kassa af, gevolgd door een paar mensen in avondtoilet.

'Ik wil graag de kaartjes afhalen die ik apart heb laten leggen,' zei de dragende stem van de diva. De caissière leek allerminst onder de indruk. Het was dan ook een door en door Hollandse caissière.

'Dan moet u achteraan aansluiten,' zei ze nuchter.

La Deutekom keek naar de rij wachtenden met een ver-

blindende glimlach en wendde zich weer tot de caissière met de mededeling dat ze dacht dat ze vast wel even haar kaartjes kon krijgen.
'Er staat een rij,' herhaalde die. Immuun voor de glimlach.
Waarop de vrouw voor de kassa haar handen omhoogwierp en verbijsterd uitriep: 'Maar ik ben het zélf!'
Het bleef een gevleugeld gezegde in onze familie, vooral als we de telefoon aannamen: 'Hallo René, ja, ik ben het zelf.'
Vandaar dat ik altijd een vrolijk gevoel kreeg als mevrouw me antwoordde met: '*Oh, hello Josephine, it is me.*'
Vandaag kreeg ik helemaal geen vrolijk gevoel toen ik haar stem herkende. Ik had de eerste paar woorden gemist omdat ik nog aan het zoeken was naar wie het was, maar toen begon ik goed te luisteren, pijnlijk goed.
'*I don't know what to do, to laugh or to cry!*'
'*Don't you?*'
'*No, it is all so very beautiful, so stunning. Everything is perfect.*'
Ik ademde diep in. *Stunning* was een goed woord, daar was ik nog niet op gekomen.
'*It is, isn't it?*' zei ik opgelucht.

Natuurlijk vroeg ik me af wat ze de volgende dag zou zeggen. Halfacht 's avonds betekende dat ze het bij kunstlicht had gezien en het was juist in het stralende zonlicht dat het roze begon op te gloeien. Ik vond haar de volgende ochtend vrolijk koutend met de schilders onderaan de trap. Ze bewonderde hun harde werk aan de houten panelen die allemaal weer overgeschilderd waren, de nieuwe plinten, de kleuren in de hal, het tapijt in de Library en de Dining Room en nu liepen we samen de trap op. Bij de tweede overloop waar je het volle zicht kreeg op het roze, stopte ze. Ik hield achter haar mijn pas in. En wachtte.
Ze lachte zachtjes.

Ik haalde diep adem en was klaar om mijn vijf woorden te lanceren toen ze zich omdraaide.

'*I think a castle that makes you laugh is a happy castle, isn't it?*'

Ik liet mijn vijf woorden voor wat ze waren en grinnikte terug.

De schilders zag ik met afgewende gezichten en gespitste oren doorwerken, hun kwasten ritmisch langs de muren halend. Wat zou het worden? Laag zeven en acht? Of betekende dit dat het was goedgekeurd?

Natuurlijk kon ik het niet laten om later nog mijn woorden te gebruiken. Ze neeg beleefd haar hoofd, maar aan de manier waarop ze de woorden *Edwardian* en *bold* herhaalde, leek het of ze vond dat die een nieuwe diepte gaven aan haar roze project.

Ze vertelde me dat ze onderweg naar het kasteel vrienden had bezocht en daarom een dag later was gekomen. Op de partij die er 's avonds was gegeven, bleek dat de saga van onze verbouwing al ver buiten de muren van het kasteel was doorgedrongen: 'Ze vroegen me of het waar was dat ik het kasteel roze had laten verven,' zei de kasteelvrouw. '*They asked: "So did you really paint the castle pink? How daring! From the in or the outside?"*'

Ik zag een nieuw project aankomen en deed een schietgebedje dat er eerst een adempauze zou zijn.

Greet or grit

'*If you feel you have to greet, just grit your teeth and look the other way.*'

'*Greet?*'

'*Sorry, cry. It would be a mistake to show them your feelings.*'

Ik wist niet hoe we opeens in een gesprek over gevoelens terecht waren gekomen. Het leek erg buiten het normale jar-

gon van de factor te liggen. 'Als je voelt dat je moet gaan huilen, zet je tanden op elkaar en kijk de andere kant op. Het zou een vergissing zijn om hun je gevoelens te laten zien.' Waarom zou ik opeens gevoelens hebben en moeten huilen? Ik vroeg het, maar de factor zei alleen: 'Ik wilde je enkel waarschuwen, als dat overbodig is, zoveel te beter. Hoever zijn jullie met het terugzetten van de meubels?'
De laatste spijker was in de muur geslagen en het kasteel was af. Op de dag dat de eerste gasten arriveerden. De factor had de laatste week iedere avond gebeld om te vragen wat de vorderingen waren. Vanavond had ik hem kunnen vertellen dat alles op zijn plek stond en dat buitenlandse aristocratische gasten waren geïnstalleerd in de kamer die een week tevoren nog een slagveld was van dooreengesmeten meubels en kale vloeren.

Het leggen van de vloerbedekking was vertraagd omdat de muren op de eerste verdieping nog een keer waren overgeschilderd. Tijdens een bespreking had de kasteelvrouw naar voren geleund en gevraagd: 'Wat vind jij nu van de kleur in de gang?'

Waarop ik de vijf woorden liet varen en eerlijk toegaf dat ik het fout vond. Fout roze. Ze knikte. En vroeg natuurlijk wat voor kleur ik dan wel vond dat het moest zijn. Daar had ik me ook al een tijdje mee beziggehouden: 'De kleur die we in de benedengang hebben gebruikt, *Sulking Room Pink*. Het is een soberder kleur die ook in het behang terugkomt.'

De kasteelvrouw knikte. 'Bespreek het met Percy.' En daarop: 'Ik ben dit weekend weg en kom in de loop van volgende week weer terug.'

'Ik dacht dat je wel wat interessantere woorden zou hebben om je verrassing uit te drukken.'

Percy lachte. Het klonk krakerig, want hij was handsfree aan het bellen in de auto: 'Heb ik ook, maar ik had het wel verwacht.'

'Ja?'
'Ja, het was een afgrijselijke kleur. Goed, ik bestel de verf. Bedankt, dag Josephine.'
'Eh, Percy? Mag ik jou vragen om het nieuws aan je mannen te vertellen?'
'*Losing your nerve, Josephine?*'
'Ja,' gaf ik volmondig toe.
'*Tell them to give me a call.*'
Ik ging wat vroeger naar huis die dag, dan konden de schilders eerst een weekend lang het nieuws verwerken voor ik ze weer zag. Ik was me ervan bewust dat ik dezelfde tactiek als de kasteelvrouw begon te gebruiken.

De laatste hindernis die daarna genomen moest worden, was het ophangen van de nieuwe lantaarn geweest. Mevrouw had me geappt dat ze iets prachtigs had besteld en na het horen van de afmetingen had ik toch de factor maar weer gebeld.

'John staat erop dat er een steiger in het trappenhuis wordt gebouwd waarop hij zou kunnen werken.' Niet onredelijk natuurlijk, want het plafond was zo'n acht meter hoog. Wel onhandig en duur om naar onze uithoek te laten komen en tussen de trappen op te bouwen.

'Dat zal kostbaar worden. Het zou jammer zijn als het behang beschadigd raakt, of de nieuwe vloerbedekking op de trap.'

Ja, ik had niet nagekeken wat handbedrukt behang van een Londense firma kostte, en ook niet de rekening gezien van de trapleer die naar het eigen ontwerp van mevrouw was geweven. Dat was het privilege van Ian. Maar ik begreep wel dat de aanname was dat al dit gloednieuws niet beschadigd zou raken.

's Nachts in bed lag ik daarover na te denken: ik ging in de hal staan, keek om me heen en probeerde verschillende scenario's uit met trappen, ladders, steigers. Uiteindelijk zag ik een touw uit het plafond naar beneden zakken, iemand de lamp vasthaken en hem omhoogtakelen. Natuurlijk, zo simpel. Dan zou alleen de vloer in de kamer boven de hal moeten worden opengebroken. De tapijtleggers kwamen nog een gang leggen, dus konden ze meteen dat tapijt weer in orde maken, paar planken eruit, de timmerman laten komen, maar dat was alles. Ik viel tevreden in slaap.

De factor was het met me eens dat het minder erg was dan een steiger bouwen in het trappenhuis. John gaf brommerig toe en Bruce glimlachte goedgehumeurd en zei dat het een puik idee was.

De doos kwam aan en ik had Finlay en Duncan gevraagd om te komen helpen. Het was een gigantische doos. We lichtten de bovenkant op en gingen op onze tenen staan om erin te kunnen kijken. Als Alice in Wonderland die net gekrompen is.

'Wat een enorm ding,' gromde John. Met vereende krachten hesen ze het gevaarte eruit en zetten het zacht in de hondenmand. Bruce bleef het voor de zekerheid vasthouden.

'Er is geen haak,' stelde John triomfantelijk vast, 'zonder haak kan ik niets ophangen.'

'We hebben de haak van de oude lamp nog,' zei Bruce. Maar toen vond hij de nieuwe al, netjes ingepakt onderin.

Er zat nog meer in de doos: vijf stukken glas.

'Glas!' riep John. 'Niemand heeft ooit iets gezegd over glas!'

'*Is that the spirit we want to see here, John?*'

De kasteelvrouw was in de deuropening verschenen. Ze zei het speels, maar speels zoals speels klinkt bij de Koningin uit hetzelfde Wonderland, wier favoriete vervolgzin was: 'Zijn kop eraf!' Iedereen keek snel op, John keek betrapt en glimlachte zuur.

Hij kon met pensioen! Hij wist het, hij kon nu opstappen en met pensioen gaan! Maar het was meer dan botte macht die de kasteelvrouw had, ze had *presence*. Ze kwam binnen en vulde de ruimte. Ik beet op mijn tong om niet te lachen. De buitenissig grote lamp, de doos zo groot als een wachthokje, wij als een soort dwergen om de doos heen en dan de Britse vermaning over *keeping up the spirit*. Ik ben er niet in opgevoed maar zelfs ik voelde de neiging om rechtop te gaan staan, borst vooruit en schouders naar achteren. Voor volk en vaderland! Of wat dan ook.

We droegen de lamp het trappenhuis in en Bruce, Duncan en Finlay vertrokken naar boven.

'Round Room, Josephine?'

'Ja, pas op met het bed verschuiven, het voeteneind zit niet goed vast.'

Na een tijdje zakte er een touw naar beneden en John bond de lamp vast.

'*Pull!*' riep hij naar het gat acht meter boven ons hoofd. Onmiddellijk werd er aan het touw gerukt en begon de lamp omhoog te bewegen. '*Slow down!*' riep John. De lamp zwalkte vervaarlijk tussen de balustrades. Abigail en ik repten ons de trap op om hem af te houden.

Eindelijk hing hij veilig boven. De kasteelvrouw stond geflankeerd door de kasteelheer op de galerij en keek op. 'Iets te laag,' zei ze.

'*Down!*' riep John met zijn falset. Zijn hoge stem moest lekker doorklinken, want meteen begon de lamp weer te zakken. Abigail en ik hielden hem af bij de balustrades en daar stond hij weer in de gang. John werkte aan de schakels van de ketting: 'Hoe hoog wilde u hem hebben?'

Mevrouw keek vorsend naar het raam: 'Nou, zo dat je er goed onderdoor kunt kijken, maar ook weer niet te hoog.'

'Tien schakels eraf?' vroeg John semigeduldig.

Ik liep naar beneden en keek naar de ketting. 'Hij moet maar weer omhoog en dan moeten we schakels tellen als hij hangt,' zei ik zachtjes. John keek naar me als een buldog die een kat vlak langs ziet lopen maar weet dat hij aan de ketting ligt.

'*Pull!*' riep hij en ik ijlde naar mijn positie op de trap. De lamp reisde weer omhoog.

'Toch nog wat te laag, wat denk jij Josephine?' Ik ging naast haar staan en telde de schakels.

'Zou het niet mooi zijn als de onderrand van de lantaarn gelijk hangt met de bovenrand van de schilderijen?' suggereerde ik. Het leek altijd prettig om een soort symmetrie aan te houden, een logica, ik werd zenuwachtig van het willekeurige 'wat hoger, wat lager'. Blijkbaar vond de kasteelvrouw dat ook, want ze knikte haar goedkeuring. Ik boog me over de balustrade en zei tegen John: 'Nog vijf schakels eraf alsjeblieft.'

'*Down!*' riep hij.

'*Make up your mind!*' loeide het opeens door het gat de hal in, de opening werkte als een spreekbuis. We keken allemaal verschrikt naar de kasteelvrouw. Die keek bezorgd: 'Die mannen begrijpen natuurlijk niet wat er aan de hand is! In welke kamer staan ze?' Ze maakte aanstalten om naar boven te gaan. 'Ik ga wel,' zei ik en ijlde de trap op.

'*What's wrong with you guys?*' vroeg Finlay toen ik binnenkwam in de gastenkamer waar het tapijt was opgetrokken en een paar planken waren losgehaald. Ik legde uit dat we de hoogte aan het bepalen waren.

'Dit ding is niet bepaald een lichtgewichtje,' grinnikte Duncan.

'Als het goed is, is dit de laatste keer,' zei ik optimistisch. We hoorden weer Johns '*Pull!*' De mannen gingen schrap staan en trokken aan het touw. Het was een heel ander perspectief van hierboven. Niet de luchtig op en neer bewegende lamp maar de zwetende mannen en hun hijgende ademhaling. Ik zag het touw in Duncans armen snijden, hij was de laatste en had het om zich heen geslagen bij gebrek aan een object in de kamer om het mee te zekeren. Ik liep snel naar beneden.

De kasteelvrouw keek omhoog. 'Wat denk jij?'

'Ik vind het een goede positie. Je kunt eronderdoor kijken maar hij hangt niet mal hoog. Wat vindt u?' Aandachtig keek ik naar haar gezicht, meestal kon ik zien of ze toegaf omdat ze niet het geduld van haar werknemers op de proef wilde stellen, of omdat ze er werkelijk blij mee was. Ze knikte. 'Ja, het ziet er goed uit. Wat zeg jij, schat?' De kasteelheer knikte. '*Down!*' riep John. Ik keek verbaasd omlaag. 'Nu moeten we de ketting op maat maken en de rozet bevestigen,' zei hij grimmig. De kasteelvrouw ging naar haar boudoir en ik ging sterke thee maken voor de mannen.

De eerste gasten kwamen met koffersets, honden en nanny's. De kinderen fietsten met driewielers over de nieuwe stenen vloer in de hal, de ouders gingen op het bankje dat er pas een dag stond zitten om hun buitenschoenen uit te doen en ik ging ze voor door de stijlvolle *Sulking Room Pink*-gang.

De kasteelvrouw en kasteelheer verwelkomden hun familie en gasten en ze verdwenen in de keuken. De chef streste in de Back Kitchen en gleed dan glimlachend met schalen vol sandwiches en plakken vers afgesneden ham en pickles naar de Main Kitchen. Ik probeerde de drie meisjes uit Glasgow die ik via een uitzendbureau had georganiseerd te instrueren.

Het was toen ik hun ronde ogen zag dat het tot me doordrong hoe ver deze wereld van die in een grote stad af stond. Ze waren me aangeprezen als ervaren personeel. Ze waren ook ervaren in het serveren op voetballersfeesten, racecircuits en modeshows. Maar in de intieme setting van ons privéfeestje bleken ze onthand.

Ik verraste ze nu terwijl ze gedrieën met hun handen voor zich gevouwen naar de mensen keken die aan de lange keukentafel zaten te lunchen. Zo groot was de keuken nu ook weer niet, en ik wist dat de gasten veel te beleefd waren om te laten merken dat al die aandacht wat afleidend was. En tamelijk overbodig, het was een buffet. Snel schoof ik de drie dus de keuken uit en zette ze aan het strijken. Dat bleken ze nog nooit gedaan te hebben. Evenmin als met de hand afwassen. Of stofzuigen. Of bedden opmaken. Waar kwamen die meiden vandaan? vroeg ik me af. Waren ze opgegroeid in een hotel? Ik viste een vettige sèvresschaal onder uit een kast waar hij niet hoorde en op wat kopjes en schotels balanceerde. De chef trof ik aan terwijl ze verbeten een berg uien snipperde.

'Ik zal de meisjes sturen om je te helpen,' zei ik hulpvaardig.

'Nee!' riep ze. 'Sorry, Josephine, maar nee, laat maar, zelf doen gaat sneller. Ik heb ze net gevraagd om sinaasappels te persen.' Ze wees met haar mes op een enorme berg schillen, een plas sap en een pers die druipend op het aanrecht stond.

'Alle sinaasappels voor een kwart uitgeperst. Ik zal morgen nieuwe moeten kopen om dit weekend door te komen.'

'Sorry, Henrietta.'

'Jij kunt het ook niet helpen. Maar als je voortaan personeel inhuurt, vraag dan naar stewards of mensen met chaletervaring. Die zijn meer allround.'

Allround, dat is wel het woord voor werken op een afgelegen kasteel. Je doet alles zelf, want er zijn geen winkels in de buurt of mensen die je even kunt laten komen. Om voor een uurtje bedden af te halen of bessen te ritsen. Vandaar dat ik in de afgelopen week de kasteelheer met een emmertje met sop in zijn wijnkast had gevonden. En de kasteelvrouw de AGA had afgeschraapt met een handig dingetje dat ze daarvoor bij de AGA-winkel had gekocht.

Na een paar dagen aan de telefoon zitten om voor na de verbouwing schoonmaakpersoneel naar onze uithoek te krijgen, waren vier Poolse dames het enige aanbod dat ik had. Ik dacht aan het zilver, het antiek en de vers geverfde muren en had gezegd dat ik het zelf wel zou doen. Nu ik met de drie meisjes werd geconfronteerd, besefte ik hoe wijs die beslissing toen was geweest. Het was beter dat we toch maar alles zelf hadden gedaan, maar wel tijdrovend: ik werkte de klok rond met Abigail, maar nog kwamen we niet toe aan de AGA of de wijnkast. Later bleek dat ik het verkeerde uitzendbureau had gebeld van de lijst die de factor me had gestuurd. Er bestaan een paar exclusieve bureaus die je wél de mensen kunnen leveren die je nodig hebt in een kasteel.

'Natuurlijk ben jij erbij!' zei de kasteelvrouw.

'Ik waardeer de uitnodiging van uw zoon heel erg, maar ik kan het volledig begrijpen als u het anders beslist,' zei ik.

De zoon had Tjibbe gevraagd om voor de feestelijke gebeurtenis de muziek te verzorgen en was bij ons thuis gekomen om de stukken te bespreken die ze hem graag wilden horen spelen. Het was de eerste keer dat iemand van de Familie in mijn huis kwam. Niet míjn huis: hun cottage, die ik bewoonde zolang ik voor het kasteel werkte. Ik was er niet direct blij mee om na mijn werk naar huis te rennen om daar nog eens flink op te ruimen, maar de zoon en zijn vrouw bleken onvervalst hartelijk. Bij de eerste paar maten van 'Highland Cathedral' waren ze in tranen. Toen ze afscheid namen, had de zoon gezegd dat ik natuurlijk bij de ceremonie moest zijn die mijn man zou begeleiden: 'Als je wilt, kun je wat foto's nemen, dan heb je ook een rol. Maar we zouden je er gewoon heel graag bij hebben.'

'Misschien compliceert het de situatie met de andere personeelsleden,' zei ik tegen de kasteelvrouw.

Ze was al halverwege de hal en keek de keuken in die overvloeide van feestelijk geroezemoes. Ze draaide haar hoofd even naar me om: '*You are part of the gang! I know you can take a Dutch "no", but this is a "yes". I want you to be there.*'

Ik neeg mijn hoofd even om aan te geven dat ik me daarbij neerlegde, en liep bedachtzaam terug naar de personeelsvleugel. Daar vond ik de drie meisjes met gevouwen handen kijkend naar Abigail die de stofzuiger leegde.

'Shanon, kun jij de vuilniszakken naar dat kleine witte

huisje naast de oprit brengen? In de container met het blauwe deksel alsjeblieft. Moirag, kun jij Henrietta even helpen met de afwas? En Jennifer, kun jij met me meelopen naar de kerkers? Morgen hebben ze daar een borrel, dus je kunt me helpen om wat kaarsen neer te zetten, en extra stoelen en elektrische kachels.'

Even later kwamen we terug en was het tijd voor de personeelslunch. Shanon had wel de vuilniszakken weggebracht maar er niet aan gedacht nieuwe zakken in de prullenbakken te doen. Moirag had een gegraveerd glas gebroken. Jennifer was zo bezig met uitkijken naar spoken en ratten dat het moeilijk was geweest haar aandacht te krijgen voor glazen en stoelen.

De chef kwam haastig de soep brengen in de personeelskeuken en Abigail en ik deelden de borden rond. Het was te veel moeite om aan de drie meisjes uit te leggen hoe je een tafel dekt.

'Abigail,' zei ik zo luchtig mogelijk, 'de zoon van de kasteelvrouw heeft me gevraagd om foto's te nemen, dus ik ben morgenochtend een uurtje boven. Maar jij hebt gelukkig hulp.' Ik glimlachte naar de drie meisjes, maar die zagen het niet, want ze waren verdiept in hun telefoons. Af en toe kreten slakend van ontzetting over het stenentijdperktempo van het internet. Ik ging ze niet proberen uit te leggen dat je hier beter om de beurt op wifi kon gaan.

Abigail knikte en dat was dat. Niet, natuurlijk, maar dat zou ik de volgende dag merken.

My heart is like a red, red rose

'Ik denk dat er niet genoeg stoelen zijn,' zei de kasteelvrouw.
Ik telde en moest haar gelijk geven.
'Er zijn twee krukken, daar kunnen Tjibbe en ik op zitten,' stelde ik voor.

'Nee, ik wil geen verschillen,' zei de kasteelvrouw beslist. 'Zorg je voor twee extra stoelen alsjeblieft, Josephine?' Ze liep naar een gast die in zijn nieuwe tweedpak verscheen met zijn in tweedjurkjes gestoken dochters naast zich.

Ik liep naar buiten en mijn haren werden door de wind in mijn gezicht geblazen. De stoelen stonden in een schuur van de Home Farm. Er waren natuurlijk andere stoelen in het kasteel, maar deze stoelen waren daar opgeslagen. Ik keek naar mijn nette schoenen, ze hadden geen hoge hakken maar het waren ook geen wellies. Niet heel geschikt om mee in de schuur te gaan klimmen. Natuurlijk kon ik in de Boot Room een paar kaplaarzen gaan zoeken, maar dat kostte ook weer tijd. Besluiteloos stond ik voor de poort toen ik een geluid hoorde. Ik stortte me bijna voor de Land Rover die de hoek om kwam.

'*Oh, Cameron! How are you?*' hijgde ik toen hij uit zijn raam leunde. 'Zou je misschien nog twee stoelen uit de schuur kunnen halen?'

Hij keek me met toegeknepen ogen aan en ik herhaalde mijn vraag wat luider om boven het geluid van de motor en de wind uit te komen: 'Nog twee van die stoelen, die je eerder naar het kasteel hebt gebracht.' Hij knikte, stak zijn duim op en ik stapte opzij. De Land Rover verdween met ronkende motor.

De ruimte was al goed gevuld toen ik voor de tweede keer binnenkwam. Ik had genoeg achtergrondinformatie over de aanwezigen en hun verhoudingen om me niet te vervelen terwijl ik wachtte op de terugkomst van Cameron. Ik kon de stoelen die hij me aanreikte uit de achterbak nog net de trap op slepen toen Tjibbe begon te spelen en de klanken van 'Highland Cathedral' de ruimte vulden.

Alle mooie dingen worden afgesloten met whisky, dus deze bijeenkomst ook. De jongste dochter ging bij iedere gast langs met een zilveren schaal, toen ze bij de achterste rij was geweest, liep ze weer naar voren. Tjibbe en mij in de hoek naast de piano sloeg ze over. Opeens kwamen er tranen. Tot mijn grote verbazing.

De woorden van de factor schoten me te binnen: 'Als je voelt dat je moet huilen, zet dan je tanden op elkaar en kijk de andere kant op.' Nu stond ik dus mijn tranen te verbijten en begreep dat Ian niet had gedoeld op een traan die ik zou wegpinken bij de ceremonie.

Ik was te diep betrokken geraakt, het was meer geworden dan werk. Ik hield van het landgoed, ik hield van het kasteel en van de mensen. Dat het alleen maar werk was en dat zij mijn werkgevers waren, was ik uit het oog verloren. Daarom had ik nu opeens tranen in mijn ogen.

Er was de halve seconde dat ik dacht dat de dochter ons misschien met opzet had overgeslagen. Misschien niet, misschien wel, maar het zou nooit vanzelfsprekend zijn dat personeel bij familie hoorde. En opeens deed dat pijn.

Tjibbe zette 'My Love Is Like a Red, Red Rose' in en de congregatie begon en masse te snikken. Ik ging discreet rond en bood de geborduurde zakdoeken aan die ik had laten wassen en strijken en op de zijtafels had gelegd. Natuurlijk waren mijn eigen tranen allang weggeslikt. *It would be a mistake to show them your feelings.*

De groepsfoto's namen wat tijd in beslag maar uiteindelijk had ik alle combinaties voor de lens gehad. Ik schoof de stoelen naar de zijkanten en men begon te praten, de kinderen en honden rolden in de confetti en de muzikant werd gecomplimenteerd met zijn spel. Toen alles liep, spoedde ik me naar beneden. Terwijl ik de keuken in stapte, hoorde ik Abigails stem schel uithalen: '...*while she is upstairs, chatting and drinking with the guests.*'

De stilte na haar woorden nam het hele midden van de ruimte in beslag.

Aan de ene kant stond ik, voor de deuropening, op hakken, met een rok en jasje aan. Dan was er de stilte die zich uitstrekte. En aan de andere kant stond Abigail op crocs en in jeans met een schort voor. Ook bij het kookeiland stonden de chef, die zich had omgedraaid van het fornuis, de au pairs en de serveersters uit Glasgow. Abigails eerste reactie was schrik, maar ze rechtte haar rug en keek me strak aan. Vol gerechtvaardigde wrok.

Ik waadde door de stilte. '*That will do, Abigail.*'

Ze snoof luidruchtig en ging weer verder met het volladen van een broodmand. De au pairs wierpen me een lange, argwanende blik toe en begonnen de kinderstoelen naar de tafel te brengen en tuimelbekers te vullen. De chef leek geabsorbeerd door de pan soep die ze met moeite naar een andere pit sleepte. De serveersters keken schichtig van me weg en verdwenen naar de achterkeuken.

Ik hing mijn jasje op in de gang, controleerde het buffet en legde de hoornen botermesjes neer. Me voornemend niet te vergeten ze snel weg te halen voordat iemand ze in de afwasmachine kon stoppen. Toen alleen de chef en Abigail nog in de keuken waren, liep ik naar het kookeiland waar Abigail verwoed de ham stond te plooien op een schaal. Ik voelde mijn hart lastig snel kloppen.

'Abigail, het spijt me als je handen tekortkwam, maar de kasteelvrouw wilde me boven hebben.'

'Er is werk te doen en jij bent er niet! Dát is er aan de hand.'

'Als mevrouw mij boven wil, dan is dat haar keus. Het is mijn werk om te zijn waar zij me wil hebben.'

'O, kom niet weer bij me aan met je PA! Personal assistant!' Ze schreeuwde. 'Weet je wat ik denk van...'

'*That will do!*'

Ze perste haar lippen op elkaar, haar handen vlogen over de schaal en arrangeerden de plakken ham zo snel als de chef ze afsneed. Ik liep naar achteren om de serveersters aan het werk te zetten.

Het was niet ónze ruzie. Dat was het meest frustrerende aan het voorval. Het was het mechanisme van upstairs-downstairs. Iedereén van het personeel had bij de feestelijke gelegenheid moeten zijn of niemand. Niet eentje wel en de anderen niet. Ik had het gevoel gehad niet te kunnen weigeren. En natuurlijk had ik het ook leuk gevonden om erbij te zijn en Tjibbe te horen spelen. Maar het was geen feestelijke gelegenheid voor het personeel, het was werk. En de factor had gelijk, daar kon je beter niet emotioneel bij betrokken raken.

De feestgangers kwamen aan, het eten stond op tafel tussen het flonkerende kristal en zilver. Het personeel stond glimlachend aan de zijkant, klaar om te serveren.

Postmistress

Halverwege het buffet kwam de kasteelheer de keuken binnenlopen. De meeste gasten hadden zich met hun bord naar buiten begeven waar de hemel op z'n minst een paar uur zon voorspelde. Misschien een uur. Verderop was de zee donkergekleurd en veegden grijze regengordijnen over het water, maar hier was het zonnig en droog. Mevrouw vroeg me om de tafels naar de andere kant van het gebouw te brengen omdat daar de wind wat minder vinnig was. Ik nam de Glaswegian serveersters mee. Eén kleine ronde tafel hadden de kasteelvrouw en kasteelheer al om de toren heen gezeuld en wij volgden met de tweede. Dat was een houten tuintafel voor acht personen, en de gietijzeren gevallen moesten dan nog komen.

'Dit is mannenwerk,' zei een van de meisjes.

'Misschien heb je wel gelijk,' zuchtte ik. Ik ging de kasteelvrouw zoeken om te vragen of ik een paar van de mannelijke gasten mocht inschakelen.

'*Of course. They will be happy to help*,' zei ze beslist.

Ik besloot de schoonzoon te vragen die ik die ochtend in de Laundry Room had gevonden met zijn nette shirt dat hij onhandig over de strijkplank aan het plooien was.

'Zal ik het voor je doen?'
'Nee, nee, natuurlijk niet, je hebt het druk genoeg', en toen ging zijn telefoon en liep hij de gang op. Als ik op het kasteel iets had geleerd wat ik daarvoor niet kon, was het wel overhemden strijken. Nou, ik had eigenlijk geleerd dat je alles kunt, als het maar hard genoeg moet. Zelfs strijken. Het overhemd hing ik voor hem aan het rek en ik ging weer naar de eetzaal om de laatste hand te leggen aan de tafelschikking. Toen hij een uur later keurig in pak was, kwam hij naar me toe om te bedanken, en zei: *I owe you one.* Dus daar ging ik hem nu aan houden.

De stijlbreuk is het leukste aan stijl.

De scène was idyllisch en stijlvol: een groen gazon, kinderen in jurkjes en overhemdjes met tweedgiletjes, vrouwen in zomerjurken en mannen in pak. De dikke sjaals en laarzen waren de stijlbreuk. Die veranderden het tafereel van een *English garden party* in een *Highland experience*. Ze speelden croquet en schoten blikjes. Met echte geweren. Ik liep naar de groep, ook met leren laarzen aan en een dikke sjaal om, en vond de schoonzoon.

'Zou je me misschien even een handje kunnen helpen?'

'*With pleasure,*' zei hij en de zoon waar hij mee stond te praten liep ook meteen mee. Het was een beetje flauw dat ik de schoonzoon had gekozen. Het was die jongen van eenvoudige komaf die ik een keer de weg naar de badkamer had gewezen.

Juist toen ik de keuken weer in liep, zag ik dus de kasteelheer. Hij was naar binnen gegaan toen ik de mannen ging halen en ik had hem sindsdien niet meer gezien. Nu leek hij in gedachten verzonken. Dat paste niet bij de stemming van de dag. Ik keek toe hoe hij naar het buffet liep, een bord nam en daarmee een tijdje roerloos in zijn handen stond.

'*Is there something that I can help you with?*' vroeg ik sotto voce nadat ik me ervan had verzekerd dat er niemand dichtbij genoeg stond om te horen wat ik zei. Dat was met het algemene geroezemoes niet moeilijk.

'*Ah, er, well...*' Hij leek iemand te zoeken in het gezelschap, besloot dat het blijkbaar niet veilig genoeg was en liep een paar stappen terug totdat hij in de smalle gang naar de voorraadkamer stond. Nadat ik me bij hem had gevoegd, zei hij met gedempte stem: 'De chef vroeg me net te spreken.'

'O,' zei ik.

'Ja. Ze hoorde de deurbel toen wij allemaal boven waren en ging opendoen. Het was de postbode. De hond van mijn vrouw schijnt haar gebeten te hebben.'

'Ah,' zei ik.

The inevitable has happened, zei ik niet.

'*The lady involved seemed to be much inclined not to take it lightly,*' zei de kasteelheer.

Visioenen van een politie-inval en inhechtenisneming van de hond kwamen boven. Niet geheel onwelkome visioenen, moet ik eerlijk zeggen. Ik rende me iedere keer de benen uit het lijf als er ergens een deur opening of een argeloze loodgieter het terrein op liep, om de terriër bij zijn halsband te grijpen. Hij had Duncan in zijn hand gebeten, Callum in zijn kuiten en Hamish in zijn bovenbeen. Niet diep, maar venijnig.

Napoleon had allang zijn voorkeur voor huishoudsters laten varen. Huishoudsters gaven nog weleens eten. Loodgieters, schilders, dakdekkers en elektriciens gaven gedoe. Gelukkig droegen de meesten harde werkschoenen en broeken met kniestukken. De postbode blijkbaar niet.

'Nu vraag ik me af of ik het postkantoor moet bellen of niet.' We hadden het over het postkantoor in het stadje, niet ons eigen postkantoor.

'Misschien ook beter van niet,' vervolgde hij. '*Let sleeping dogs lie, you know.*'

Ik voelde een geluksbubbel in mijn middenrif omhoogkomen. Het was weer gewoon bijna te mooi om waar te zijn. De hond die precies op deze hoogtijdag waar we maanden naartoe hadden gewerkt over de schreef ging, de ernst van het delict en de uitdrukking 'geen slapende honden wakker maken', allemaal bijeen in de geniale cocktail die het leven op een kasteel heet. Omdat de kasteelheer me toch enigszins vragend aankeek, nam ik aan dat ik mijn mening kon geven zonder me een ongepaste vrijheid te permitteren. Met gedempte stem zei ik: '*Well, yes, but as this dog was not sleeping, we could perhaps better show some concern?*'

'*Call them, you mean? Yes, perhaps.*' Hij knikte, ging naar zijn studeerkamer en ik stapte de keuken weer in.

Een tijdje later stond hij weer naast me, keek of zijn vrouw in de buurt was – maar die stond een stuk verderop te praten – en zei toen zachtjes: 'Ik heb gebeld. Op het postkantoor nam niemand op maar ik heb toen de pakketdienst geprobeerd. Die jongen ken ik goed. Ik heb gezegd dat onze hond de postbode heeft laten schrikken en dat we wilden weten of het goed met haar ging.'

'Laten schrikken?'

'Ja,' zei hij, 'dat leek me beter en Dearmidként Napoleon, Dearmid levert veel pakketjes bij me af.'

'Dus Napoleon mag hem, hij bijt hem niet, bedoel ik?'

De kasteelheer sperde even zijn ogen open bij zoveel misplaatst optimisme.

'O, nee, hij bijt hem altijd! Alleen Dearmid, nou, Dearmid kan het niet schelen.' De kasteelheer knikte. '*He doesn't make a fuss, you know.*'

Ik vroeg me af of Dearmid scheenbeschermers onder zijn uniform droeg als hij bij ons kwam.

'Dus dat is geregeld,' zei hij.

Die avond vond ik Napoleon in een klein plasje zonlicht in de hal.

'Kijk hem daar toch liggen, de kleine schat,' zei de kasteelvrouw die achter me de hal in was komen lopen, 'zo'n brave hond.' Hij had niet één van de gasten gebeten.

Timing is niet altijd mijn sterkste kant, maar dit keer besloot ik te luisteren naar mijn gevoel dat zei dat na een lange, emotionele dag, onthullingen over haar terriër geen kers op de taart waren. Ze was ook alweer weg, afgegaan op het geluid van een kleinkind in nood.

Ik keek naar Napoleon, uitgestrekt in het zonnetje. Zijn ruige snor over zijn voorpoten. Hij trok één borstelige wenkbrauw op en keek me met een glinsterend oog aan. *Smug*, zelfgenoegzaam, dat was het enige woord voor zijn blik.

Na het weekend kwam er een brief van het postkantoor. Ik bracht hem snel aan de kasteelheer en die vertelde me de inhoud. Ik belde de factor bezorgd op: 'Ze zeggen dat ze ons geen post meer leveren als de veiligheid van de postbezorger niet gegarandeerd kan worden.'
'Daar hebben ze het recht toe...' zei Ian langzaam.
'Ja, dat heb ik ook nagezocht, wat een gedoe, maar dan moeten we voortaan...' rammelde ik door.
'...maar in dit geval zal het wat lastig zijn,' vervolgde hij. Ik spitste mijn oren, zijn stem verraadde zoals gewoonlijk niet veel, maar er leek een soort onthulling aan te komen.
'Wat is er dan in dit geval?'
Hij zweeg even, zei toen droogjes: '*Her ladyship is the postmistress of the peninsula.*'
De directrice van de plaatselijke posterijen. Natuurlijk. Ik had het kunnen weten.
'*So you see,*' zei Ian, '*why it would be awkward to exclude her from receiving post.*'

'Ik hoorde het gisteren van Henrietta,' zei de kasteelvrouw. Die wierp me achter haar rug een verontschuldigende blik toe. Ik ving hem op en borg hem snel weg.
'Natuurlijk moeten we meteen zien wat we voor de post-

bezorgster kunnen doen. Ik vind het verschrikkelijk dat mijn hond haar ongemak heeft bezorgd. Ik heb mijn man er vandaag naartoe gestuurd om te weten te komen wat er precies met haar aan de hand is en wat we voor haar kunnen doen. En we moeten voorzorgsmaatregelen treffen.' Ze stapte kordaat naar de voordeur.

'Kijk, Josephine, ik zou graag willen dat jij met de timmerman bespreekt dat ik hier een halve deur wil. Een deur die je voor de helft kunt openen, weet je wat ik bedoel? Dat de bovenste helft openzwaait terwijl de onderste helft gesloten kan blijven. Dan kunnen we wel de boel laten luchten, of een pakket aannemen, maar zonder dat de honden naar buiten kunnen.'

'Wat?' zei de factor, zonder zijn gebruikelijke meticuleuze beleefdheid. Blijkbaar had de boodschap hem zijn balans doen verliezen. 'De deuren doormidden zagen?'

'De voordeur, de keukendeur en de achterdeur,' vulde ik de details in.

'*I cannot say I like the direction this conversation is taking*,' zei hij. Bijna beschuldigend. Alsof ik het persoonlijk had bedacht.

'Die voordeur is anderhalf keer zo breed als een gewone deur, met glas in het bovendeel. Tegen de tijd dat je de onderkant hebt doorgezaagd en de bovenhelft openzwaait, zou je wénsen dat je alleen maar een hondenbeet had.'

Ik zag voor me hoe de bovenhelft uit zijn scharnieren zou vallen op iemands voeten en het glas alle kanten op zou spatten. Een beetje zoals mijn bellenbord toen ik hier net werkte.

'Waarom doen ze hem geen muilkorf om?' vroeg hij. Het was wel interessant dat ieder aspect van het leven van de eigenaren invloed had op het werk van de betrokkenen. Op het moment dat hij de antieke deuren van het kasteel doormidden moest laten zagen, werd de opvoeding van hun

hond een belangrijk punt op de agenda van de factor.
'Heb jij een hond?' vroeg ik, gewoon, voor wat afleiding.
'Een pointer,' zei hij.
'Is hij gehoorzaam?'
Hij liet even een stilte vallen om dan eerlijk antwoord te geven: 'Niet zo gehoorzaam als ik zou willen.' Ik nam aan dat dat ergens op het niveau van militair gedrild zou liggen.
'Waarom niet?' vroeg ik.
'Omdat ik hem in het donker train, tussen twaalf en één 's nachts. Dat is niet ideaal.' Hij was tot diep in de nacht bezig met organiseren dat er deuren doormidden werden gezaagd voor zijn werkgevers.
'Ik zal je nu met rust laten, je hebt vast nog wat anders te doen,' zei ik.
'Nee, nee, het is belangrijke informatie. Als zij alle deuren in tweeën wil, dan zorg ik natuurlijk dat het gebeurt, maar technisch gezien zal het problemen geven.'
'Nou, de kasteelvrouw is niet onredelijk. Als ik haar vertel dat jij niet enthousiast bent over het idee, begrijpt ze heus wel dat je daar een goede reden voor hebt.'
'Zeg: "bezorgd".'
'Wat bedoel je?'
'Niet "niet enthousiast", maar "bezorgd". Als je de essentie van dit overleg en mijn reactie aan her ladyship wilt overbrengen, zeg haar dan dat ik bezorgd ben voor het welzijn van de gebruikers als we ingrijpende veranderingen aan de deuren gaan invoeren.'
Verootmoedigd door deze graad van precisie en diplomatie beloofde ik dat ik eraan zou denken als ik het project met onze werkgeefster besprak.

DEEL 6

Managing goodbyes

Antieke plantenpothouder

Nadat ik een foto had gemaakt van de fietsenstalling bij Amsterdam Centraal en van een stilstaande blauw-gele trein, wist ik dat ik heimwee had. Heel erge heimwee. Naar fietsen, rode bakstenen huizen en een gewoon Nederlands leven. Gewoon weer lesgeven en gewoon met mensen omgaan. Tjibbe wilde al een tijd terug. Brexit begon ongemakkelijk dichtbij te komen, er werd gesproken over inburgeren en de Britse nationaliteit moeten aannemen. De middelbare school in het stadje stak schril af bij de opleiding die de kinderen van vrienden kregen op Schotse privéscholen. De hele scheiding tussen privé- en staatsscholen was iets wat een grote invloed had in de Britse maatschappij.

Onze zoons hadden hun lagereschooltijd met succes afgerond. Dat was het doel geweest en dat was bereikt. De jongste ging net de overstap naar de middelbare school maken, als we nu teruggingen zou ook de oudste nog zijn eindexamen in het Nederlandse systeem kunnen voorbereiden. Kortom, we moesten de knoop doorhakken: was dit een intermezzo geweest, een spannend avontuur, of wilden we voluit emigreren?

Ik keek naar mijn man, die tijdens de vakantie in Zeeland met tranen in zijn ogen achter onze jongens een blanke top der duinen op fietste. Goed. We bezochten een paar open dagen van middelbare scholen, de jongens zagen er op hun plek uit tussen al die andere lange, uitgesproken Nederlandse kinderen, we solliciteerden, kregen wat bemoedigende reacties en vonden een huis dat we konden huren. We gingen de sprong wagen.

Het solliciteren was wel confronterend. Wat kon ik eigenlijk, wat was ik ondertussen? Ik begon met mijn profiel:
– Gepassioneerde kasteelmanager met oog voor detail;
– Ervaren personal assistant die niet te beroerd is om ook muizenvallen te zetten;
– Projectmanager die haar hand niet omdraait voor het leegruimen van een paar schuren.

De zinnen werden wel langer, maar niet per se indrukwekkender. Over naar mijn competenties:
– Aantoonbare ervaring in het omgaan met de Britse elite;
– Uitstekende kennis van Schotse dialecten;
– Vaardig in het aansturen van schoorsteenvegers.

Het was niet helemaal duidelijk of gedetailleerder beter was:
– Spot een verdwaalde vleermuis in no time;
– Controleert uw kasteel 's nachts als het inbrekersalarm afgaat;
– Heeft uitgebreide kennis van historische deurknoppen en plintprofielen;
– Kan een plan maken voor de verbouwing van een monument en theezetten voor de uitvoerders;
– Kan aan het gewicht de maat van een laken inschatten;
– Ontwerpt met plezier uw vakantiehuisje of kruidentuin.

Handig, maar wat moest ik ermee in Nederland?

Ik was docent Nederlands geweest. Ik vroeg me af wat ik in mijn motivatiebrieven kon zeggen:

– Ik denk dat uw leerlingen het leuk vinden om te horen dat ik heb geleerd om een conversatie te voeren zonder iets te verraden van wat ik denk;
– Tijdens de les ontleden kan ik iets vertellen over mijn ervaring met picknickmanden inpakken voor een jachtpartij;
– Ik kan uitstekend leerlingen begeleiden bij debatteren, want ik heb geleerd om kleuren aan te raden aan iemand die geen kleur wil bekennen;
– Ik denk dat ik geen problemen heb met orde houden, daar ik me de afgelopen paar jaar tegen een terriër moest leren beschermen zonder de eigenaar voor het hoofd te stoten.

Wonderlijk genoeg werd ik toch uitgenodigd om op een vmbo te komen solliciteren. Er moest wel een zeer ernstig tekort zijn aan docenten Nederlands.

Toen onze plannen vaste vorm hadden gekregen, moest ik een gesprek hebben met de factor. Hij keek ernstig maar niet verrast. Hij zei dat hij na mijn proefperiode de kasteelvrouw al had gewaarschuwd dat ze er niet van uit konden gaan dat *this kind of quality will keep making your bed for long.* Dat hij toen hij dat zei niet had verwacht dat ik zou eindigen met het verbouwen van het kasteel. Zijn ernstige uitdrukking leek bijna tot een glimlach te komen toen hij zei: '*That was quite a surprise.*'

We stonden in de hal waar de stenen in een patroon lagen dat ik had besproken met de tegellegger, waarvoor ik me had moeten verdiepen in soorten plintprofielen en waar de kleurkeuze voor de muren me wekenlang wakker had gehouden.

'Ik ken het kasteel beter dan mijn eigen cottage,' zei ik rondkijkend.

Het gesprek met de kasteelvrouw voerde ik over de telefoon. Ze zou pas half juli weer komen en dat werd erg kort dag, dus er zat niets anders op dan te bellen. Ze vroeg hoe mijn week vakantie was geweest en ik zei dat we naar scholen hadden gekeken.

'*I think you will get a feeling which way this conversation is heading...*' zei ik. Ik voelde me opeens stil worden. De werkrelatie die we hadden en die de laatste jaren een groot deel van mijn leven had ingenomen, ging ik nu doorsnijden.

'*I think I do,*' antwoordde ze. Tot nu toe waren we druk aan het praten geweest over het transport van haar nieuwe plantenpothouder, maar nu verlangzaamde het tempo van het gesprek drastisch.

'Ik wil graag de jongens op deze school hebben aan het begin van dit schooljaar. We willen begin augustus terugverhuizen naar Nederland.' Het was even stil. Ik vervolgde: 'Ik weet dat het een slechte timing is midden in de zomer.'

'Voor je kinderen en familie doe je alles,' stelde de kasteelvrouw vast. 'Dat gaat altijd voor. Ik ben blij dat je een goede school hebt gevonden voor je zoons, ze verdienen beter dan de school in het stadje.'

'Ian zei dat ik kon proberen extra mensen te regelen voor de zomer.'

'Daar gaan we later wel over nadenken, als ik dit verwerkt heb. Ik begrijp dat je weggaat en ik ben dankbaar voor de tijd dat je hier was en voor wat je hebt bijgedragen aan ons leven in Cliffrock.'

In de korte stilte die volgde, zag ik mijn leven op het kasteel van de afgelopen jaren langskomen. Het moment dat ik met het hart in mijn keel achter de keukendeur stond, onzeker of ik daar zomaar binnen kon stappen, de dag dat ik stond te huilen in de Laundry Room omdat mijn zoon ziek was, de dag dat zij tegenover me zat en halverwege zei: 'Ik weet eigenlijk niet waarom ik je dit vertel', de dag dat we samen op de trap stonden en ze zei dat een kasteel dat je aan het lachen maakt, een blij kasteel is. Ik hoorde weer de waarschuwing van Ian: *If you feel you have to greet, just grit your teeth.*

'Thank you,' zei ik.

Gelukkig was er de nodige kasteelabsurditeit om de melancholie in toom te houden. Het telefoongesprek was begonnen met de mededeling van her ladyship dat er een plantenpothouder zou worden bezorgd. Ze had hem gekocht in Londen, hij was antiek en kwam van haar favoriete tuincentrum. Ik nam me voor ooit eens naar Londen te gaan om rond te kijken in de winkels waar kasteelvrouwen inkopen. Kijken hoe een tuincentrum met antieke plantenpothouders eruitziet. Vast anders dan Intratuin.

'De middelste stang is gebroken, dus kun je zorgen dat Shaun die aan elkaar last? Maar ik wil niemand me horen vertellen dat ik de roest moet laten verwijderen!'

'Ik zal het regelen,' verzekerde ik mevrouw.

Even later had ik het tuincentrum aan de telefoon en vroeg naar de bestelling van her ladyship. Ik kreeg een dame die *delighted* was om her ladyships PA te spreken. Ze kon me vertellen dat hij morgen zou worden afgeleverd en of we de chauffeur contant konden betalen alsjeblieft.

'590 pounds cash?'

Het was toch altijd maar weer Ians privilege om van mij interessante informatie te krijgen. En mijn voorrecht om dingen die simpel leken door hem in hun aardse complexiteit onthuld te krijgen. Ik voelde me meestal een beetje halverwege de kasteelvrouw en de factor: ik had enigszins door dat iets meestal wat meer voeten in de aarde had dan zij dacht, maar ik had weer niet zo'n grondig inzicht als hij.

'Is dat de prijs van de houder?'

'Nee, dat geloof ik niet, volgens mij zijn dat de bezorgkosten.'

Hij kreunde bijna hoorbaar.

'Als ze gezegd had wat ze wilde, hadden we het hier voor haar kunnen laten maken door de plaatselijke smid.'
'Ja, maar het is antiek.'
Hij lachte vreugdeloos. '*I bet it is.*'
'En de centrale as is een beetje kapot, dus Shaun moet het lassen.'
Dat benam hem tijdelijk de lust om nog iets te zeggen. Maar niet voor lang: 'En hoeveel kost het ding zelf dan?'
'Dat weet ik niet,' zei ik discreet. 'Het is zes voet in doorsnee,' voegde ik eraan toe.
'Zes voet?' Dit moest hij ook even verwerken. Ik ben nog steeds niet goed in voeten en inches, dus ik ging me laten verrassen door de afmetingen als het aankwam.
'Dus we krijgen voor duizend pond een onhandelbaar groot stuk oud roest achter het kasteel staan,' vatte hij kort samen.
'Een karaktervol en monumentaal stuk antiek,' corrigeerde ik.
'En ze komen het brengen uit Londen?'
'Ja, ze rijden morgenochtend weg.'
En toen kwam de genadeloze opsomming van feiten waar ik hem om bewonder, maar die, als je er altijd rekening mee houdt, wel de spontane kleur uit het leven haalt: 'Dan zijn ze er nooit voor zes uur 's avonds, het enige tankstation in de buurt is drie uur rijden en het restaurant sluit om zeven uur, het motel zal nog wel open zijn als ze geluk hebben, maar waarschijnlijk slapen ze in hun truck, anders verdienen ze er niets aan. Ze moeten een paar uur voor ze aankomen bellen, zodat we een tractor en twee mannen klaar hebben staan om het uit te laden. Het moet niet naar het kasteel maar naar de garage zodat Shaun het kan lassen. Waarschuw ze dat ze niet de weg door de heuvels moeten nemen. En bel de winkel dat ze ons een rekening sturen voor het vervoer. Jij gaat niet met contant geld in de nacht naar de Home Farm om leveranciers te ontmoeten waar we niets van weten.'

Het hele idee van één druk op de knop en de volgende dag heb je je plantenpothouder op je kasteel in Schotland staan, is reëel. Als je betaalt, gebeurt het. De realiteit voor de mensen die dat moeten doen, is minder simpel.

'Moeten we die mannen niet herbergen?'

'Nee!' zei Ian. 'Het spijt me, ik zou niet weten waar. De houtvesters zitten al in de personeelsaccommodatie. Die werken hier deze week.'

'Goed. Ik zal het doorgeven: geen pleisterplaats in de buurt, geen accommodatie, geen mobiel bereik, niet de weg over de bergen nemen, afleveren op de Home Farm en een rekening sturen.'

En nadat ik dat had doorgegeven aan de dame van het tuincentrum, stuurde ik een appje naar de kasteelvrouw: Alles is geregeld. Morgenavond wordt het afgeleverd.

Hen house

De leveranciers van de plantenpothouder stelden niet teleur. Laat in de middag reed ik van het kasteel naar huis en passeerde een witte Berlingo. De bestuurder draaide zijn raampje open en vroeg: 'Is dit de weg naar Cliffrock Castle?'

Ik bevestigde dat en wachtte ademloos af of hij nog wat zou zeggen. Ik had geluk, hij vervolgde: 'En weet je toevallig waar ik moet zijn voor de Home Farm? Ik kom iets afleveren.'

'Ja, dat is even verderop, maar ik rijd wel voor je uit.'

Broad Cockney, onvervalst en onversneden. Het sappigste accent uit Londen en deze man had het. Een uurtje overwerken was geen probleem bij zo'n buitenkansje.

Bij de Home Farm aangekomen parkeerde ik voor de werkplaats. In de donkere diepte zag ik Shaun al staan, die ik de vorige dag had ingelicht dat mevrouw een delicate klus aan hem wilde toevertrouwen. Maar eerst mocht ik nog wat

meer van de Londenaar horen. Ik stapte haastig uit om niets te missen.
'*What a road! After Glasgow it was completely crazy.*'
'*Completely crazy,*' bevestigde zijn bijrijder. Ik bukte me en zag een vrouw naast hem zitten.
Ze zaten knus naast elkaar in de stoelen waar ze een half etmaal in hadden gezeten en alles aan hen was Londens. Vooral de buldog, die scheel keek op haar schoot.
'*What an out of the world place to live! It is so far.*' Hij keek naar me op en gaf me een knipoog. '*But it was fun, if it wasn't fun I wouldn't do this dog's knob.*'
Had hij het over zijn hond? Vaag kwam mijn kennis van rijmend *Cockney slang* bovendrijven. *Trouble and strife* kende ik, dat is hoe een man zijn echtgenote aanduidt, en *apples and pears* voor 'trap' herinnerde ik me ook nog, maar verder wist ik weinig van dit creatieve dialect uit de armere wijken van Londen. Ik had geen tijd om te raden naar de betekenis van *dog's knob*, want Shaun kwam naar buiten en hij hielp de man de plantenpothouder uit te laden en in zijn werkplaats te zetten.
'*And off we go, we have to be back tonight.*' Daar gingen ze weer. Het vleugje Londen dat vijf minuten Schotse bodem had geraakt.
Shaun zei niets. Hij keek enigmatisch neer op mevrouw haar nieuwste aankoop.
'Ik geloof dat ze dat bedoelde,' zei ik en knielde neer om de middenstang te bekijken.
Shaun ging ook door zijn knieën en voelde met zijn brede vingers aan het roestige ijzer. Roy kwam aanlopen. Ook hij bleef respectvol zwijgen toen we hem vertelden wat er zes voet vloeroppervlak van de werkplaats in beslag nam. Nadat we zo een tijdje hadden staan kijken, zei ik: '*Well, Shaun, I will leave you to it. Only, do not scrape off any of the rust, please. It is antique.*'
Ik was zo benieuwd wat ze zouden zeggen zodra ik weg-

liep, maar wist dat er niets zou komen zolang ik daar stond. Misschien zelfs daarna niet.

De volgende dag ging alles weer gewoon z'n gangetje. Om acht uur 's ochtends was ik bij het kasteel om de kasteelheer uit te zwaaien en de zorg voor de honden op me te nemen voordat de hondenoppas arriveerde. Meneer lichtte me in dat de bliksem was ingeslagen en dat daardoor het alarm was afgegaan, maar er was geen bericht naar de controlekamer gestuurd. Ik zei dat ik er achteraan zou gaan. Nadat hij was vertrokken, maakte ik een kop thee en stelde een lijstje op voor de dag:

– Klaarmaken gastenkamer hondenoppas;
– Alarmbedrijf bellen;
– Ontwerp maken voor een patio.

Dat leek best overzichtelijk.

Abigail kwam langs en vroeg of de was al was afgeleverd, want er was een verandering in de bezetting van de holiday cottages: de vissers vertrokken, de houtvesters moesten verplaatsen, want andere vissers arriveerden. Ik zei dat ik de wasserette zou bellen en toen moest ze haar gal nog kwijt, want de grasmaaimachine was weer kapot en ze hadden nog steeds geen nieuwe gekregen. Het was allemaal huiselijk en vertrouwd. Ook de discussie over de grasmaaier. Die was al vijf jaar onveranderd.

'En toen vroeg Ian: heb je geen handmaaier? En mijn man zei: "Ja. Maar ik ga hem niet gebruiken."'

'Waarom niet?' was ik onvoorzichtig genoeg om te vragen. Ik probeerde me te herinneren wat de naam was van de vrouw die ik altijd sprak bij het alarmbedrijf.

'Omdat hij eerder ontslag neemt dan met een handmaaier te gaan maaien!' Haar ogen sproeiden vuur. 'Alleen de Walled Garden zou hem al vijf uur kosten!'

'O, ja, dat is een hele tijd,' zei ik haastig. Ze wierp haar haren naar achter die sinds haar vakantie geknipt waren in de nieuwe haarstijl die iedereen hier had. Ik wist niet of het ook de rest van Europa aandeed, maar bij ons in de buurt hadden volwassenen en kinderen opeens lang haar van boven en kort aan de zijkanten, een soort hanenkam maar zonder het midden overeind te zetten met haarlak. Bij een wat oudere vrouw als Abigail stond het heel strijdlustig.

Ik was net de stapel post aan het doorwerken om te zien of er iets voor mij of de factor tussen zat, toen de bel weer ging. Dit keer was het Callum die de schoorstenen kwam vegen.

'*How are you?*'

'*Another morning, the same shit.*'

Nou, ik had toch bereikt dat mensen wat openhartiger werden, ze zeiden tenminste niet meer standaard: *not too bad*. Ik leidde hem naar de Noordvleugel waar ik een raar luchtje vond hangen in Miss Elsa's Room en ik vond het sterker in de buurt van de schoorsteen. Callum kon me later die ochtend melden dat hij twee ontbindende vogels en een hoop takjes naar beneden had gehaald. Ik maakte een notitie voor de factor dat we misschien wat aan de beschermkappen van de schoorstenen moesten doen.

'Zou jij die erop kunnen zetten?' vroeg ik alvast aan Callum.

'Hoe kom je op het dak?' vroeg hij.

'Dat zou jij beter moeten weten dan ik, jij bent de schoorsteenveger.' Callum had een aanpasbaar geheugen. 'Toen je vorige maand de dakgoot repareerde, klom je door het raam van de badkamer.'

We liepen naar de Blue Room Bathroom en keken naar het smalle raampje waar hij toen doorheen was geklommen. Staand op de badrand kon ik het landschap van dakkapellen, torens, platte en schuine daken zien, doorsneden door goten en daklijsten. Het leven was hier zo mooi. Ik kreeg heel erg zin om naar buiten te klimmen en de route naar de schoorstenen te verkennen, maar ik deed het niet, want eerst moest ik de rest van mijn lijstje doen.

'Ik zal aan Ian doorgeven dat we er vragen over hebben,' zei ik.

Het was helemaal niet zo'n lang of ingewikkeld lijstje, maar voor ik beneden kwam, ging de bel. Het waren Duncan en Finlay. Ze kwamen de goot ontstoppen.

'Welke was het, Josephine?'

Ik ging ze voor naar de Back Kitchen en ze begonnen kastjes leeg te halen en buizen los te schroeven. Dat weer opruimen stond ook niet op mijn lijstje. Ik ging terug naar mijn keuken, waar ik kantoor hield. Ik zou het missen. De gezelligheid, de chaos, het kasteel dat ik kende als mijn eigen hand.

Er belden die ochtend nog meer mensen aan: de loodgieter voor de boilercontrole, de postbode met de eeuwige pakketjes en de hondenoppas die in de berm vast was komen te zitten toen hij uitweek. Hij kwam pas om vijf uur aan, dus ik reed tussendoor naar de schoolbus om mijn oudste zoon op te halen en regelde dat ze bij de buren konden zijn de rest van de middag.

Het was een gewone dag, een dag waarop alles z'n gangetje ging. Ik tekende drie ontwerpen voor een patio annex kruidentuin, ontving nieuwe vuilnisbakken, besliste dat er meer linnengoed voor de holiday cottages moest komen, belde het alarmbedrijf, verwisselde een wifirouter omdat de oude het had begeven door dezelfde bliksemslag die het controlepaneel had opgeblazen, en belde met een uitzendbureau voor huishoudelijk personeel. Het goede dit keer, dat hoorde ik meteen toen ik de vrouw aan de lijn had. Het juiste accent en de juiste aantallen *wonderfuls* en *delighteds* door de lopende tekst gemixt.

Ian belde me met vragen over het nieuwe kippenhok. Hoeveel nestboxen we wilden, of ik dacht dat mevrouw de optie van een extra raam aantrekkelijk vond en waarom ik had aangegeven dat het niet gebeitst moest worden. 'Dat is heel goed voor het hout.'
'Ja, maar het is bruin en mevrouw wil het niet bruin.'
'Wat voor kleur wil ze het dan?'
'Dat moet ik nog uitzoeken, maar niet bruin.'
Ik had haar even later aan de telefoon.
'Ja, blauw of groen. Welke kleur vond jij het mooist, Josephine?'
'Eerlijk gezegd geen enkele op de website die u me toestuurde.' In onze communicatie was ook enige progressie gaande.
'Ik dacht dat we beits moesten gebruiken, daarom had ik dat opgezocht, maar ik vond de kleuren van dit merk ook niet mooi. Ik ben bang dat ik dit ingewikkelder aan het maken ben dan nodig is,' verzuchtte ze.
'Zal ik uitzoeken wat er mogelijk is? Dan bel ik u zo terug en dan kunt u beslissen over de kleur van het kippenhok.'
'Je zei het weer.'
'Ach, ja! Ik schijn er niet aan te kunnen wennen.'
Ik had het namelijk steeds over *chickens* en *chicken coops*. Volgens mevrouw waren *chickens* wat je eet en *hens* wat je rond hebt lopen om eieren te leggen. Het eufemisme voor dieren die je opeet, lag gevoelig. Niet *pigs*, want zodra je het eet is het *pork*, en je eet geen *deer* maar *venison*. En we namen dus geen *chickens* maar *hens*. *Hen house* moest het dus zijn. Ik hing op en zocht in mijn ordner met courante adressen naar de verfhandel.

Opeens zag ik mezelf zitten, daar, in het kleine kantoortje naast de hal. Ik zag mezelf zitten met mijn kippendossier. Ik zag mezelf een aantekening maken in mijn agenda:

hen house, de grap was een paar keer leuk maar nu moest ik voortaan refereren aan 'the hen house' in mijn e-mails.

De factor had me een paar maanden geleden aangeraden een *bog standard shed* te kopen, dat was volgens hem het goedkoopst en het duurzaamst. Nadat ik *bog standard* had opgezocht in het woordenboek keek ik op de agrarische sites die hij me stuurde en ze waren er in overvloed: simpele doorsneeschuurtjes waar onze mannen een nestbox aan konden timmeren.

Ik aarzelde met bestellen. De aanname van de verwachting, daar gingen we weer. Volgens mij wilde mevrouw geen kippen uit puur agrarisch oogpunt. Ja, we wilden eieren, maar we wilden vooral met de kleinkinderen eieren gaan rapen. Als uitstapje tijdens de vakanties. De aanname was dat het eieren rapen leuker kon worden gemaakt.

Ik zocht wat rond en er bleek heus iets anders voorhanden dan bog standard. Mijn favoriet was een Zwitserse impressie van een blokhut met een vlag op het dak en bloembakken voor de raampjes. De kasteelvrouw was lyrisch en de factor was er verlegen mee en herinnerde me eraan dat de gemiddelde temperatuur in de Schotse winters flink onder nul is. Nou overleefden mijn kippen al vijf jaar in een minder-dan-bog-standard-shed, een soort waaibomenhouten krot met een kapot raam, maar ik las wat reviews over de Zwitserse chalets en die waren zodanig dat ik ze niet kon negeren. Daarna vond ik een plaatselijk timmermansbedrijf dat degelijke kippenhokken afleverde. Fleurig geverfd zou zo'n hok een eind in de richting komen van de Zwitserse kippenvilla.

Ik liet me niet afleiden door de bewering van de kasteelvrouw dat ze de zaak niet nodeloos ingewikkeld wilde maken. Ik wist dat ze dat niet wilde. Maar ik had ook doorgestudeerd op de aannames. Haar gezicht als ze voor een vaag blauw gebeitste bog standard shed met een nestbox eraan getimmerd stond in een zompig grasveld, kon ik me zonder moeite voor ogen halen. Vriendelijk, complimenteus tegenover iedereen die had meegewerkt en met die licht wegglijdende blik die liet zien dat ze aan het bedenken was hoe ze hier een draai aan kon geven. En ik herinnerde me haar commentaar op de Bar Room en concludeerde dat ze er niet van hield als je de houtstructuur door de verf heen zag. Beter geen beits.

Dus zat ik nu klaar om de verfhandelaar te bellen.

'Hallo, u spreekt met Josephine van Cliffrock Castle.'

'*Oh, hello there!*' Enthousiast.

'Kunt u me misschien adviseren wat voor product we kunnen gebruiken voor een kippenhok?'

'Natuurlijk!' Hij sloofde zich uit om me van dienst te zijn. En ik verbaasde me daar niet over, we hadden tientallen liters verf bij hem gekocht. Ik noemde het ook geen stroopsmeren meer. Ik noemde het helemaal niets meer, ik verwachtte het. Ik verwachtte de hoogste graad van service zodra ik mijn volle titel noemde: The Personal Assistant of Her Ladyship of Cliffrock Castle. Bij nieuwe contacten deed ik dat, de volle lijst, dan wisten ze meteen met wat voor opdrachtgever ze te maken hadden.

Naast een aantrekkelijk hok had ik ook bedacht dat je kippen kon kopen die verschillende soorten eieren legden. Over een week zou ik twintig stuks gaan halen die samen bruine, witte, gespikkelde en blauwe eieren legden. Plus een koppeltje voor mini-eitjes, leuk voor minimensjes.

Het stond allemaal wel heel ver van het meisje dat ervan droomde om ooit als ze groot was in een klein huisje te wonen en kipjes te houden. En verder jam te maken en verhalen te schrijven. Ik zag mijn eigen kippen bijna nooit, ik zag mijn eigen kinderen bijna nooit, ik werkte gemiddeld vijftig uur per week en in de overgebleven tijd zat ik in de auto kinderen te halen of te brengen.

Was ik dit? Iemand die alles opzijzette om zich uren- en urenlang bezig te houden met het vervolmaken van de kippenervaring van een ander? Was dit het voor de komende jaren, altijd proberen mezelf te bewijzen als onmisbaar? Ik dacht aan Helen, de werkneemster op het landgoed die eenzaam op het puntje van het schiereiland helemaal was opgegaan in haar project. En uiteindelijk zo doorsloeg dat ze moest worden verwijderd.

Ik appte mevrouw: 'Ze hebben dekkende verf, alle kleuren die u wilt.'

En een appje terug: '*Great! I will call you later to discuss the colours.*'

Het werd tijd om te gaan.

Laatste loodjes

'Heeft Ian je daar niet over gesproken?'

'*Nope.*' Roy, met een zonverbrand gezicht waarin zijn ogen intens lichtblauw waren, keek me lachend aan.

Ik zuchtte: '*So, he left that to me, did he.*'

Roy haalde zijn schouders op en zei niks.

Het was een hachelijke situatie, zoals gewoonlijk. Ik was eraan gewend geraakt, net als aan het doorzoeken en doorwerken tot ik een graad van voldoening en perfectie bereikte in het raden van de kleinste aannames van mevrouw. Ik moest zorgen dat er iets gebeurde, maar eigenlijk nam iedereen op het landgoed alleen orders aan van de factor. We hadden een modus ontwikkeld waarin ik de factor belde met de opdracht, hij de mannen belde om te zeggen wat ze moesten doen en ik ze dan op de werkvloer ontmoette en kon aansturen. Het was omslachtig maar het werkte. Alleen, nu was Ian op vakantie. En was hij blijkbaar vergeten door te geven dat alles in gereedheid moest worden gebracht voor de komst van de kippenvilla.

Roys grijns was onverzettelijk. Maar ik had ondertussen ervaring. Ik keek wanhopig.

'Dus nu mag ík jullie de rotste klus van het jaar doorgeven terwijl Ian ergens op een strand ligt te zonnebaden.'

Roy grinnikte appreciërend.

'Zodat jullie mij kunnen lynchen in plaats van hem.'

'Wat moet er dan gebeuren?'

Hij had ernaar gevraagd, dus nu ging ik het hem vertellen: 'De honden van Cameron moeten verplaatst en daar moet het nieuwe kippenhok komen.'

'Ik ben vanaf maandag met vakantie.' Het was vrijdag.

'*Lucky you*,' zei ik berustend.

'Ik zal Scott zeggen dat hij het moet doen, hij komt morgen terug van vakantie.'

'Dank je. Ik zal dan later langsgaan om precies uit te leggen wat er moet gebeuren.'

'Cameron moet dan wel zijn honden verplaatsen en hun shit opruimen,' voegde Roy er nog even aan toe voor hij gas gaf en er in zijn Land Rover vandoor ging. Het geluid verwijderde zich en ook de dieseldampen waren snel weggewaaid. Het was weer stil en vredig, met het geroep van de meeuwen op de achtergrond. Ik had ervaring, ik wist dat ik me zeker niet zou gaan mengen in het gevecht wie de shit van Camerons honden op ging ruimen.

Ik reed naar de boerderij om Cameron te zoeken en kwam bij de stallen de elektricien tegen. John zat zoals gewoonlijk in zijn busje met Bruce, allebei een beker thee in de hand en een krant op schoot. Ik begon bij alles te voelen dat het de laatste keer was dat ik dit meemaakte, dat ik deze mensen sprak. Ze groetten, draaiden het raampje open en het gesprek begon.

'Goed dat ik je zie, hoe gaat het?' zei ik tegen John die het dichtstbij zat, en over hem heen knikte ik naar Bruce.

'Goed, goed, bijna vakantie.'

'Moet je weer winkelen?' John moest altijd winkelen met zijn vrouw als ze een dagje uit gingen, dat was haar idee van vakantie en hij keek alsof hij zonder ook gelukkig zou zijn geweest. Zijn maat grinnikte in zijn thee toen ik het vroeg en John lachte, wat onwillig, maar hij lachte wel en het leek alsof hij het wel leuk vond dat ik dat detail uit zijn leven had onthouden. Het was niet moeilijk geweest, omdat het beeld dat deze eigenzinnige kerel die op het werk nauwelijks te sturen was knarsetandend voor een pashokje wachtte of in de zoveelste rij stond, zich niet liet uitwissen.
'Ja, dat zal er wel weer van komen. Had je me nog nodig?'
'Nou, we wilden toch nog eens kijken naar die kroonluchter.'
'Die in haar badkamer? Die kan daar niet hangen.'
'Ja, je zei dat we dan de vloer daarboven moesten openmaken.'
'Dat is ook zo, de vloer openmaken en een haak aan een vloerbalk schroeven, dat is de enige mogelijkheid. We kunnen ook een balk op het plafond schroeven,' vervolgde hij met overvloeiend sarcasme, 'een stevige, lange balk met een grote haak, dat kunnen we ook doen.'
Zijn maat schudde zijn hoofd, 'Nou, nou John,' zei hij sussend. Ik probeerde me de balk voor te stellen, misschien konden we hem wit schilderen? John zag me denken en zei haastig: 'Maar dat doen we natuurlijk niet, dat zou er afschuwelijk uitzien.' Hij wist sinds de tl-lampendiscussie dat mijn ideeën over interieurs tamelijk ver stonden van wat hij toelaatbaar vond. 'Nee, dat doen we niet,' zei hij dus nog maar eens.
'Ian vroeg zich af of er niet toch nog een andere mogelijkheid was.'
'Hoe dan? Als hij een goed idee heeft mag hij het me komen vertellen.' We waren terug bij sarcasme. Ik vond John een leuke man. Hij was een enorm goede elektricien, maar eigenlijk had hij er helemaal geen zin meer in. Hij kon allang met pensioen en ik nam aan dat hij door bleef werken

om zijn vrouw zakgeld te geven om uit winkelen te gaan. Hij vroeg een exorbitant uurloon, maar het kasteel betaalde; beter dan John kon je niet krijgen. Als hij eenmaal bezig was, werd hij altijd weer gegrepen door de klus. Tegenstribbelend werd hij meegevoerd door zijn professionele enthousiasme terwijl zijn lichaam protesteerde tegen het op zijn knieën liggen en in onmogelijke hoeken boven zijn hoofd reiken. Zijn maat was veel makkelijker om mee te werken, een fitte jonge man met een sliert kleine kinderen die hij aanbad en waar hij lange dagen voor maakte. Hij moest zich nog bewijzen. Bruce was makkelijk, John was een uitdaging. Zijn hoge, fluitende stem een idiosyncrasie die hem nog intrigerender maakte.

'Dus als Ian een idee heeft voor het ophangen van die kroonluchter, mag hij het komen vertellen,' zei John nog eens koppig. Bruce naast hem keek of hij wat wilde zeggen maar bedacht zich.

'Nee, Ian weet wel beter. Hij heeft mij gestuurd om jou op mijn knieën te smeken eens goed na te denken,' zei ik. 'Hij dacht dat ik dat beter kon dan hij, dat smeken.'

John moest ondanks zichzelf grinniken. 'Nou ja, het gaat gewoon niet.'

'Wij hoopten dat je toch zoals gewoonlijk het onmogelijke kunt doen en iets gaat verzinnen.'

'Tenzij de huidige lamp in een dragende balk zit geschroefd', hij wendde zich tot Bruce, 'dan zou het kunnen.' Bruce knikte. 'Of als we toch van bovenaf komen en een extra balk inlassen.' Hij was erin, ik zag aan zijn gezicht dat hij weer in de *zone* was. Zijn ogen keken naar balken, naar schroefjes en haken die er niet waren maar wel konden komen. Bruce naast hem zat ook mee te denken. Hij was slim en snel maar hij kreeg niet die starende blik van John, dat was *sheer genius*. 'Of met een pin en een haak,' mijmerde John.

'Wanneer zou je langs kunnen komen?' Het leek me een goed moment voor deze vraag.

'Na mijn vakantie, volgende week maandag,' zei John prompt. Ik zei ze gedag en was blij dat John tijdens het wachten voor de pashokjes een lekker kluifje had.

'Nee, de honden zitten er nog.' Cameron stond in de omheining schapen te oormerken, hij was roodverbrand en zweette maar hij knikte me vrolijk toe. 'Ik zit te wachten op de kennels die Ian zou bestellen.' Mijn ervaring vertelde me dat op elkaar wachten nooit veel opleverde. Dus zei ik niets en keek Cameron verwachtingsvol aan. Vol blije interesse in hoe hij me uit deze benarde kippensituatie ging helpen.

'Tja, maar Scott moet maandag aan de slag,' lichtte ik hem in. 'Het hok komt dinsdag aan, dan hebben we een paar dagen om het te schilderen, want de kasteelvrouw komt volgend weekend.'

'Ik zou de honden bij mijn vader in de kennels kunnen doen,' zei Cameron.

'Geweldig,' zei ik dankbaar. 'Dan kunnen wij verder met het plaatsen van het hok en het maaien van het gras.' Cameron lachte, een korte, bassende lach.

'Degene die dat doet moet wel oppassen,' zei hij met veel plezier. 'De laatste keer dat ik daar ging maaien sproeide de stront me om de oren!'

Ik aarzelde, maar niet lang, ik ging me niet voor karretjes van anderen laten spannen. Niet Ians karretje, noch dat van Roy of Cameron. Ze mochten hun eigen shit uitzoeken. Het enige karretje dat ik trok was de nieuwe kippenlusthof voor de kasteelvrouw.

End game

Het regende. Het regende niet een beetje, maar het dreunde met kracht alle hoop op een zonnige zomermiddag uit mijn gedachten. Ik lag in mijn lege kamer en luisterde naar het geluid. Er lag alleen nog een matras op de grond. Het kleed, mijn bureau, boeken, het bed, alles zat al in de verhuiswagen.

Waarom moest ik altijd dit soort hopeloze plannen hebben? Een feest met alle werknemers van het landgoed en alle mannen die aan de verbouwing hadden meegeholpen. Geen ceilidh dit keer, maar een bedankfeest met spelletjes. Ik begroef mijn hoofd onder mijn kussen. Waarom legde ik iedere keer weer mijn hoofd in de strop?

'*Making a rod for your own back*,' noemde de factor het toen ik deze strop had aangekondigd. Toen ik hem een paar maanden later vertelde dat ik die zomer zou vertrekken, had hij nuchter vastgesteld dat er dan geen bedankfeestje zou komen. Dat plan was aan het eind van de werkzaamheden aan het kasteel opgekomen, toen schilders, loodgieters en tapijtleggers over elkaar heen struikelden om alles op tijd af te krijgen. Een feestje om deze harde werkers in het zonnetje te zetten. De kasteelvrouw vond het meteen een goed idee, maar niet dan, niet de week erna, niet de maand erna, maar ergens in de zomer.

Ian belaagde me natuurlijk met vragen over wat precies haar ideeën waren over het feest, wie ze wilde uitnodigen, wat ze wilde doen, en hoeveel we mochten investeren (dat laatste niet met zoveel woorden maar wel geïmpliceerd), maar nadat de laatste gasten afscheid hadden genomen was mijn werkgeefster ook vertrokken. Na de bijna dagelijkse communicatie van de eindfase van de verbouwing en de drukke periode daarna was het even erg stil. Mevrouw was ergens zeilen zonder internetbereik en ik had genoeg te doen met het opruimen van het kasteel en het voorbereiden van mijn laatste zomer, waarin ik moest zorgen dat alles op zijn plaats stond en iedereen op zijn post was terwijl ik afwezig zou zijn. Op al Ians vragen wat mevrouw dan precies wilde, had ik geen precieze antwoorden gehad.

Ik had nog even een kans gehad om eronderuit te komen.

Toen ik Ian een paar maanden geleden vertelde dat ik per 1 augustus naar Nederland terug zou gaan. Ik meende opluchting te bespeuren onder zijn oppervlakkige neutrale vaststelling dat het bedankfeest dan zou worden afgeblazen.
'Hoezo, dan gaat het niet door?'
'Nou, als jij weg bent dan is er niemand om het te organiseren... het is een hele onderneming en ik weet niet of de werknemers er wel op zitten te wachten. Het is midden in de zomer, de contractwerkers zullen op vakantie zijn en de mensen op het landgoed zullen zich verplicht voelen om te komen.'
De regen roffelde met hernieuwde kracht op mijn dak. Het leek wel of het was gaan hagelen, 31 juli in de Schotse Hooglanden. Waarom was ik er in 's hemelsnaam op doorgegaan? Waarom had ik dat beeld in mijn hoofd van een gazon vol schilders in pak en loodgieters met een glas champagne in de hand? En vooral: waarom kon ik het niet loslaten terwijl alles en iedereen om me heen aangaf dat het een onuitgenodigd en onhandig plan was?

Een soort gekte, dat moest het zijn, dacht ik terwijl ik de dekens van me aftrok en op de koude betonnen vloer met mijn tenen naar mijn TOMS zocht. Ik had het toen zo geregeld dat het feest nog net op de overlap tussen mijn vertrek en de aankomst van de koks zou plaatsvinden. Ik douchte in mijn kale badkamer en haalde een zwart jasje en broek uit mijn verder lege kledingkast. Toepasselijk, zo'n begrafenisoutfit. Ik zorgde dat de katten niet mee naar buiten liepen, die moesten binnenblijven zodat we ze morgenochtend vroeg in hun mand konden doen. En er waren ook geen kippen die me tegemoet renden of om m'n auto scharrelden, want Wendy had ze gisteren opgehaald. Ze zouden bij haar een goed thuis krijgen, wist ik, maar ik miste ze nu al. Dit was ook de laatste keer dat ik in de BMW reed, dus ik gaf op het ene rechte stuk even plankgas, als afscheidscadeautje aan mezelf.

Regen in Schotland kan heel stemmig zijn, maar midden in de zomer verliest de romantiek die zware stormwolken over een grauwe zee hebben iets van haar bekoring. De witte partytenten die schel afstaken tegen het groen van het verzadigde grasveld, boden een naargeestige aanblik. Timide liet ik mezelf binnen via de achterdeur en bedacht dat ik niet moest vergeten de sleutel in te leveren aan het eind van de middag. Ik voelde het zware ijzer in mijn hand, voelde de vertrouwde vorm en pakte hem steviger beet; nog even niet, deze middag was hij nog van mij.

Abigail was al druk bezig met kratten bier stapelen en keek zorgelijk. De familie was nog aan het ontbijten. Maar Earnest en Henrietta waren druk bezig in de achterkeuken en in opperbeste stemming. Earnest was voor één zomer terug. 'Echt de aller-, allerlaatste,' had hij met zijn vossengrijns gezegd toen hij aankwam en we elkaar omhelsden. '*Then I will grow up*.' Maar nu had hij zich helemaal in het sprookje gestort dat Cliffrock heette. Hij stond bij de vierkante tafel in het midden van de keuken een pavlova met bessen te maken waar de engelen in de hemel van zouden gaan huilen en Henrietta vulde honderd worstenbroodjes voor de kinderen. Ze leken er geen moment aan te twijfelen dat iedereen zou komen.

'De hal is al klaar,' zei Earnest. 'Hoe gaat het met inpakken?'

'Ja, wel goed.' Ik had natuurlijk nauwelijks ingepakt. De jongens hadden we al op het vliegtuig gezet naar opa en oma en Tjibbe draaide op voor het inpakken omdat ik dit feestje op de dag voor onze verhuizing had gepland. Het kon niet anders, omdat de koks pas dit weekend waren gekomen. Ik negeerde de bizarre spagaat, pakte tot twee uur 's nachts boeken in en liep om acht uur 's ochtends het kasteel binnen alsof ik niets beters te doen had. En Tjibbe werkte stug door in zijn eentje.

Benieuwd op welke schaal zij het feest aanpakten, stapte ik de hal binnen.

Ik stond in de deuropening en keek. Een zee van gebloemde tafellakens golfde in het licht van de kroonluchters. In het midden dreef het grootste zilver-met-gouden tafelstuk dat we hadden, de kristallen schaal die op de zilveren faunen balanceerde vloeide over van zomerfruit en werd geflankeerd door kandelaars en boeketten. Stapels borden, manden met bestek en lege schalen stonden te wachten op verdere invulling.

Earnest, de chef, had me ondersteund vanaf het moment dat ik hem had gebeld met het nieuws dat hij de dag na aankomst een feest voor honderd mensen mocht verzorgen. 'Natuurlijk, personeelsfeesten zijn belangrijk,' zei hij met zijn daar-hoeven-we-het-niet-eens-over-te-hebben-stem. 'Weet je niet wat mevrouw precies wil? Nou, we kunnen vast wel bedenken wat ze absoluut niet wil.' Earnest was ontzettend veel beter dan ik in het invullen van de aannames. Met hem en de estate manager, die de wereld van het landgoed van binnen tot buiten kende, lukte het om een feest te organiseren waar mevrouw toen ze een paar dagen van tevoren aankwam zich in kon vinden. Ik was benieuwd hoe ze de regen vond.

Toen de eerste Land Rover de oprijlaan op reed, vroeg ik me af waar ik me druk om had gemaakt. Cameron en zijn vrouw met peuter op de arm stapten uit, allemaal met wellies en een warme waxcoat aan. Ik had ook mijn leren laarzen aan en voor deze feestelijke gelegenheid mijn jas van estate tweed. Met onze ogen toegeknepen tegen de regen, riepen we elkaar 'hallo, hoe gaat het's toe. 'Achterlangs,' riep ik en ging ze voor.

Meer Land Rovers volgden en de partytenten vulden zich met de mannen van het landgoed en hun gezinnen en de paar buitengaatse werklui die het hadden aangedurfd om op ons feestje te komen. De man die de stenen vloeren had gelegd, kwam met zijn vrouw. Ze was in een brokaten cocktailjurk en op hakken, dat had ik ook gedaan als ik naar een feestje op een kasteel ging, maar het zag er wat ongelukkig uit op het grasveld.

De keukendeur die uitkomt op het grasveld zwaaide open en Earnest verscheen. Hij wenkte me: 'Mensen kunnen ook in de keuken komen zitten,' meldde hij. Dat was een verrassing, de keuken was zó het centrum van het familieleven dat hij voor mij als een van de privéruimtes van het kasteel gold.

'O, Josephine!' lachte de kasteelvrouw toen ik binnenkwam. Ik wist even niet wat er was maar voelde toen het water in mijn hals druppen. Omdat ik iedereen bij de achterdeur had opgevangen en naar de andere kant van het kasteel had geleid, was ik zeiknat geregend. De kasteelvrouw deed de verbouwing eer aan met een fuchsiaroze blouse. Ik wist niet of het een opzettelijke verwijzing was maar ik voelde wel een kleine opluchting dat de schilders niet waren gekomen, ik wist niet of die de humor hadden kunnen waarderen.

Snel ging ik naar de Staff Quarters om mijn haar droog te föhnen en begon toen met de rondes om de eindeloze reeks kleine oplossingen te bedenken die een huis vol mensen vraagt. Of iedereen wat te drinken had, waar je een luier kunt verschonen, of er een extra stoel is voor de vrouw van de *fishing ghillie*, of je het groepje mensen dat net een beetje moeizaam tussen een kast en een deur geplaatst staat en daarmee de toegang blokkeert, soepel kunt verplaatsen. Met in deze setting als extra uitdaging de taak om mensen zich op hun gemak te laten voelen en tegelijkertijd te voorkomen dat iemand de ongeschreven regels van het kasteel overschreed. De meesten waren van het landgoed, dat scheelde.

'Wanneer beginnen de spelletjes?' Mevrouw liep langs en boog zich naar me over zonder haar blik van het gezelschap te halen. 'O, Gilbert en Caroline, wat goed dat jullie er zijn!' en ze liep weer verder.

Met de spelletjes had ik in mijn maag gezeten vanaf het moment dat ik ze had verzonnen.

'Ja?' had mevrouw gezegd. En dat was het geweest.
'Na de lunch, vóór de koffie en het dessert,' had Earnest gepland en daarmee was het onderwerp voor hem ook afgerond.
'Wat voor spelletjes?' vroeg Abigail wantrouwig. 'Ik weet niet of je iemand zo gek gaat krijgen. Iedereen heeft een vrije dag.'
'Nou, dingen zoals zaklopen, eierlopen en een *three legged race*.' Ik had net weer een aflevering van *Jeeves and Wooster* gezien en de *village fair* had me eindeloze inspiratie gegeven. Het was een Engelse fair in de serie, dat wel, maar zaklopen kende ik ook, dus het zou wel een van die dingen zijn die alle homo sapiensen gemeen hebben.
'Heb je zakken dan?' vroeg Abigail verder.
'Ja, ik heb vijftien juten zakken weten te regelen.'
'Weet je zeker dat de kasteelvrouw dat wil?'
Nou, zeker, wat is zeker op een kasteel? Ik zag dat zij zelf met haar familie altijd spelletjes deed op hoogtijdagen, dus ze had er niet iets op tegen. Dat waren dan wel dingen zoals cricket, of *target shooting*, de wat meer sophisticated spelletjes. Het was weer een van die aannames die ik had ingevuld: dat ze verwachtte dat de dag meer zou brengen dan alleen maar eten. Er lag dus een stapel lepels, er stond een mand gekookte eieren en er was een berg jutezakken. Ik had ook de honkbalknuppel van mijn zoons meegenomen, want van een vriend in het dorp had ik gehoord dat het spel rounders iets was wat iedereen zou kennen, het was iets als baseball maar dan simpeler, begreep ik. Al deze attributen lagen op een stapel naast de Staff Entrance voor het geval ik het goed had geraden en mevrouw verwachtte dat we zouden overgaan op spelletjes spelen. En uit haar vraag bleek dat ze dat deed.
Ik keek naar de verzameling mensen die in de warme keuken stond met een bordje eten en een glas van iets goeds. De kasteelvrouw stond met haar gasten te praten, maar ik

wist dat er nu de aanname was dat ik ervoor zou zorgen dat de keuken zich zou legen, de gasten naar buiten togen en de lucht rond het kasteel gevuld zou worden met het vrolijke geroep van spelende mensen. De ergste regen was over, in de verte leek er zelfs iets van een kleine opklaring aan te komen, maar om te zeggen dat het gazon lokte, was overdreven.

'Hallo mannen,' straalde ik. 'Iemand in voor een potje rounders?'

Er zou vast een moment komen dat ik met weemoed terug zou denken aan de dagen dat er groepjes gamekeepers en *sheep farmers* meewarig op me neer zouden kijken, maar dat moment bleek vandaag nog niet aangebroken te zijn. Ik probeerde een soort onbekommerde glimlach in stand te houden.

'*No, thanks,*' zei Roy met een van zijn meer afdoende blikken.

Ze hervatten hun gesprek, dat bestond uit grappen over en weer en wijzen naar elkaar met hun bierflesjes. Ik stond even besluiteloos, maar zowel de fuchsia blouse die in mijn ooghoek bewoog, als de wetenschap dat mijn judoleraar ergens in de hal stond, herinnerden me eraan dat het niet de vraag was óf ik deze warme, juist gevoederde en rijkelijk van verwarmende dranken voorziene menigte het koude gazon op kreeg, maar hóé.

De lessen van Aidan indachtig bewoog ik dus dichter naar Roy toe. 'Zouden je dochters het niet leuk vinden? We willen graag dat een paar mannen beginnen die het spel kennen, dan kunnen de kinderen aanhaken.' Ik boog voorover en voegde er zachter aan toe: 'Mevrouw heeft zich erop verheugd dat we wat buitenspelletjes gaan doen.' Het equivalent van een nare duimklem. Zo eentje die je aanlegt en dan als je tegenstander tegenstribbelt een beetje aanschroeft. Als je de klem kent, stribbel je niet tegen, want je weet wat het vervolg is.

Roy keek vanonder zijn wenkbrauwen in de richting van het fuchsia.

'Het beste is om naar het veld aan de zuidkant te gaan,' zei ik hardop in de groep. De mannen keken verbaasd op dat ik daar nog steeds stond te snateren en toen keken ze naar Roy. Die gaf een rukje met zijn hoofd. De mannen haalden hun schouders op en het groepje beende toen door de keuken naar de deur. Ik ijlde naar mijn stapel en griste al mijn attributen mee. 'Neem jij de zakken?' riep ik Abigail toe. Ze zeulde gehoorzaam de stapel naar buiten.

'We gaan rounders doen,' kondigde ik in het voorbijgaan aan. 'Is er iemand die de puntentelling bij kan houden? Jij, Rosie? Misschien kun je Gareth vragen om een blocnote te regelen.' Mensen keken op, zagen het groepje mannen naar buiten lopen en kwamen ook in beweging.

Toen iedereen bij het veld was gekomen, kwam Tjibbe aan. Hij had ook nog een net jasje apart weten te houden.

'Gaat het?' begroette ik hem en duwde hem een mand eieren en lepels in handen om onder de kinderen te verdelen.

'Ja, de bus is bijna vol. En hier?'

'Ja, gaat goed, we gaan wat spelletjes doen.' Ik liep langs Roy, die met zijn kornuiten op het grind stond af te wachten. 'Eerst even een warming-up met kinderspelletjes,' zei ik tegen Roy. Dat leek hun goed te bevallen, ze gingen verder met hun gesprek en hun bier.

Nu we eenmaal allemaal buiten stonden, viel het wel mee. De zeewind was koud, maar de alcohol was warm en er was beslist een opklaring gaande. Het miezerde alleen nog een klein beetje. Iedereen had toch zijn laarzen nog aan en de oudere mensen hadden hun jas weer aangetrokken.

De kinderen begrepen meteen wat de bedoeling was en gingen vol spanning aan de rand van het grasveld staan.

'*Your ladyship!*' Ze kwam op mijn roepen aanlopen en begreep me ook meteen: ze nam een zijden sjaal van haar hals die ze als een startvlag gebruikte: '*Boys and girls, keep up*

the Cliffrock honour! One, two, three: go!'
Jammer genoeg hadden we de eieren gekookt, maar ook zonder kleverige explosies was het een feest om de kinderen te zien rennen en schaterend over de finish te zien struikelen.
   Ik deelde de juten zakken uit. Eerst een vrouwenteam. Abigail hief dit keer de vlag en ineens stond ik aan de startlijn in een juten zak. De kasteelvrouw stond vijf meter voorbij de startlijn.
   '*That is cheating!*' riep ik. Ian had gelijk, het was makkelijk om jezelf te vergeten in de hitte van een spel.
   '*No, that is leading the troops!*' riep ze over haar schouder.
   Iedereen begon te roepen, uit protest of goedkeuring, maar Abigail telde af en fanatiek begon de hele rij zich in zijn zak vooruit te storten onder de luide aanmoedigingen van de toeschouwers. Mevrouw deed een paar gedistingeerde hupjes en was zo bij de eindstreep, maar de rest moest een heel eind verder en hobbelde met de meest woeste sprongen voorwaarts. Ik begreep wel een beetje waarom de kasteelvrouw ervoor had gekozen een korter parcours te doen toen ik haar voor het blok had gezet met die juten zak. Mijn nette zwarte jasje kroop op onder mijn armen en mijn sokken raakten doorweekt, want mijn laarzen had ik uitgeschopt toen ik in de zak stapte, en links en rechts stoven de vrouwen met woeste sprongen langs me heen. Het was meer energiek dan elegant.
   De zon brak door, de gezichten naast me staken helder af, ik zag de lange haren van de vrouwen om me heen glanzen in de zon, ik hoorde het uitgelaten schreeuwen aan de startlijn en ving een glimp op van het groepje oudere bewoners van de cottages die in hun jassen gedoken stil lachend aan de zijkant stonden, ik struikelde en viel languit in het doorweekte gras en lag even omhoog te staren.
   Dit, hier was het. Ik had even niets meer te zeggen of te wensen. Ik keek naar de wonderlijk wijde hemel boven me.

Heel even maar, want nu zat de vaart erin en moest er worden doorgepakt voordat iedereen in groepjes wegdrentelde of terugging naar de warme keuken.

'De mannen!' riep ik dus, toen ik me omhoog had gewerkt. 'Geef je zak aan een man naar keuze!' De vrouwen zochten een slachtoffer uit. De mannen stortten zich woest schreeuwend naar voren. Daarna deden we nog de three legged race, waarbij twee mensen naast elkaar gaan staan en hun binnenste been aan elkaar vastbinden. Shaun zat met zijn rechterbeen vastgebonden aan het linkerbeen van Garth, ze vielen na een paar meter en hij kwam ongelukkig neer.

'Ik denk dat ik een rib heb gebroken,' stelde Shaun vast toen ik naar hem toe snelde.

'Moet ik een ambulance bellen?' vroeg ik.

Hij stond op en bewoog zijn armen even op en neer.

'Neu, die rib zit er morgen ook nog wel.'

Nu kwam *Throw the Wellie*, een spel dat ik niet had georganiseerd omdat ik het niet kende. Het bleek makkelijk omdat iedereen zijn attribuut bij zich had. Een rijtje mensen verzamelde zich aan de startlijn, trok een laars uit, keek naar de paal die de kasteelheer in de grond had gestoken en wierp toen met kracht zijn laars ernaartoe. Wie zijn wellie het dichtstbij gooide, had gewonnen. Jeu de boules in de regen, zeg maar. De kasteelheer mat ernstig de afstanden af en wees de winnaars aan. De fleurige gekleurde laarsjes van de kinderen die met een boog door de lucht vlogen, gaven het grasveld een feestelijk aanzien.

'*Rounders!*' Het was blijkbaar goed bekend, want iedereen ging klaarstaan.

'We moeten teams kiezen!' riep iemand.

'Roy en Shaun!' Ik schoof de twee mannen naar voren. De factor was niet gekomen. Ik nam aan dat het niet zijn angst was dat hij meegesleurd zou worden door de feeststemming, maar wel om – op welke manier dan ook – betrokken te worden bij complicerende factoren op de werkvloer. Ik had twee seconden de tijd om de leiders te kiezen en het leek me niet een moment om de kasteelvrouw en kasteelheer vooraan te zetten. Door de head gamekeeper en head farmer naar voren te halen, leek me de dag meer eer aan gedaan, het was het bedankfeestje van de eigenaren voor hen. Een snelle blik naar Earnest. Zijn knikje bevestigde dat het kiezen van deze twee mannen geen verkeerde gok van me was geweest.

Shaun koos als eerste de kasteelvrouw en Roy de kasteelheer. Daarna werden de kinderen erbij gehaald en uiteindelijk stond de hele groep in twee teams tegenover elkaar. De nuances van het spel begreep ik niet, maar dat leek er niet toe te doen. Voor ik ergens aan de beurt kwam, was er al iemand uitgevangen en wisselde de slagpartij alweer met de veldpartij. Abigail verbaasde iedereen door een snoeiharde bal te plaatsen, de tachtigjarige Gilbert verbaasde niemand, maar verheugde ons door een bal te slaan die zo lang doorging dat het grappig was om alle hoofden zich secondenlang te zien meedraaien. Shaun hield zich rustig vanwege zijn gebroken rib maar leidde zijn team tactisch.

Scott rende een prachtige homerun tot hij bij het laatste honk een sliding maakte om de bal te ontwijken, die over hem heen vloog, hij kwam overeind en vervolgde zijn run. Halverwege gekomen stokte hij echter, greep naar zijn been en rolde op de grond.

'Hamstring!' kreunde hij. Kruipend ging hij van het veld af, waar een paar mensen zich over hem ontfermden.

'Ambulance?' vroeg ik weer.

'Neu, ze kunnen toch niks doen.'

Earnest moest Napoleon terugroepen die de honken aan het wegslepen was. Duncans zoon begon keihard te huilen omdat hij omver was gelopen door een medespeler. Ik dacht dat het wel tijd werd om er een einde aan te breien. Het zag er ook uit of de regen zo weer zou beginnen.

'Laatste bal!'
De kasteelvrouw liep naar voren. Ik merkte dat ik mijn adem inhield. Ging zij slaan? Kon zij slaan? Gilbert overhandigde haar het slaghout. Roy trok zijn pet recht en ging klaarstaan om aan te gooien. Hij plantte zijn voeten uit elkaar en rolde de bal even tussen zijn vingers. Mevrouw zwaaide haar knuppel keurend op en neer en hield hem toen in positie. Roy kneep zijn ogen samen en in een vloeiende beweging trok hij zijn arm naar achteren en gooide een strakke bal. Met een felle slag haalde de kasteelvrouw uit en de bal vloog met een boog het veld in. De spelers stonden ernaar te kijken. Onbegrijpelijk, vond de tienjarige dochter van Roy. Met haar lange benen spurtte ze tussen de stilstaande spelers door, de zon vonkend in haar felrode haar. Ze dook onder de bal en ving hem. In één beweging sprong ze weer omhoog, beide armen gestrekt: 'OUT!' riep ze triomfantelijk.

De ene seconde dat iedereen versteend naar het meisje staarde en toen naar de kasteelvrouw, was de opmaat voor een keihard gejoel. 'Skye!' schreeuwde haar vader. 'Wat?' riep het meisje. 'OUT!' schreeuwde de rest, gierend van het lachen. 'Hoe durf je?' riep de kasteelvrouw dreigend. '*Well done!*' zei de kasteelheer. Napoleon begon weer alle honken weg te sleuren.

'*Napoleon, come here, let be!*' riep Earnest en daarna kondigde hij aan: 'Koffie en dessert voor iedereen in de hal!'

Dankwoord

In voorspoed leer je je vrienden kennen.
Jullie leefden mee toen we zaten te bikkelen in een koude cottage en jullie verheugen je er nu over dat ik een bestseller schreef. Dank. Ik voel me rijk met zulke vrienden en familie!

Paul Sebes, een jaar vol goede adviezen, dank.

Annette, Josje, Jolanda, en iedereen van Querido die me hielp om alle herdrukken bij te benen en te wennen aan interviews en boekpresentaties, jullie inzet is ongelooflijk. Bedankt!

Vincent en Marc, die mijn onmogelijke hoeveelheid correcties wisten te plaatsen, super.

Els de Roon-Hertoghe, je maakt van redigeren een feest van scherpzinnigheid.

Elsje, die allerlei deuren opende. Wat een avontuur leidde je in!

Man en zoons, jullie zijn de helden die me inspireren. Dank voor zijn wie jullie zijn.

Dank, Schots land, ruig en lieflijk, vol poëzie. Het was een voorrecht even deel van je landschap uit te maken.

MIX
Papier van
verantwoorde herkomst
FSC® C004472